O FILHO DA CRISE

Rogério Godinho

O FILHO DA CRISE

A história empresarial de Marco Stefanini, fundador do Grupo Stefanini

Edição revista e ampliada

© 2022 - Rogério Godinho
Direitos em língua portuguesa para o Brasil:
Matrix Editora
www.matrixeditora.com.br
/MatrixEditora | @matrixeditora | /matrixeditora

Diretor editorial
Paulo Tadeu

Capa, projeto gráfico e diagramação
Patricia Delgado da Costa

Preparação de texto
Thales Godinho

Revisão
Cida Medeiros
Silvia Parollo

CIP-BRASIL - CATALOGAÇÃO NA PUBLICAÇÃO
SINDICATO NACIONAL DOS EDITORES DE LIVROS, RJ

Godinho, Rogério
O filho da crise / Rogério Godinho. - 2. ed. - São Paulo: Matrix, 2022.
240 p.; 23 cm.

ISBN 978-65-5616-283-6

1. Stefanini, Marco. 2. Stefanini IT Solutions - História.
3. Profissionais de negócios - Biografia - Brasil. I. Título.

22-80184   CDD: 658.40092
                             CDU: 929:005.342

Gabriela Faray Ferreira Lopes - Bibliotecária - CRB-7/6643

SUMÁRIO

PREFÁCIO	**PAISAGENS**	7
AGRADECIMENTOS	**A ELES, O MÉRITO**	9
PRÓLOGO	**O MUNDO PAROU**	11
CAPÍTULO 1	**DESALENTO**	15
CAPÍTULO 2	**INFORMÁTICA**	27
CAPÍTULO 3	**MICROLÂNDIA**	39
CAPÍTULO 4	**O TANQUE E O TEMPO**	47
CAPÍTULO 5	**TERCEIROS**	55
CAPÍTULO 6	**ENCOLHEU**	71
CAPÍTULO 7	**EFEITO TEQUILA**	81
CAPÍTULO 8	**INTERIOR**	91
CAPÍTULO 9	**OS FEUDOS E A FÁBRICA**	99
CAPÍTULO 10	**ULTIMATO**	109
CAPÍTULO 11	**GLOBAL**	121
CAPÍTULO 12	**O COMEÇO**	137
CAPÍTULO 13	**INTEGRAÇÃO**	159
CAPÍTULO 14	**IDENTIDADE**	169
CAPÍTULO 15	**CAIPIRAS**	181
CAPÍTULO 16	**CORAÇÃO**	197
CAPÍTULO 17	**PANDEMIA**	211
CAPÍTULO 18	**EVERYWHERE**	221
CAPÍTULO 19	**A FILHA DA CRISE**	231

PREFÁCIO

PAISAGENS

Qualquer pessoa, ao se encantar olhando para uma paisagem, está vendo exatamente isso: uma paisagem. Pense em uma planície verde e repousante, ou em uma cena marinha, ou em montanhas orgulhosas, entre as quais um rio se transforma em cascata, que, depois, termina em nuvem. Paisagem é poesia materializada.

É assim que todos vemos as paisagens, menos o geólogo, que foi treinado para ver o que está embaixo delas, as camadas minerais da crosta terrestre que a sustentam. Inclusive as placas tectônicas que às vezes se movimentam, modificando o relevo, e em muitos momentos provocando medo e dor.

Meu amigo Marco Stefanini, além de talentoso profissional de Tecnologia da Informação, é geólogo de formação. Talvez por isso, quando tomou a decisão (acertada, para a sorte de todos nós) de dedicar-se à consultoria empresarial de tecnologia, trouxe a competência de se aprofundar na gestão e no modelo de negócio de seus clientes.

Marco jamais se contentou em ver apenas a superfície da paisagem. Queria conhecer os fundamentos, o que realmente sustenta os negócios e entender o movimento das placas, adaptando tecnologia e gestão à dinâmica inevitável do dia a dia, transformando a empresa em um ser mutante, em constante evolução.

Sua história pessoal, em que a seriedade profissional e o arrojo empresarial se encontraram, ao lado de uma incrível capacidade de fazer amigos, serve, sem dúvida, de inspiração e de modelo para todos nós, especialmente para os mais jovens.

O jovem Stefanini abriu uma pequena empresa de soluções em TI em 1987 e a batizou com seu nome, como fizeram tantas consultorias mundiais, inclusive as maiores. Longe de significar vaidade, isso mostra a seriedade, a responsabilidade e o comprometimento com a qualidade dos serviços que oferece.

A década não era propícia, pois a crise da economia e a insegurança dos sucessivos planos econômicos não aconselhavam ninguém a largar um emprego seguro e aventurar-se no empreendedorismo, especialmente em um setor novo no mundo inteiro. Mas foi a crise que alimentou o ânimo do jovem, que olhava problemas e via soluções.

Atualmente um dos maiores players mundiais no setor, presente em dezenas de países, a Stefanini IT Solutions nos orgulha e nos dá a certeza de que ao jovem brasileiro não falta talento.

O jovem Marco especialista e o maduro Stefanini empresário se encontraram na Stefanini IT Solutions para nos ajudar a ver, mais do que somente a paisagem, a realidade empresarial em movimento, auxiliando-nos a dirigir as nossas empresas de uma forma muito melhor.

Com alegria, recebi o convite para participar da abertura deste livro. Ele condensa uma história fantástica, que merece ser contada e precisa ser conhecida. Meu desejo é que seus 19 capítulos bem escritos encorajem outros filhos, de outras crises, a mostrarem o seu valor.

Wilson Ferreira Jr.
Presidente da Eletrobras

AGRADECIMENTOS

A ELES, O MÉRITO

Autoria é um conceito impreciso. Este livro, como a maioria dos livros, seria impraticável sem a ajuda de inúmeras pessoas. A elas atribuo o mérito dos acertos, enquanto as isento de quaisquer deméritos da obra, minha evidente responsabilidade.

Primeiro, e sem demagogia, faço distinção ao empresário Marco Stefanini, que, além de ter uma história de valor, é também o biografado dos sonhos de todo escritor. Revelou momentos de incerteza e aceitou sem restrições tudo o que foi apurado. Tenho a satisfação de dizer que nenhuma parte desta história sofreu censura e que hoje ela chega ao leitor da mesma forma com que foi apurada: completa e isenta.

Reconheço minha dívida de gratidão a todos os personagens que viveram as histórias deste livro e que foram generosos ao me confiar suas memórias.

Igualmente indispensáveis foram aqueles que não aparecem nestas páginas, mas que me auxiliaram a conseguir informações essenciais para o interesse e o bom andamento da história ou que de alguma forma me deram *insights* valiosos durante o desenvolvimento do livro. São eles: Argemiro Leite, Débora Freire, Edemar Antonio Wolf de Paula, Germana Anghinoni, Gilberto Andrade, Juliana Perri, Lúcia

Porto, Marcelo Montenegro, Marici Gomes Góes, Nadja Costa, Nilton Cruz, Oscar Siqueira, Alexandre Mendes Freitas, Roberta Salles, Rômulo Soares, Sandra Becker, Wesley Mamprim e Yuri Oliveira. Na segunda edição, uma executiva foi essencial: Carla Alessandra de Figueiredo Silva, que trouxe contatos, informação, histórias, sempre com um olhar perspicaz e sensível.

Após a apuração, entrou em ação um grupo valioso. Foram aqueles que fizeram contribuições – rendo-me ao superlativo – preciosíssimas, apontando erros, imperfeições e desacertos. Foi o trabalho inestimável de Isamu Suzuki, Júlio Wiziack, Patrícia Rúbia do Nascimento, Maria Teresa do Nascimento, Vinicius Pinheiro e Thiago Borges. Eles tornaram o livro muito melhor.

Por último, e por isso mesmo mais importante, há o apoio de minha alma gêmea, Érika Suzuki. Da apuração, passando pela redação do rascunho, até os últimos detalhes do texto, ela foi minha coautora. Sem ela, realmente não haveria livro, porque o resultado seria um texto sem valor para ser publicado. A ela, meu amor.

E, a todos, minha eterna gratidão.

Rogério Godinho

PRÓLOGO

O MUNDO PAROU

Graça Sajovic ligou a TV do hotel e viu uma cena surreal. O telejornal mostrava a deslumbrante cidade italiana de Milão.
– Marco, corre aqui – disse, chamando o marido.

Não parecia noticiário, mas um filme de catástrofe. No dia anterior, uma quarta-feira, 11 de março de 2020, o primeiro-ministro italiano havia suspendido toda a atividade comercial no país, com exceção de supermercados e farmácias. Até aquele momento, eram 15 mil casos e mais de mil mortes no território italiano. Como resultado, o país fechou. Ruas desertas, parques interditados, comércio com as portas baixadas e crianças presas em casa.

O casal não estava em São Paulo, onde morava, mas a quase oito mil quilômetros de casa, na Cidade do México. Marco Stefanini, fundador da empresa que leva seu nome, e Graça, sua esposa, vice-presidente, tinham acabado de chegar para visitar a filial no México, e o plano era depois seguir viagem para os Estados Unidos. Embora as cenas insólitas chocassem o mundo inteiro, pouca gente conseguia imaginar o que estava prestes a acontecer.

O SARS-CoV-2, vírus responsável pela covid-19, transformaria o mundo em um cenário de ficção científica. Ao causar mais de seis milhões de mortes, forçaria as pessoas a ficarem em casa, reduzindo a atividade econômica de um modo jamais visto na história moderna.

Da perspectiva dos negócios, era o maior impacto desde a Grande Depressão iniciada em 1929, que na época fez com que o índice Dow Jones despencasse 66% em pouco mais de dois meses. Dessa vez, uma ameaça microscópica imobilizou o mundo e fez o indicador financeiro encolher 38,4% em menos de seis semanas. O mercado de capitais antecipava o que aconteceria na economia real. O que o casal Stefanini via na TV logo se reproduziria – total ou parcialmente – em todos os países. Pela primeira vez na história da civilização, um mesmo evento afetaria cada canto do planeta, de Pequim à Amazônia, de Paris à Terra do Fogo argentina, de Nova York a pequenas ilhas no meio do Oceano Pacífico.

Aos empresários, restava enfrentar a ameaça na esfera econômica. Na Europa, a indústria foi o setor que mais sofreu. Só na carteira da Stefanini, cerca de 300 clientes fechariam suas fábricas, abrindo mão, ao menos por um período, dos serviços da empresa. No mundo inteiro, planos de aquisição foram suspensos, investimentos interrompidos, contratações congeladas. Também era quase certo que ocorreriam demissões em massa.

Em geral, crises não assustavam a Stefanini. Marco havia construído a empresa em um país célebre por sua instabilidade, ora pela inflação, ora pelos ventos que vinham de fora, ora pelas mudanças no ambiente de negócios. Mas, desta vez, o cenário adverso encontraria uma Stefanini globalizada. Competia com gigantes na Ásia e na Europa, nos Estados Unidos e na América Latina. Havia enfrentado a dificuldade de integrar diferentes culturas, levando e consolidando seu DNA nos mais de 40 países em que estava presente. Tudo isso, ao mesmo tempo que fazia aquisições e agregava valor aos serviços em um mercado que mudava com uma velocidade alucinante.

É nesse período ímpar para a história da Stefanini que Marco e Graça estão longe de casa, justamente na semana em que os países fecharam as fronteiras e os voos começaram a ser suspensos. É quando uma das empresas mais internacionalizadas do Brasil enfrentaria sua maior prova, o teste definitivo para a cultura e identidade que tanto valorizavam, observando o mundo se alterar à sua volta. Quando a Stefanini, conhecida por prosperar nos momentos mais difíceis, enfrentaria a maior de todas as crises. Depois dela, tudo seria diferente.

CAPÍTULO 1

DESALENTO

A chuva encharcava o mato verde-pálido. Aqui e acolá, olhando atentamente, ainda era possível encontrar um azul (a flor da lobeira) ou um amarelo (o pequi). Mas o jovem Marco Stefanini só fazia olhar o aguaceiro e pensar por que um paulistano tinha ido parar no meio do cerrado goiano, a mais de 1.500 quilômetros de casa.

Era fevereiro de 1984, e o Brasil passava pela crise econômica mais intensa dos 150 anos de capitalismo. O desemprego atingira 8,96% da população, o pior índice durante os 25 anos seguintes. A inflação do ano anterior batera em 211%. Havia incerteza, e o povo reclamava nas ruas pedindo eleições diretas. Marco, com 23 anos e formado em geologia desde o final de 1983, estava na encruzilhada do jovem desempregado.

Se ele olhasse para o lado, ficaria ainda pior. A irmã, Mônica, quatro anos mais nova, estava no segundo ano da faculdade e fazendo estágio. A namorada, Graça, havia se formado em psicologia e trabalhava como estagiária na Febem. Marco, formado pela Universidade de São Paulo (USP), não conseguia nada de bom.

E foi mais ou menos assim que Marco Stefanini foi parar no meio da chuva, no meio do cerrado, bem no meio de uma enorme crise econômica.

O rapaz era bom em exatas e humanas, mas a área de biológicas nunca fora seu forte. Primeiro, veio o interesse em estudar história; na estante de casa havia sempre biografias de grandes personalidades. A mãe, Adélia – grande leitora –, sabia disso e o incentivara a cursar história, mas o rapaz queria algo com melhores oportunidades profissionais e acabou optando por engenharia.

No segundo ano colegial, pensou melhor e achou que não seria bom engenheiro, pois nunca havia ligado para detalhes. Marco gostava de desafios, de empreender e aprender.

Abriu um livro do vestibular da USP, a Fuvest, e começou a olhar as profissões de exatas. Foi quando leu sobre geologia. "Olha só, geologia é da área de exatas", pensou. "Melhor ainda, tem a ver com química."

Mas, muito melhor que isso, um geólogo viaja, e Marco sempre adorou viajar. Guardava cada centavo que ganhava fazendo bicos para poder bancar as viagens com amigos. Também nunca gostou muito da ideia de usar gravata ou de muita formalidade, e geologia parecia bem informal. Em 1978, quando escolhia a profissão, geologia ainda estava em alta no Brasil e era uma das profissões mais bem remuneradas no início da carreira.

Não desistiu fácil assim de engenharia. Chegou a prestar engenharia civil em algumas escolas particulares, mas, quando foi aprovado em geologia na USP, desistiu de vez de construir prédios e pontes. Iria ser geólogo.

Quatro anos depois a opção não parecia tão boa.

Chegou a pensar que havia feito o curso errado, até a universidade errada. As possibilidades começaram a se extinguir, e mesmo a Petrobras, que sempre despontava como uma boa oportunidade de emprego, sofria com a crise; 94% dos carros produzidos no Brasil agora saíam com motores a álcool. E isso porque a Petrobras era um oásis no mercado de mineração. Geologia agora lhe parecia uma péssima escolha.

No final do curso, depois de assistir aos colegas à sua volta conseguirem estágios ou emprego, a oportunidade finalmente veio. Foi Marco se formar em dezembro e o emprego aparecer em janeiro.

O grupo empresarial que empregou o jovem geólogo tinha uma montanha de cassiterita recém-adquirida em Goiás (Marco soube depois que as máquinas de mineração estavam quase todas paradas porque eles haviam pedido concordata). De qualquer forma, a oferta parecia promissora. A cassiterita é a fonte do estanho, e, naquele ano, o Brasil dobraria a exportação do metal, o único com o qual o país registrara superávit comercial nos dez anos anteriores.

Mas aquela aventura goiana já iria começar meio estranha.

Um amigo indicara a vaga e, de cara, Marco achou que o sujeito que o contratara contava muita vantagem. Não era o dono, mas um administrador; mesmo assim, voava de jatinho para Goiânia, hospedava-se em um bom hotel, frequentava bons restaurantes.

No início de janeiro de 1984, Marco foi com ele de avião, e, chegando a Goiânia, dirigiram rumo ao norte do estado por um dia inteiro, mais de 500 quilômetros, mais ou menos onde fica hoje a divisa com Tocantins. Mais ao norte ficava a região mais pobre de Goiás, em geral deixada de lado, uma das razões pelas quais Tocantins se tornaria um estado alguns anos depois. Mas, bem ali onde Marco estava, muito minério havia sido descoberto nos últimos anos em cidades como Minaçu, Nova Roma e Cavalcante. E a cassiterita era um dos principais tesouros cobiçados pelos mineradores.

Afinal, pararam o carro defronte um rio. Entraram em uma barcaça e subiram contra o curso da água, vendo antas e capivaras pastarem calmamente na vegetação rala. Para o jovem paulistano acostumado a ruas e prédios, aquilo tudo era como um quadro, quase irreal. Depois de algumas horas de calor úmido, a barcaça parou.

O administrador apontou entre os arbustos um barracão de madeira, no qual ficava o escritório. Marco pegou as coisas e desceu. Olhou para trás, sabendo que se aquela barcaça quebrasse, todos ficariam ilhados e sem saída durante no mínimo três dias.

Ali ainda não era a mina de cassiterita. Para chegar lá, Marco dirigiu mais 20 quilômetros por uma estrada de terra tão ruim que ninguém voltava à noite, era melhor ficar por lá mesmo. Chovia muito, era a estação das águas de Goiás.

Marco dormia em rede mesmo, pois na mina não havia nem barracão. Para todo lado que olhasse, o jovem geólogo via apenas arbustos altos e árvores com galhos retorcidos e cascas grossas.

Ficou ali uma semana. Enfim, voltou para o barracão e disseram-lhe que tomasse o jatinho de volta para São Paulo para testar no laboratório as amostras coletadas em Goiás. O jatinho enganou bem, mas, quando foi receber o pagamento, veio a surpresa ruim. A empresa pagava o piso do salário goiano, que na época era diferente do paulista. A juventude rebelde de Marco reagiu mal: ele chiou, reclamou, resmungou e esperneou, mas acabou aceitando.

Havia outras decepções. A Petrobras também era um oásis no mercado porque dava mais descanso para os funcionários. Trabalhavam quinze dias e folgavam outros quinze. O descanso é mais do que necessário, porque os funcionários ficam em regiões afastadas e inteiramente isoladas, muitas vezes em locais insalubres.

Nas outras minerações – fora do oásis estatal –, o mais comum era 30 dias trabalhando e 15 de folga. Na matemática simples, é praticamente o mesmo que trabalhar cinco dias úteis e folgar sábado e domingo. Se for considerar o isolamento e outras desvantagens, não é muito positivo.

Quando Marco foi para Goiânia, o trato era ainda pior: trabalhar 45 dias e folgar 15. Tudo bem, era o primeiro emprego; depois de tanto tempo procurando, não seria por causa disso que iria recusar.

No mesmo dia da decepção por causa do piso salarial goiano, o administrador chamou o novo funcionário e avisou: "A folga é de 15 dias, mas vão ser 60 dias de trabalho direto". Marco aceitou.

O rebelde aceitava quase tudo porque não queria desistir. Podia reclamar, brigar, espernear, mas daquele primeiro emprego parecia depender o seu futuro profissional. Dormir na rede, ficar longe da família e de amigos, de tudo e de todos, receber pouco, não ter folga.

Foi quando Marco recebeu uma passagem só de ida para a mina de cassiterita. Reclamou, queria a de volta. O administrador disse que depois lhe daria. Marco ficaria na mão dele, perdido de novo no meio do nada e da chuva.

Desistiu de tudo. A recusa lhe tirou o cerrado goiano e o manteve mais uma vez no concreto paulistano, à procura do que fazer da vida. O mês de março de 1984 apenas começava, e Marco mais uma vez vivia o desemprego.

Aquela crise havia começado a piorar dois anos antes, quando o geólogo estava no terceiro ano de faculdade. Em setembro de 1982, o México pediu moratória, e, na esteira, mais de 40 países pediram socorro ao Fundo Monetário Internacional (FMI). Os bancos internacionais automaticamente perderam a confiança no Brasil, e as reservas externas caíram de US$ 3 bilhões para zero em dois meses. Em dezembro, o Brasil passa a pagar somente os juros da dívida, a chamada moratória branca. Dois meses depois o cruzeiro sofre uma maxidesvalorização de 30%; mais quatro meses e já é junho de 1983, quando o governo indexa os salários e impõe uma perda real de 30%. A popularidade do presidente João Figueiredo despenca e a crise política se alastra.

Foi mais ou menos nessa situação da economia brasileira que o jovem geólogo se diplomou – em uma crise econômica, talvez a pior da história do Brasil capitalista. E foi também em uma crise econômica que a saga dos Stefaninis iniciou-se no país, pouco mais de 80 anos antes, quando José Stefanini, tataravô de Marco, partiu de Ravena, Centro-Norte da Itália (o Norte é a região de onde se crê ter originado o nome Stefanini, e o registro mais antigo é de Antônio Stefanini, no século XVII).

A situação em Ravena, como em toda a Itália, não era nada boa, e o déficit batera o recorde de 4% do orçamento público federal. Era o terceiro ano de uma crise econômica iniciada em 1887.

Na mesma época, no Brasil, as leis abolicionistas ameaçavam tirar a mão de obra escrava das fazendas, e o Visconde de Parnaíba, governador da Província de São Paulo, viajou pela Europa procurando gente disposta a escapar daquela crise para fazer a vida no Brasil. Em 1886, os fazendeiros paulistas levam a história ainda mais a sério e fundam a Sociedade Promotora da Imigração.

Quando o jovem José Stefanini chegou aqui, em 1889, um ano depois da libertação dos escravos negros, já estavam instaladas no Brasil 18 mil famílias italianas com mais de 100 mil *oriundi* (descendentes de italianos nascidos no Brasil). A sociedade criada pelos fazendeiros preferia famílias em vez de trabalhadores sozinhos, e José era exatamente o tipo mais desejado, trazendo a esposa Júlia Forbueze e o menino Francisco, então com 6 anos. Ficaram alguns dias na Hospedaria dos

Imigrantes, como todos os recém-chegados dos navios a vapor vindos da Itália. Depois, embarcaram no trem da São Paulo Railway.

Desceram do trem em Rafard, município no interior paulista que na época era parte do distrito de Capivari. Logo depois se mudaram para Salto, a pouco mais de 40 quilômetros dali e mais perto da capital paulista. Na época, era chamada de Salto de Itu, e tinha esse nome justamente por ser economicamente dependente do vizinho – Itu –, município com fama de produzir coisas grandes, café e ainda ser um dos polos do poder paulista. Salto de Itu não produzia café nem nada com grandes proporções, mas acabou criando uma indústria têxtil.

Francisco cresceu alegre em uma família alegre. Italiano do tipo que conta histórias, era engraçado e gostava de beber com os amigos. Certa vez, entrou no bonde voltando do bar e pagou ao cobrador. De repente, o cobrador pede mais uma vez o dinheiro. E ainda uma terceira vez.

Na quarta, Francisco perde a paciência:

– Chega! Por que eu tenho de pagar tantas vezes?

– Porque você dormiu no banco e já é a quarta vez que você faz a viagem!

Mas a história que deixaria consequências para os familiares foi quando Francisco teve um filho, a quem queria registrar como Duílio, um nome italiano. Francisco queria Duílio e Duílio seria. Saiu de casa rumo ao cartório com essa intenção e voltou para casa chamando o filho de Duílio.

Dezoito anos depois, o rapaz viria a descobrir que na verdade se chamava Dovídio Stefanini. O funcionário do cartório achou Duílio italiano demais e preferiu registrar o menino com um nome menos estrangeiro. Francisco voltou pra casa sem contar nada, e o avô de Marco ficou com dois nomes diferentes.

Dovídio (ou Duílio) era mais sisudo e sério que o pai; deixou Salto para lutar contra Getúlio Vargas durante a Revolução de 1932. A briga do governo federal contra São Paulo é considerada a maior guerra civil brasileira, e teve origem bem no meio da crise econômica de 1929, que derrubara os preços do café. Dependente do grão, a economia de São Paulo sofria, e o presidente Washington Luís (um paulista) quebrara o acordo estabelecido com os mineiros desde 1899.

Os dois estados eram ricos, mas o principal interesse de São Paulo no poder federal era controlar a política monetária e cambial e, assim, conseguir o mais facilmente possível empréstimos no exterior para suas safras de café. Minas Gerais era populosa, poderosa, e desse modo foi fechado o acordo de alternância no poder da política café com leite. Na crise, Washington Luís tentou quebrar o acordo, o que acabou levando ao poder o gaúcho Getúlio Vargas.

Em 1932, os paulistas estavam particularmente irritados com Getúlio. E mostraram bem isso em janeiro, reunindo 100 mil pessoas na Praça da Sé, na capital paulista, em um comício histórico. As notícias correram o país e chegaram até a cidade de Salto e à família Stefanini. Três meses depois, Dovídio saiu de Salto para se alistar na artilharia paulista, na luta que explode em 9 de julho de 1932. Com ele, 200 mil homens lutam contra Getúlio. Os dados oficiais indicam 634 combatentes mortos em batalha, mas estimativas elevam o número para mais de mil vidas perdidas.

Três meses depois a guerra termina e Dovídio toma o caminho da capital paulista, indo parar na velha Lapa de venezianos e tiroleses. O restante da família veio depois, quando a irmã de Dovídio começou a namorar um brasileiro em Salto. Francisco não gostava do rapaz e resolveu mudar-se com a família para São Paulo com o objetivo de separar o casal.

Francisco trabalhou fazendo tijolos, em vidraçaria e como vigia. Faleceu no final de 1944, sem ver a Segunda Guerra terminar. Nessa época, o filho Dovídio já havia saído da Lapa e se fixado no Brás, bairro ainda mais italiano. Os conterrâneos também se espalharam por outros bairros, como o Bexiga, onde se concentraram os que vieram do sul, em especial da Calábria. E no Bom Retiro, onde primeiro moraram os que vieram do norte, em especial de Vêneto. Mas a maior população *oriundi* ficou mesmo no Brás, a começar pelos napolitanos. É ali que nasce Milton Stefanini, em 1938, não muito longe da Hospedaria dos Imigrantes, por onde o bisavô passara 49 anos antes.

É o momento da transição do Brasil agrário para o industrial, e Milton vivenciaria seu auge. Do final da década de 1940, quando Milton tinha 10 anos, até o final dos anos 1970, o Brasil cresce em média 7% ao ano. Era possível investir no Brasil do futuro porque ele já estava chegando.

Durante 22 anos, Milton trabalharia na Facas Brooklin e na Aços Brooklin. Nesse meio-tempo, no final da década de 1950, Milton se casa com Adélia Silva aos 21 anos de idade. O primogênito, Marco Antônio Silva Stefanini, nasce um ano depois, em 1º de dezembro de 1960.

Nos anos seguintes, a família Stefanini ganha mais duas integrantes, as meninas Mônica e Kátia. A família crescia e os Stefaninis iam fazendo a vida. No começo da década de 1970, Milton é contemplado com um Fusca num consórcio e constrói uma casa na Rua Caropá, no Alto de Pinheiros, bairro na zona oeste de São Paulo. Era um momento de esperanças para a família e, em 1974, os pais de Marco se tornaram sócios da Produtos Lampo, empresa pioneira na fabricação de esquadrias de metal e, mais tarde, varais de roupa.

A Produtos Lampo havia sido criada quinze anos antes por um imigrante alemão, e, no início, era apenas uma portinhola na região da Sé. Cinco anos depois mudou-se para a Lapa, ainda o mesmo bairro repleto de italianos ao qual Dovídio Stefanini chegara, em São Paulo. Ali, a Produtos Lampo do filho Milton iria viver seu auge, ao mesmo tempo em que a economia nacional.

Milton se tornaria empresário no final do período conhecido como milagre brasileiro. Entre 1967 e 1973, o Brasil cresce em média 11%. Nesse último ano de bonança acontece o evento que marcaria o início do fim: Egito e Síria atacam Israel na Guerra do Yom Kippur. Milton estava de casa nova e logo depois viraria empresário na Produtos Lampo. Poucos no Brasil imaginavam o que viria pela frente.

O impacto foi maior quando a Organização dos Países Exportadores de Petróleo (Opep) suspendeu a exportação de petróleo para os países que apoiavam Israel, incluindo Estados Unidos e Europa. A Petrobras era a maior compradora de petróleo do mundo, o que mostrava a dependência externa do Brasil. De cada dez barris consumidos no país, oito eram comprados do exterior. Aquele primeiro choque do petróleo de 1973 aumentou os preços, mas o barril valia muito pouco e ainda dava para encher o tanque numa boa. O ano de 1979 é que marca mesmo o fim da energia barata.

Enquanto isso, o Brasil continuou crescendo, e a população continuou acreditando no milagre brasileiro. Por isso Milton tornou-se empresário em 1974, sem saber o que a guerra de árabes e israelenses causaria na economia do Brasil. Mas isso seria depois. Nos seis anos seguintes em que assumiu a Produtos Lampo, o filho de Dovídio ainda pôde aproveitar um crescimento anual de 7%, um excelente desempenho da economia brasileira.

Adélia cuidava da fábrica, e Milton, das finanças. A Produtos Lampo chega a ter 50 funcionários trabalhando em dois grandes galpões, que somavam 2,4 mil metros quadrados na Lapa. Vendia o varal produzido e, em alguns casos, instalava o produto nas residências dos clientes (uma trupe de doze funcionários instaladores fazia esse trabalho).

Havia representantes em quase todas as capitais brasileiras, com exceção de alguns estados do Norte e Nordeste. Mesmo no meio da crise da década de 1980, quando Marco procurava emprego, Milton e Adélia se mantiveram relativamente prósperos. A empresa era pequena, e a concorrência era menor ainda. O mercado de varais de secar roupa seguia tranquilo. O casal só teria problemas anos depois, até mesmo em razão do conforto desse ambiente sem crise.

Em 1984 a Lampo ia muito bem, mas Milton não achava boa ideia facilitar as coisas para Marco. Orientava, indicava amigos, mas não bancaria os erros dos filhos.

E a economia brasileira ia muito mal. Por aqui, os efeitos da crise global do petróleo demoraram a chegar, mas finalmente, na primeira metade da década de 1980, a pressão do combustível faria as montadoras e o governo brasileiro apostarem em um combustível *diferente;* no ano em que Marco procurava emprego com um diploma aparentemente inútil nas mãos, a Fiat vendia o primeiro carro brasileiro a álcool.

A moratória do México, os países mais pobres pedindo socorro ao FMI, um Brasil quebrado e sem reservas externas, a baixa popularidade de Figueiredo, tudo isso mandava uma mensagem única a empresários e à população: a coisa vai mal, não é boa hora para investir, muito menos contratar.

No último ano da faculdade de Marco, esse era o cenário. Mas, na época, o principal interesse do estudante era juntar dinheiro para viajar. Economizava para poder conhecer lugares diferentes com um grupo de amigos, jovens típicos da década de 1980, que usavam calças *baggy*, cores cítricas e mochilas emborrachadas.

A cada viagem, a mesma cena se repetia.

– Marco, você não vai querer parar em mais esse museu, certo?

– Vai ouvindo música.

O amigo enfiava o fone do *walkman* amarelo da Sony no meio do cabelo comprido e cheio de gel e afundava no banco do carro. O resto dormia.

Sem grande empenho nas aulas, da mesma forma como havia sido no colegial e antes disso, Marco fazia bicos para poder conhecer o mundo. Deu aulas de judô, química, física ou o que lhe aparecesse pela frente. Se não sabia, pegava um livro qualquer e estudava meia hora antes de encontrar o aluno.

Milton perguntava:

– Marco, você conhece alguma coisa desse assunto?

– Nem faço ideia. Mas fique tranquilo, eu leio um livro meia hora antes e aprendo – Marco respondia.

Verdade seja dita e reconhecida: Marco não era um estudante muito esforçado. Na escola, tinha fama de bagunceiro, sempre na companhia de mais dois amigos de mesma conduta. Na época do vestibular, a mãe chegou a prometer uma festa se ele conseguisse entrar na USP. O filho terrível conseguiu entrar em várias faculdades, inclusive na USP. Quando entrou, também não estudou. Há quem diga que frequentava mais o ginásio de esportes do que a sala de aula. Em casa, o som tocava alto, e Marco tinha os livros espalhados pelo quarto. De manhã, a irmã mais nova, Mônica, sempre saía antes para trabalhar e precisava tirar da garagem o carro de Marco.

Fora o aparente desleixo com os estudos, a família Stefanini não tinha muito com que se preocupar. Adélia chegou a pensar que o filho questionador e temperamental teria problemas com a ditadura. Na faculdade, acabou sendo tranquilo, e, mesmo faltando às aulas e sendo assíduo frequentador do ginásio de esportes, trazia sempre boas notas.

Era típico da geração de estudantes da década de 1980, uma juventude em que os sinais de contestação se restringiam a faixas usadas como acessório na cabeça, agora mais uma referência ao ambiente das academias de ginástica e shows como o Rock in Rio.

Por toda a vida, Marco teria muito cuidado com a saúde; nada de cigarros, rock apenas como espetáculo, divertimento, e sem precisar mais se preocupar com a contestação política.

No final de 1983, o primogênito da família Stefanini se formou na USP com notas de quem ia à aula, não à piscina. Mas em 1984, novamente desempregado depois de voltar de Goiás, Marco não sabia o que fazer com o conhecimento que tinha conquistado sem muito esforço.

CAPÍTULO 2

INFORMÁTICA

O jovem de cabelos lisos, muito magro e queimado de sol abriu lentamente a porta do apartamento. O abatimento incomum surpreendeu a família, porque aquele Stefanini era conhecido por nunca desistir. Havia andado durante dez dias pelas minas de cassiterita em Goiás e agora estava de volta a São Paulo sem saber o que fazer. Era o fim da aventura no cerrado.

A mineração havia sido frustrante. Milton e Adélia ficaram aliviados em ver o filho de 23 anos voltar daquela longa viagem para casa sem malária. Na época, os surtos da doença eram muito comuns em Goiás, um problema que até hoje não foi completamente erradicado. Apesar do alívio, os pais se impressionaram por observar algo raro no rapaz: tristeza.

A economia brasileira no ano de 1984 parecia até combinar com o humor do jovem recém-formado. Rhodia e Itaú haviam previsto uma contração de 3% do Produto Interno Bruto (PIB). A experiência goiana e a economia do país haviam se unido para deixar Marco Stefanini de "bode".

Para a família, as coisas não iam mal. A liderança da empresa de Milton, a Produtos Lampo, mantinha-se firme, e o pai até pensou em ajudar o filho (lá do jeito dele, claro, sem nunca dar nada de mão beijada).

A ajuda veio e foi bem simples: um despachante acostumado a lidar com comércio exterior, amigo de Milton, comentou sobre um americano interessado em comprar gemas preciosas. A gemologia era uma matéria optativa na USP, e, mesmo sabendo pouco sobre o assunto, o recém-formado geólogo sentiu a "deprê" diminuir.

Logo no primeiro negócio, o jovem empreendedor tentaria a exportação.

Na época, parecia promissor. Os economistas achavam que explorar o mercado internacional era a melhor opção. Naquele ano, um economista norte-americano chegou a dizer que o Brasil precisava se "ajaponesar". Ou seja, copiar o modelo de desenvolvimento do país asiático focado em exportação.

Marco decidiu comprar as pedras em Teófilo Otoni, município mineiro a 450 km de Belo Horizonte. Lá poderia encontrar turmalinas, ágatas, ametistas, esmeraldas. Chamou um amigo e pegou um ônibus – ou busu –, encarando doze horas na estrada até chegar à pequena cidade.

Era fevereiro, e aquela parte do nordeste mineiro estava quente e úmida, ainda sem sinal de nuvem no céu. O suor escorria na nuca dos dois candidatos a comerciantes, perdidos à procura das gemas. Logo eles descobririam que Teófilo Otoni vive de pedra, e ninguém precisa ir até o garimpo.

Debaixo do sol queimando, andaram algumas quadras até chegar à Avenida Getúlio Vargas, principal via da cidade. Ali havia dezenas de lojas onde achariam facilmente o que procuravam. Marco e o amigo encontraram um mercado e compraram US$ 500 em pedras preciosas. O plano era revender por US$ 1 mil para o americano. Se desse certo, comprariam mais depois.

No ônibus, na longa viagem de volta, Marco e o amigo tiraram as pedras do bolso e as avaliaram. Eram semipreciosas; havia turmalina, topázio, berilo. Aventura bem-sucedida ou, na linguagem de então, "massa!".

Já em São Paulo, havia mais uma compra a fazer. Foram até a Praça da República, onde muitos gaúchos mantinham escritórios, e escolheram um geodo, pedra enorme que, cortada ao meio, exibe o interior cheio de cristais. Estava concluída a aquisição da mercadoria.

O americano aceitou o valor oferecido e converteu os US$ 1.000 em cruzeiros. Na época, era algo perto de Cr$ 1,4 milhão, e esse era o valor fechado para os dois sócios receberem. Risco zero para quem comprava, risco alto para quem tentava fazer sua primeira venda.

Quanto mais cedo o americano recebesse as pedras, mais cedo eles receberiam o dinheiro. Quanto mais demorasse, mais a inflação comeria o lucro. Se conseguissem receber dois meses depois, ainda assim seria bom. Os US$ 500 iniciais investidos nas pedras valeriam Cr$ 820 mil, os dois jovens exportadores receberiam Cr$ 1,4 milhão e o negócio teria valido a pena.

Marco mandou as pedras para o comprador nos Estados Unidos. E esperou. Na época, pouca gente exportava gemas, e a mercadoria parou na alfândega norte-americana com a alegação de que faltavam documentos. Enquanto isso, Marco pagava para manter as pedras armazenadas na alfândega. Se demorasse mais, todo o lucro poderia ir para o pagamento da armazenagem. Talvez desse até prejuízo.

Enquanto esperava a liberação das gemas, Marco procurava não ficar encanado e evitava o *bode* indo para a piscina da USP. O sol fazia a água brilhar de um jeito que lembrava as pedras preciosas esperando pela boa vontade de um funcionário da alfândega. Daí, o pensamento saltava novamente para a inescapável e incômoda necessidade de arrumar dinheiro.

Um amigo ouviu os problemas do colega estudante e sugeriu:

– Quer dar aula de física?

A ideia não era exatamente nova; Marco já dava aula no colégio público Alves Cruz na parte da tarde, substituindo o professor de geografia. Mais aulas se traduziam em um pouco mais de dinheiro. O colega dava aula no Objetivo e contou que ainda faltava professor daquela disciplina. Marco topou mais aquele bico e – em desespero na busca por dinheiro – ainda daria aulas também no colégio particular durante três meses.

Enquanto o jovem Stefanini tentava ganhar um trocado, o país seguia ladeira abaixo nos gráficos da economia (ou acima, no caso da inflação). Juros altos, crédito apertado, consumo em queda, emprego estagnado. Mal, mal, mal. Em janeiro, o salário mínimo – de Cr$ 57.120 – aumentou 74,8%. Na ponta do gasto, o aluguel aumentou 136,90%. O brasileiro podia cada vez menos.

No *front* do câmbio, o cenário também esquentava. A dívida externa passou dos US$ 100 bilhões, um montante nada saudável e um sinal de que algo em breve aconteceria com o dólar no Brasil. Os economistas previam uma maxidesvalorização; más perspectivas para o pagamento em cruzeiro e piores ainda para os empregos.

A situação econômica crítica dava força para o movimento das Diretas Já. Tancredo Neves, do PMDB, venceu o candidato da situação do regime militar, Paulo Maluf (PDS, atual Partido Progressista), nas eleições indiretas e foi eleito presidente da República. Mudanças eram necessárias, urgentes, indispensáveis.

Um dia a irmã Mônica chegou em casa, sentou-se no sofá da sala, olhou para o irmão e perguntou sorrindo:

– O que você acha de trabalhar com computadores?

Naquele ano de 1984, a irmã de Marco trabalhava no Serviço Federal de Processamento de Dados (Serpro). Vivia duas vidas diferentes, uma de estudante, outra de analista de sistemas. Cursava matemática na PUC da Consolação e percorria diariamente de carro os 15 quilômetros que separavam o *campus* da faculdade do Centro de Tratamento de Informações do Serpro, em Osasco. Uma jornada, mas valia a pena por um trabalho como aquele.

A irmã queria ajudar Marco e considerava informática uma área das mais promissoras. Na época, o setor começava a se popularizar, até mesmo entre os mais jovens. Ao lado de objetos de desejo, como o cubo mágico e a Mobilete, adolescentes e crianças jogavam Atari em casa, e alguns chegavam a ganhar pequenos computadores como o CP-300, o padrão japonês MSX e os primeiros computadores da Apple. O micro era o novo brinquedo.

A microinformática também aparecia nas páginas da *Veja*, que oferecia uma enciclopédia sobre o assunto. O primeiro fascículo falava do TK-85, da Microlágica, o micro mais barato do mercado, a 260 mil cruzeiros ou 4,5 vezes o salário mínimo. Era só um teclado para ligar na TV e, mesmo assim, acendia o desejo de micreiros fascinados com a informática caseira.

Fazia sucesso também o lado mais sério da tecnologia. Profissionais liberais, como médicos, começavam a usar computadores para cruzar informações de pacientes e imprimir recomendações de exercícios e dietas. Pagavam em média 3 milhões de cruzeiros por um desses equipamentos.

Para as grandes empresas, os brinquedos tornavam-se verdadeiros investimentos industriais. A Itautec, criada para atender ao banco Itaú, completava cinco anos na área de informática e publicava na imprensa um texto de duas páginas, divulgando a produção de um computador médio com tecnologia nacional e padrão IBM. Eram 72 milhões de cruzeiros em troca de um computador com 8 MBytes de memória e poder para processar 2 milhões de instruções por segundo.

Enfim, a informática agora movimentava dinheiro de verdade no Brasil. Ganhava-se e perdia-se muito também.

Enquanto Marco dormia em redes no interior de Goiás, o presidente João Figueiredo dava fim à Empresa Digital Brasileira S.A. (Digibras) após um prejuízo de 1,2 bilhão de cruzeiros. Era valor suficiente para arrematar o prédio de 22 andares do carioca Guanabara Palace Hotel, vendido na mesma semana.

Com bons ou maus resultados, os grandes valores envolvidos tornavam o profissional de informática surpreendentemente desejado no mercado brasileiro. Era o mais novo e promissor campo de trabalho, e o Serpro em que Mônica estava era justamente um dos lugares mais cobiçados, oferecendo turmas com seis meses de treinamento e 25 vagas. Os seis melhores eram contratados, e o restante era sempre ferozmente disputado no mercado. A pegadinha era que o órgão federal só admitia profissionais com cursos superiores mais próximos de tecnologia, como engenheiros e matemáticos. O geólogo Marco não tinha chance no Serpro.

Foi quando um amigo de Mônica, o chinês naturalizado brasileiro Wang, contou sobre um curso de mainframes no banco Bradesco. A formação de geólogo de Marco não ajudava tanto, mas o banco aceitava qualquer curso de exatas. E geologia era exatas.

De novo, Mônica chegou em casa e chamou Marco para perguntar mais uma vez, agora com algo de verdade para oferecer.

– E então, que acha de trabalhar com informática?

Não havia alternativa melhor, principalmente porque as gemas continuavam paradas na alfândega norte-americana. A cada dia o negócio valia menos a pena. Meses depois, as gemas seriam liberadas e Marco receberia os Cr$ 1,4 milhão prometidos. Com a desvalorização do cruzeiro e a inflação, o dinheiro praticamente valia os mesmos US$ 500 gastos para comprar as pedras. Se tivesse ficado com os dólares em casa, teria dado na mesma.

Mas, pior ainda, o armazenamento na alfândega custou algo perto de US$ 1 mil, na época uma quantia considerável para o jovem Marco. O pai não disse nada, achava bom que o filho tivesse iniciativa. Mas não ajudou. O amigo também não assumiu o prejuízo. Marco pagou tudo.

Como todo jovem diante de um desafio, a sensação de onipotência dá lugar à dúvida e à insegurança. Na procura pelo primeiro emprego, os recém-formados se sentem diante de algo parecido com um abismo. É até possível recuar e voltar para a proteção da família, o que ele não quer; se seguir em frente, não tem a menor ideia de onde vai cair. Na crise econômica, tudo piora, fica mais confuso, angustiante. O jovem lê sobre a crise nos jornais, começa a achar que todo o esforço é inútil, que não tem mesmo lugar para onde ir. É a *deprê* total.

Os dias no mato verde-pálido de Goiás tão longe da família, as pedras perdidas de Teófilo Otoni, a falta de dinheiro e de perspectivas fizeram a sugestão de Mônica parecer a salvação. O salário inicial do Bradesco seria bem menor até do que recebia dando aula no Objetivo; era metade do dinheiro. E mesmo as aulas já haviam tido uma queda, davam menos dinheiro do que o salário de geólogo. Quem se importaria? Era dinheiro, era um grande banco, era afinal a oportunidade de um emprego de verdade.

Marco então percebeu que mesmo a revolta na aventura goiana havia sido rebeldia juvenil. Embora a mineração tivesse sido no fim uma aposta ruim, ele reclamou e brigou além da conta. Agora ele iria enfrentar um mundo novo, e dessa vez não poderia decepcionar. O banco oferecia finalmente a possibilidade real de um futuro promissor. Hora de encarar a realidade dentro de um escritório, o universo de uma corporação.

Como hoje, o Bradesco era uma grande potência. Na época, era mais do que um banco; era também uma indústria. Criado a partir de uma gráfica, em que o fundador Amador Aguiar perdeu o dedo indicador da mão direita, o banco se tornara uma empresa na qual tudo era medido em números gigantescos.

Cada transação feita era enviada para o cliente, que tinha de saber tudo. Informar cada detalhe era uma obsessão. Duas mil lambretas e mais de mil fuscas e outros carros saíam da sede em Osasco e se moviam pelas cidades, levando informação para clientes e agências bancárias.

Os moradores das redondezas da Cidade de Deus, como é chamada a sede do banco, acostumaram-se a ver filas de caminhões entrando na matriz. Eles vinham da Bahia carregados de jacarandá. Dali, iam para a marcenaria própria do banco na qual os funcionários produziam mensalmente mil metros de balcões para as agências. Não era bem uma empresa em que o jovem Marco pretendia trabalhar, mas um colosso em pessoas e números.

Na empresa fundada por Amador Aguiar, sempre havia dinheiro para ser pioneiro, e a área de tecnologia nunca fora diferente. A primeira rede de dados da Embratel foi criada para atender à demanda do Bradesco e, anos depois, a primeira injeção eletrônica brasileira desenvolvida aqui pela Bosch fora vendida para a Volkswagen pelo Bradesco, que apoiou a nacionalização da tecnologia no Brasil. Se o Brasil precisava se "ajaponesar", o Bradesco parecia o tipo de impulso necessário para exportar algo de valor e não apenas commodities (como pedras preciosas brutas).

Nesse desejo de inovar, a tal da informática viria cumprir o papel de tornar tudo mais rápido e eficiente. No início, o banco usava grandes máquinas de computação – como o IBM 1401 – somente para imprimir, nada de cálculos complexos. Diariamente, mais de 60 toneladas de papel eram impressas, uma montanha suficiente para encher dez caminhões. Na década de 1970, começaram os cálculos, com máquinas como o IBM 360, e aqueles fuscas carregados de documentos foram trocados por pequenos envelopes.

A tecnologia trouxe uma nova classe de profissionais para a Cidade de Deus, pessoas com conhecimentos respeitados pelos outros funcionários e que lidavam com máquinas misteriosas e intrincadas. O departamento de processamento de dados mantinha 10 mil funcionários e, desses, 2,5 mil eram programadores. Toda essa gente precisava ser treinada, e se o Bradesco fazia os próprios móveis de suas agências, também educava.

Primeiro foram as máquinas Olivetti, Burroughs e Cobra. Havia oficinas até para produzir as peças que quebravam. Os técnicos aprendiam, viviam e se aposentavam no Bradesco. No total, o batalhão somava 2,5 mil pessoas só para cuidar das geringonças de calcular.

O escolhido para lidar com a informática era alguém que havia aprendido a ler nos bancos escolares do Bradesco. Criança ainda, frequentava a escola e, a seguir, o colegial técnico, ambos da Fundação Bradesco; nos dois casos, eram quase sempre filhos de funcionários. Finalmente, escolhida a carreira dos computadores, eles se tornavam programadores em experiência (o hoje chamado *trainee*). Depois de um ano e meio, tornavam-se plenos. Mais um ano e meio, e o carreirista passava a sênior. E, mais outro ano e meio, eram promovidos a analistas em experiência, completando cerca de dez anos de cultura do Bradesco. Raramente alguém era demitido.

Então ocorreu uma mudança importante para o Bradesco, uma transformação que permitiria ao jovem Marco Stefanini entrar na inexpugnável corporação financeira, tão fechada a profissionais de fora. O presidente da IBM, Robeli José Libero, sugeriu ao presidente do banco, Lázaro Brandão, montar um curso para analistas de sistemas dentro do banco. Eles iriam atrair jovens talentos para cargos técnicos importantes. O sinal era claro: havia se iniciado a caça a um novo espécime no mercado.

Brandão tinha pouco mais de três anos à frente da instituição, depois de ter recebido o comando diretamente de Amador Aguiar. Ele sabia que a tecnologia mudava muito rapidamente, e um profissional diferente era necessário, um analista de negócios. Alguém que entendesse de tecnologia, mas também compreendesse os processos do banco com inteligência. Por isso, Bradesco e IBM começaram a formar analistas mais abertos para fazer a ponte entre negócios e a área de tecnologia.

Para Marco, entrar naquele mundo seria uma transição estranha. O primeiro passo foi assinar um documento em que ele se comprometia a não "andar em má companhia", não usar barba nem cabelo comprido. Embora Marco fosse mais discreto, as regras deixavam do lado de fora da classe boa parte do visual exagerado e o colorido vibrante da década de 1980. Dali em diante, Marco e os outros rapazes até poderiam usar roupas relativamente casuais e evitar a gravata, mas teriam de se apresentar de calça social e camisa de manga curta. Olhando para eles, estariam toda a comunidade do banco e seus professores, consultores da IBM distantes do mundo acadêmico, homens do mundo corporativo da tecnologia da informação. Definitivamente, era um mundo bastante formal, bem diferente do que havia atraído Marco para a geologia.

A maioria dos candidatos a um lugar no Bradesco não conhecia nada de informática; muitos vinham do interior e ficavam em hotéis próximos à sede do banco. Ou ficavam na própria Cidade de Deus, onde havia alojamentos para os mais carentes que vinham de fora de São Paulo.

Naquele 23 de maio de 1984, Marco Stefanini acordou mais cedo. Faltava meia hora para as 8 da manhã quando ele entrou no carro e seguiu rumo a Osasco. A Cidade de Deus, sede do Bradesco, ficava a menos de 10 km da casa onde Marco morava com os pais no bairro paulistano do Alto de Pinheiros. Ao chegar ao portão próximo à Avenida Iara, entrou pelo complexo financeiro observando os altos eucaliptos. Após uma curva, ele viu o prédio escolhido dentro da Cidade de Deus para abrigar as aulas de informática: o Centrefor.

Aquela era a quarta turma da nova geração de analistas, chamada de FAS 4, em que estavam Marco e outros 27 candidatos. Mais de 70 alunos já haviam feito o curso. Cada um recebia um passe valioso para entrar no mundo corporativo da tecnologia da informação, naquele tempo simplesmente conhecida pelo nome de informática.

Na época, computadores eram máquinas de funcionamento e utilidade desconhecidas pela população. Fora todo o respeito imposto pela tecnologia, a primeira visão de um mainframe costumava decepcionar as pessoas. Era uma caixa azul e bege de quase 2 metros de altura e 1 de largura, algo parecido com um pequeno armário ou uma lavadora de roupas. Dentro, uma fita se movia.

Entrar nesse mundo podia ser uma tarefa ingrata. Os alunos aprendiam matérias abstratas, como lógica e teoria da informática.

Para muitos, essa foi a parte mais difícil do curso, que ocupou as primeiras três semanas do treinamento. Eram oito horas de estudo contínuo e cada tema tinha um professor diferente, em um total de dez ou onze disciplinas. Cada prova trazia o medo de ser eliminado daquela oportunidade e da possibilidade de fazer carreira no Bradesco. A nota mínima era 7, e quem falhasse em um único teste estava automaticamente fora.

A juventude dos alunos, entre pastilhas Supra-Sumo e balas Soft, contrastava com a cultura conservadora do Bradesco. Boa parte da aula era tediosa, ocupada na leitura dos grossos manuais da IBM, calhamaços de mais de 500 páginas. Começavam às 8 horas e saíam para o almoço pontualmente às 12 horas. Todos almoçavam e lanchavam no Bradesco, e os que dormiam no alojamento ainda tinham direito a café da manhã e jantar. Às 14 horas voltavam, e o curso continuava até as 18 horas, quando, afinal, a turma debandava. Os que se alojavam por lá saíam também, mas tinham de bater ponto de volta até as 23 horas. Alguns chegavam dez minutos atrasados para ficar de fora de propósito e poder sair com as garotas do Bradesco, moças bem ao estilo da década, usando permanentes volumosas, maquiagem chamativa e acessórios coloridos.

A melhor parte vinha na lida direta com os grandes computadores mainframes. De olho na tela preta de letras verdes, eles descobriam como fazê-los funcionar, operando as principais linguagens de informática: Cobol e a complexa linguagem Assembly, cheia de códigos incompreensíveis para os leigos.

Durante os meses do curso, Marco e os colegas usaram a mesma sala quase o tempo todo. Era logo no primeiro andar, onde antes eles escreviam o programa no papel para só depois ir até o térreo no laboratório equipado com terminais. Ficavam ali em duplas, testando o código que haviam acabado de criar. Ocupavam a sala catorze terminais, metade IBM, metade Cobra. Todos preferiam os IBMs; quem ficava por último sobrava com os Cobras. Marco pensava rápido, terminava antes. Sempre pegava um IBM.

As tarefas aparentavam simplicidade no objetivo, mas não se escapava a certo terror e estresse. Depois de alguma teoria sobre a linguagem de programação, o professor pedia que escrevessem uma aplicação trivial. Se funcionasse sem erros, os alunos saíam com um dez. Se o software desse erro, eles tinham a permissão de revisar o código e rodar novamente. A cada tentativa, perdiam um ponto. Ninguém podia sair da sala sem conseguir fazer o software funcionar. Caso contrário, zero na nota. E um zero significava adeus, carreira no banco.

O esforço para entender a informática e a cultura do Bradesco operava mudanças no jovem Stefanini. Em casa, a família o via menos e quase sempre cansado. Marco não achava o curso difícil, mas sem dúvida era uma experiência muito mais estranha, cansativa e estressante que a faculdade. Ele lembrava os meses procurando emprego, a incerteza e os projetos fracassados que havia conseguido com a geologia, e tudo aquilo parecia distante e sem perspectiva. O futuro e o dinheiro estavam ali, no mundo corporativo, mesmo que exigisse formalidade e nenhuma viagem aventureira.

Na mesma turma de Marco estava Luiz Edmundo Machado, um jovem engenheiro formado em uma faculdade de Barretos, que viera para São Paulo a contragosto só para estudar no Bradesco. Luiz Edmundo não tinha nenhum desejo de trabalhar na metrópole, mas, da mesma forma que Marco, aquele rapaz do interior sentia a pressão para começar uma carreira.

Em novembro de 1984, o curso terminou. Durante as últimas aulas, havia suspense entre os alunos para saber quais seriam os primeiros colocados naquela turma: os oito melhores receberiam o privilégio de escolher em qual área do Bradesco iriam trabalhar. A mais cobiçada de todas era o suporte técnico. Ninguém entendia nada de informática, e os técnicos de informática rodavam toda a Cidade de Deus, conhecendo gente e conversando com todos, sempre surgindo como os salvadores quando algo dava errado e os computadores paravam.

O primeiro aluno da classe foi um descendente de alemães, o Nelson, conhecido na classe como Piu-Piu. O segundo foi Hamilton, que depois saiu da área e foi trabalhar como professor em Ilha Solteira.

Marco e Luiz Edmundo tiveram a mesma nota em algumas disciplinas. Marco foi melhor em umas, Luiz Edmundo foi melhor em outras, mas as notas somadas foram exatamente as mesmas até a terceira casa depois da vírgula. Marcão, como Luiz Edmundo gostava de chamar o colega, era três meses mais novo. E saiu na frente, ficando em terceiro na colocação geral. Como os outros colegas com quem dividiu o pódio do curso do Bradesco, o ex-geólogo escolheu o departamento de suporte técnico. Da geologia das gemas preciosas e da rede de dormir no cerrado goiano, Marco adentrava definitivamente o mundo da informática.

CAPÍTULO 3

MICROLÂNDIA

O papel dobrou no chão pela milésima vez, caído da impressora da sala dos mainframes. Marco catou a resma e foi até sua mesa, instalada em um canto daquele mesmo andar, no meio do cubículo onde se abrigavam os sete integrantes da equipe de planejamento de capacidade e desempenho do Bradesco. Pensou nas palavras do pai na noite anterior. "Interessado?", o pai perguntava. Baixou os olhos para a mesa, sem nenhuma vontade de olhar mais uma vez aquele longo código impresso em tinta embaçada.

Levantou o olhar para cima da divisória que o separava do restante do departamento de TI do Bradesco. O trabalho seguia sem ruídos naquela manhã de fevereiro de 1985, sob a luz amarela de escritórios que não recebem claridade o suficiente do lado de fora, no ar frio e fechado do ar-condicionado. Dois engravatados com camisas de manga curta conversavam perto da janela, algumas mesas vazias e o restante olhando fixamente as telas de fundo preto e letras verdes. Perto da entrada, uma secretária carrancuda e óculos pequenos balançava a cabeça ao telefone dizendo algo sobre "reunião" e "agenda complicada".

Para a equipe de planejamento, o dia seguia ainda mais pacífico. Além de Marco, havia ainda um analista sênior, três programadores e o chefe da equipe. Os novatos ainda em experiência eram Marco e Luiz Edmundo, o colega do curso. Passavam a maior parte do tempo seguindo com os olhos os códigos de programação, estudando a eficiência dos processos da informática, a melhor alocação de memória nos mainframes, entre outras minúcias. Nada podia ser mais tranquilo. Quase parado.

Uma grande vantagem do departamento era não haver necessidade de sair correndo de madrugada porque algum sistema travou, uma realidade comum para quem havia optado pela área tão desejada do suporte. Marco e Luiz Edmundo preferiram fazer diferente e rumaram para o planejamento. Dava para pesquisar mais, o que especialmente Luiz Edmundo adorava. O único movimento além do cafezinho era justamente ir até a impressora checar um relatório ou ver a rotina de programação pintada nas fracas letras da impressora matricial. A rotina meticulosa era agradável para os que adoravam fuçar em computadores, aquele profissional conhecido como escovador de bits, a menor unidade de informação dos computadores. Luiz Edmundo era um típico escovador de bits; Marco, não.

Atraente a princípio, aquela calmaria começava a inquietar o jovem Stefanini. Ele havia aprendido a operar os grandes computadores no curso do Bradesco e acreditava, aos 23 anos, que a informática era promissora. Ainda assim, a mente divagava, passeava longe, fora dos muros da Cidade de Deus.

– Interessado em um trabalho? – mais uma vez a voz de Milton Stefanini soava.

A área de planejamento de capacidade e desempenho do Bradesco ficava no prédio novíssimo do banco, bem do lado oposto ao Centrefor. Parte dos mainframes ficava ali mesmo, os IBM 3033 adquiridos em 1979. Os mais antigos IBM 4381 e IBM 4041, três ou quatro mainframes, haviam dado conta de todo o processamento de informações do banco no começo. O Bradesco cresceu, vieram novas máquinas e a necessidade de mais gente.

A carreira desses novos profissionais se arrastava devagar, muito lentamente para os anseios de um jovem ambicioso. Os aceitos para o curso, como Marco e Luiz Edmundo, já com curso superior, tornavam-se analistas em experiência em seis meses. Muitos saíam antes de completar um ano, alguns mesmo com quatro meses. Por isso, alguns funcionários do banco começaram a chamar aqueles desertores em potencial de "mercenários".

Pelo trabalho, recebiam mensalmente mais de dois milhões de cruzeiros. Nada de mais, muita gente era milionária na época. Aquele monte de zeros significava menos de 700 dólares. Não era ruim, considerando o salário mínimo de 170 mil cruzeiros. Lembrando a experiência das gemas preciosas, esse montante convertido em cruzeiros os tornava literalmente milionários. Mas era pouco para Marco. Enquanto o engenheiro Luiz amava informática e lidar com os mainframes, Marco olhava o banco como um imenso manancial de oportunidades; era o típico empreendedor.

Mas o empreendedor via oportunidades que não conseguia abraçar. Apesar de todo o barulho que a informática fazia na época, não era bem com aqueles grandes computadores que Marco havia aprendido a operar. Começavam a aparecer os primeiros computadores pessoais no Brasil, pequenos aparelhos ligados a TVs, vendidos em supermercados. Ainda eram artigos para poucos interessados na chamada microinformática, mas já era o início da popularização. Para as empresas médias, eram vendidas as primeiras aplicações baseadas naquelas máquinas menores. Aquilo acontecia "fora do Bradesco", em um ambiente bem diferente. Tudo aquilo fazia parte de um mundo chamado Microlândia.

Era nisso que Marco pensava enquanto observava a tranquilidade do departamento de TI no Bradesco. Ali dentro, tudo tranquilo. Lá fora, milhões de oportunidades. No dia anterior, Milton havia chamado Marco para conversar. Foi quando ouviu a frase:

– Interessado em um trabalho fora do Bradesco?

Não importava qual seria, era evidente que Marco tinha interesse. O ano de 1985 poderia oferecer mais do que simplesmente o Bradesco. A situação era essa: o pai de Marco conhecia o dono de uma rede de lojas de material de construção, e eles estavam curiosos com essa novidade de software e computadores. A proposta era usar PCs para controlar o estoque e os pagamentos da empresa. Para construir um sistema desse tipo, era preciso usar uma linguagem de alto nível, daquelas mais próximas da linguagem humana e mais adequadas para a montagem de sistemas comerciais. Marco não entendia nada dessas coisas, mas ele conhecia quem entendia.

João Jorge Galin havia frequentado o mesmo curso e a mesma turma no Bradesco, a FAS 4. Ao contrário de Marco, que cursara geologia e entrara em uma área tecnológica por acaso, João Jorge era engenheiro formado. Com pai industrial e irmão também engenheiro, João Jorge cursou engenharia civil na USP e, em 1976, aos 24 anos, estava diplomado. Em 1977, sete anos antes do curso do Bradesco, ingressou no serviço público e foi trabalhar com planejamento urbano no governo do estado de São Paulo. Ficou lá durante cinco anos. Achava o trabalho entediante por ser extremamente repetitivo. Como engenheiro, cuidou para que ficasse ainda mais padronizado e automatizou os processos. Quando cansou do planejamento urbano, conseguiu convencer os colegas servidores da Prodesp a abrir uma vaga de estágio em uma atividade bem diferente: informática.

Era o ano de 1983 quando João Jorge começou a gastar suas manhãs com microcomputadores. Mesmo com a formação em engenharia, ele nunca havia lidado com aquelas máquinas. Enquanto estagiava na Prodesp, o filho de um amigo contou a João sobre o curso do Bradesco e ele resolveu arriscar. Ao final do curso, em vez dos grandes mainframes, João Jorge preferiu continuar trabalhando com os microcomputadores no Bradesco.

João Jorge, na época, criava aplicações para os departamentos do Bradesco, usando as tais linguagens de alto nível, como o dBase II. Marco chamou o colega, explicou tudo para ele e perguntou: "Topa ajudar?"

Desenvolver aplicações para uma empresa pequena tinha pouca relação com o trabalho do Bradesco, mas João Jorge achou que qualquer experiência seria válida para aumentar o conhecimento sobre computadores. E os dois começaram a desenvolver sistemas.

Os amigos passaram noites e finais de semana fazendo a aplicação para a rede de lojas de material de construção, e Marco aprendeu a programar em dBase II. Saíam juntos do Bradesco, relaxavam e desabotoavam um pouco as camisas sociais – o visual clássico do homem da década de 1980, com os botões de cima abertos. E digitavam sem parar. Sem disco rígido e trabalhando com disquetes, fizeram um sistema com capacidade para até cinco mil itens de produtos. João

Jorge gostou da experiência, tomou algumas cervejas, aprendeu o que queria e voltou a se concentrar no Bradesco.

Marco, não. O dinheiro foi curto, as noites não eram exatamente uma festa, e ele nem gostava tanto assim de programar. Mas, por alguma razão, aquilo parecia guardar mais possibilidades do que a carreira no banco. Era um dilema difícil de racionalizar. De um lado, o maior banco brasileiro, uma potência financeira que oferecia um emprego estável e respeitado. Sem contar sistemas enormes que movimentavam somas impressionantes de dinheiro. De outro, uma pequena aventura sem garantias, um trabalho para uma empresa menor em computadores pequenos, e tudo por uma remuneração menor ainda.

Por quase um ano, Marco seguiu na rotina do banco sem assumir nenhum outro serviço fora. O trabalho começou a incomodar até que, pouco antes de completar dois anos na área, ele soube de uma vaga na Engesa, empresa industrial do setor de defesa militar que havia transferido a sede poucos meses antes para Barueri. Embora menor que o Bradesco, aquele grupo de empresas com nome de engenheiro (Engenheiros Especializados S.A.) atuava em vários segmentos da economia e exportava para 37 países. Ficava um pouco mais longe da casa de Marco, no Alto de Pinheiros, mas, em troca, ele ganharia um ambiente mais flexível, tanto nos negócios quanto no horário. Em agosto de 1986, Marco aceitou a proposta e o espírito empreendedor ficou um pouco mais livre.

Rapidamente, o jovem perceberia que mesmo o trabalho na Engesa pouco lhe importava. O horário mais flexível permitia a Marco continuar na busca de bicos e dinheiro. Podia dar aulas e aceitar outras propostas de sistemas. Mas a busca por oportunidades não seria simples. Depois da experiência com João Jorge na rede de lojas, Marco ficou muito tempo sem programar.

Em casa, Milton e Adélia sabiam que o filho estava à procura de oportunidades. Um dia, no final de 1986, poucos meses depois de Marco entrar na Engesa, Adélia conversava com o fornecedor e amigo Claudino Frignani, dono da Azul Plast, que vendia material plástico para a Produtos Lampo. Como Milton, Claudino era filho de *oriundi*, o que aumentava a ligação entre as famílias. Papeando em meio à negociação, Claudino e Adélia começaram a falar dos filhos –

que Marco estava em busca de negócios na informática e que a filha de Claudino, Cristina, queria informatizar a Azul Plast. Parecia perfeito.

Não era uma grande indústria, naquele ano com 50 funcionários, mas a informática realmente começava a fazer sucesso nos empreendimentos menores. A Azul Plast havia sido fundada em 1964 por Claudino, e a filha Cristina o ajudava a administrá-la, junto com mais dois irmãos. Produziam tubos de PVC flexível e outros plásticos, e, diferente da Produtos Lampo, sentiam a pressão do mercado. Na época, Claudino e os filhos forneciam diretamente para a indústria automobilística, tendo como principais clientes a General Motors e a Honda (motocicletas). Mas a tendência era que sistemistas – fornecedores instalados na fábrica – lidassem com as montadoras e a Azul Plast fosse subcontratada. A cobrança por preço e qualidade seria maior; a força da pequena indústria com as montadoras, menor.

Para piorar a situação de qualquer empresário, o Plano Cruzado já havia sido dado como enterrado, logo após a vitória do PMDB nas eleições estaduais. Depois de nove meses de ágio solto nos preços, o governo anunciou aumentos históricos em tarifas públicas, no combustível e no preço dos carros no Plano Cruzado 2. Marco e Cristina enchiam o tanque de seus carros pagando pouco mais de 180 cruzados. Depois das eleições, passaram a gastar quase 300. O Chevette Sedan, carro mais barato do país, pulou de 50 mil cruzados para 90 mil. A inflação controlada momentaneamente estava acelerando e alcançaria 62% no acumulado do ano.

Dentro da Azul Plast, aumentava a busca pela eficiência em um momento de pura instabilidade econômica. Até então, Cristina, com 29 anos, fazia toda a administração financeira manualmente. O financeiro se resumia a ela, e essa tarefa braçal ocupava quase todo o tempo. Apesar do pequeno respiro da inflação durante o início do Plano Cruzado, os empresários já sabiam que precisavam lidar com um ambiente em que os preços mudavam quase diariamente. Ninguém podia perder as contas de vista por um dia que fosse.

Logo de manhã, Cristina checava o saldo em três bancos e verificava o que havia sido pago. O mais comum era faltar algum pagamento, e ela ficava fazendo somas e subtrações durante horas para descobrir qual era. Depois, precisava verificar as contas a pagar para poder assinar os cheques, cobrar clientes e ainda encontrar tempo para datilografar boletos de pagamento. Na melhor das hipóteses, ao meio-dia conseguia mandar o office-boy aos três bancos. No tempo que restava, ela cuidava do departamento pessoal e da contabilidade.

Pode ser um paradoxo, mas o efeito benéfico de uma crise é justamente tornar uma situação ruim intolerável. A inflação somava-se às dificuldades do pequeno empresário e tornava a gestão um esforço difícil de suportar. Se uma máquina tornasse a vida mais fácil, seria muito bem-vinda.

O primeiro contato de Cristina com a informática havia sido em 1983, quando ela insistiu com Claudino para comprar um Itautec. O pai nunca mexeria em um computador, mas a máquina viria a mudar a rotina da filha. Aquele primeiro Itautec veio com algumas aplicações como Lotus, mas a moça não conseguiu usar nada, mesmo com a ajuda do suporte. Três anos depois, enquanto Marco estava na Engesa, Cristina comprou um PC genérico, sem marca, e decidiu mais uma vez informatizar o departamento financeiro da Azul Plast. Ela precisava de um sistema para o contas a pagar, receber e o fluxo de caixa. Foi exatamente o que o pai comentou com Adélia, mãe de Marco.

A indústria ficava na zona sul, a algumas quadras da Marginal Pinheiros, ao lado de empresas como Monark e Tinken. Uma noite, depois do trabalho na Engesa, Marco foi até lá conversar com Cristina. Discutiram sobre o problema da empresa em poucos minutos e começaram a papear. Eram jovens promissores, mas de bolsos vazios. "Não tenho dinheiro para ir a lugar algum", dizia Marco, saudoso das viagens da adolescência, tudo pago com os bicos que sempre fazia. Agora, mesmo com o dinheiro da Engesa e as aulas que ainda ministrava, não sobrava quase nada. O troco viria em boa hora. Negócio fechado, era sentar e começar a digitar linhas de código.

Várias noites por semana ele ia até a fábrica da Azul Plast para desenvolver o sistema, às vezes também aos sábados. Pouco a pouco, compreendia cada processo básico no funcionamento de uma empresa, um conhecimento estranho para um geólogo. Cristina precisava de relatórios como as duplicatas que iam vencer, às vezes por ordem alfabética, outras por ordem de vencimento. Ou ainda, simplesmente, as duplicatas do dia.

Durante todo o primeiro semestre de 1987, a rotina se repetiu. Marco saía da Engesa, ainda com a roupa corporativa da época, com a camisa social enfiada dentro da calça jeans, dirigia 25 quilômetros pegando a Marginal Pinheiros e passava as noites na Azul Plast. Depois de seis meses, o sistema estava pronto. Cristina passou a ter todos os dados necessários em minutos; bastava apertar um botão para ver sair o relatório. Mais tarde contratou uma empresa para dar continuidade ao trabalho de informática. No ano seguinte, a família Frignani abriu a segunda fábrica e, alguns anos depois, a terceira – sobreviveram à abertura de mercado de Collor e hoje fornecem novamente direto para montadoras como a Chrysler, Mercedes, Honda e até mesmo para a Ford no mundo inteiro.

Portanto, o sistema de Marco foi ótimo para Cristina, e uma experiência única para o geólogo. Porém, permanecer seis meses programando durante noites e finais de semana fechado em uma sala não parecia uma maneira eficaz de ganhar dinheiro. Não era o Bradesco, não era a Engesa, não eram nem mesmo os sistemas da Microlândia.

Naquele ano de 1987, espremida entre os códigos da Azul Plast e a Engesa, certa atividade começou a se tornar muito importante. Era um ofício que reunia tudo que Marco havia feito na vida, uma síntese de todas as suas habilidades e desejos. E que seria a resposta para o futuro do nome Stefanini.

CAPÍTULO 4

O TANQUE E O TEMPO

Quase 43 toneladas de metal avançavam em silêncio. O motorista, envolvido em cheiro de óleo diesel, dirigia o tanque para o fundo do armazém, enquanto outro homem, na parte de cima, testava o movimento do canhão. Impressionado, Marco observava a grande promessa que era o tanque Osório ao apressar o passo para o escritório da Engesa.

O mês terminava, era sexta-feira, véspera da semana morta do Carnaval de 1987. Ameaçava chuva, e os quase 40 graus incomodavam. Melhor mesmo ficar dentro do CPD, protegido pelo ar-condicionado, do que dentro daqueles blindados em que os pilotos de teste suavam muito e cheiravam a diesel.

Aqui, retrocedemos um pouco a história para antes de Marco desenvolver o sistema da Azul Plast, quando o leitor descobre o que aconteceu de importante naquele ano tumultuado. O homem de informática que não quis ser engenheiro agora trabalhava na indústria de defesa Engesa, fabricante de veículos blindados, jipes e caminhões. Havia o carro de reconhecimento Cascavel, o de transporte de soldados Urutu, o blindado leve Ogum, o famoso jipe da Engesa e o protótipo do tanque Osório, que em alguns meses deveria seguir para a Arábia Saudita.

Enquanto isso, Marco dirigia computadores.

No campo econômico, o ano de 1987 havia reservado ao Brasil mais uma crise. Naquela mesma sexta-feira quente, 20 de fevereiro, o presidente José Sarney foi à TV e disse ao povo que não pagaria a dívida externa. Eram mais de 700 bancos credores de uma dívida de US$ 121 bilhões, e o Brasil tinha oficialmente menos de US$ 4 bilhões em reservas (extraoficialmente, dizia-se que a reserva era ainda menor, algo como US$ 500 milhões, trocado miúdo para um país). Na prática, o Brasil quebrou, e a saída foi o calote. Sem nem conseguir usar a palavra moratória, o presidente avisou que quem criticasse a decisão agiria contra a pátria. Sarney disparou no horário nobre: "Nada de traição".

Em um dia, o dólar saltou de 27 cruzados para 35 cruzados e, mesmo pagando caro, ninguém conseguia encontrar a moeda no mercado. Com o calote, a economia reduziu o ritmo para o mesmo passo da época em que Marco procurava emprego, no início de 1984. Um mês depois de Sarney ir à TV, a General Motors deixaria metade da fábrica parada. Setores como o químico e o farmacêutico registravam queda de 20% nos pedidos. A indústria estagnava.

Na Engesa, o emprego de Marco foi mantido, mas o futuro era incerto. Além disso, cuidar dos computadores de uma empresa de veículos ainda não era uma carreira estimulante, pelo menos não para um espírito inquieto.

Aquele cenário iria produzir o impulso e a energia para uma reviravolta. E seria naquele ano.

Passou o mês de março, passou abril, e as coisas continuaram paradas e sem perspectivas. Uma noite, Marco chegou em casa e recebeu um recado. Um tal de Nilson Vasconcelos, de uma empresa chamada Servimec, havia ligado. Mandaram retornar de noite mesmo. Estranho, pois eram mais de 20 horas, mas ainda assim ele ligou. Do outro lado, a voz:

– Servimec, boa noite!

Nilson, então, veio atender e, sem muito rodeio, convidou Marco para dar aulas de informática. Marco certamente ainda não era um especialista no assunto, mas também era certo que esses detalhes nunca o haviam impedido antes. Ensinar esteve sempre em sua vida. Não precisava de mais nada; só de si mesmo e de algum tema que pudesse aprender rapidamente para então repassar conhecimento aos outros. Sempre um bico, uma forma de financiar seus desejos e viagens.

No começo da faculdade, dava aulas de judô. Os alunos eram as crianças da escola infantil Casulo, que ficava na Capote Valente, entre a Rebouças e a Artur Azevedo. Ali conheceria a namorada, Graça, em uma festa para pais e alunos, no final de 1980. Não houve nada, a princípio, mas logo depois, em 1981, chamaria a moça para sair. Tinham praticamente a mesma idade. Graça tinha chegado de Bauru três anos antes (em 1978) para fazer o terceiro colegial e cursar psicologia. Também se diplomou em 1983, como Marco, e logo conseguiu um estágio, o que tornou o namorado mais ansioso para iniciar uma carreira.

Durante a faculdade, Marco continuou atrás dos trocados dando aula em escolas estaduais e particulares. Depois da faculdade, ainda no Bradesco, deu aula à noite, uma ou duas vezes por semana, e ainda sobrava algum tempo para relaxar. Durante todo esse período, dar aulas significava lidar com adolescentes e ensinar disciplinas relativamente fáceis para alguém com a formação de geólogo. Quando começou a desenvolver os sistemas – primeiro com João Jorge, depois na Azul Plast –, Marco foi forçado a reduzir as aulas no Colégio Alves Cruz. Tempo tornara-se um bem mais raro, escasso, pronto para se transformar em dinheiro.

Nisso, surgiu um novo ramo para a educação, criado pela demanda do mercado por uma modalidade de conhecimento até então inédita. Como no Bradesco, muitas grandes corporações dependiam intensamente das novas máquinas. E era urgente treinar centenas de milhares de pessoas para operar todos aqueles sistemas. Não havia tempo para esperar os técnicos, era preciso criá-los.

A demanda crescia, e a Servimec era a maior escola de tecnologia do Brasil. Ninguém ensinou mais alunos do que eles, fosse nos cursos de um ano de Cobol, fosse nos curtos seminários técnicos. Naquele início de 1987, Nilson procurava especialistas de universidades e executivos que comandavam empresas de tecnologia. Foi quando Marco recebeu a ligação.

Nilson trabalhava para Antonio Barrio, um mineiro de Poços de Caldas que chegou a São Paulo em 1942, aos 6 anos de idade. Começou a trabalhar aos 12 anos no comércio, e dois anos depois entrou em um escritório do grupo Votorantim. Trabalhou ainda no Banco Nacional de Minas durante sete anos até finalmente ir para a Burroughs, onde conheceu a informática e lá permaneceu por 11 anos.

Em 1969, Barrio comprou de dois alemães uma empresa de serviços chamada Servimec. Ficava no bairro paulistano do Bom Retiro, na Rua Afonso Pena, e acabou se transformando no maior birô para mutuários do Banco Nacional da Habitação. Atendia aos bancos, fundos de ações e prefeituras. Concorreu com os grandes birôs de processamento, como IBM, Cetil, Proconsult e ADP.

Enquanto as companhias de crédito imobiliário foram fortes, a Servimec dominou o mercado. Então os bancos decidiram que processar informações era lucrativo e estratégico e montaram seus próprios centros de processamento. Barrio encarou a sua crise empresarial como pessoal, apostando em outro nicho.

No começo da década de 1980, Barrio entrou no segmento de ensino e montou um local em um prédio na Rua Correia dos Santos, em frente a uma sinagoga (hoje a rua se chama Leibovitz). Começaram ensinando a linguagem Cobol.

A filosofia de Barrio merece comentário. Na Servimec, todo aluno era bom, e ninguém podia sair da escola sem aprender. Talvez até pareça discurso de marketing, mas a verdade é que o aluno realmente frequentava as aulas – quantas fossem necessárias – até entender do ofício. Sem pagar nada mais por isso. Se houvesse algum malandro aproveitador, Barrio preferia ignorar.

Se viesse de longe, havia estada e passagem de avião. Se faltasse dinheiro para pagar, Barrio chamava para conversar. Em dez anos, a Servimec formaria mais de 12 mil pessoas naquele prédio na Correia dos Santos.

As aulas eram no quarto e último andar do prédio, servido por um só elevador, que, às vezes, quebrava. Barrio fazia questão de colocar alguém esperando o aluno no último andar com um copo de suco. Aos sábados à tarde, a Servimec reunia crianças para aulas de computação, com cachorro-quente e palhaços.

Os principais clientes de Barrio eram os departamentos de recursos humanos das empresas. Era lá que ele fechava contratos e conseguia os alunos. Logo depois, Barrio percebeu a oportunidade de dar aulas mais curtas, mas com um nível mais avançado. Eram os seminários técnicos de informática ou STI. Para tocar a nova área, chamou o amigo Nilson Vasconcelos, com quem havia trabalhado na Burroughs.

Mas, para começar o STI, Barrio precisava de algo que chamasse a atenção do mercado de tecnologia. Não só um especialista brasileiro, mas alguém internacional. Na época, um dos nomes mais respeitados do mundo era o do francês Jean-Dominique Warnier, então com pouco mais de 60 anos de vida e pelo menos 25 em meio aos computadores.

Warnier era mais do que um especialista. Seus livros sobre lógica de programação eram um sucesso não só na Europa e nos Estados Unidos, mas também na Ásia ou onde quer que houvesse computadores. Convite feito, aceito, e Barrio tinha seu professor famoso para a aula inaugural dos STI.

Mas Barrio também queria impressionar os executivos que não conheciam Warnier. Ou que ainda não entendiam muito de tecnologia. Contratou, então, uma agência de publicidade chamada London e produziu um catálogo de anúncios que mais parecia um livro de arte. Aquele catálogo impressionaria o mercado uma década depois.

O local escolhido para a aula inaugural foi o hotel Caesar Park, que na época ficava na Rua Augusta. Foi ali, no auditório, que mais de 100 pessoas viram e ouviram aquele homem de testa larga, óculos ovais e gravata de nó pequeno. Com Warnier, a Servimec inaugurava os seminários técnicos de informática. Durante todo aquele ano, o mercado falaria da palestra do francês.

Dali em diante seria simples: Barrio procuraria o melhor especialista em determinado tema – fosse lógica ou Cobol – e o colocaria para dar um curso de dois ou cinco dias para um grupo seleto de funcionários das corporações. Havia demanda; era dinheiro certo.

As primeiras aulas também foram na Correia dos Santos. Depois, Barrio passou a alugar um andar do então famoso edifício Dacon, no cruzamento da Avenida 9 de Julho com a Avenida Cidade Jardim. Os seminários receberiam bem menos gente que os cursos da Correia dos Santos, quase a metade do público. Eram cursos bem curtos, de poucos dias, reunindo no máximo 40 pessoas. Muitos eram reincidentes, ou seja, fazendo o seu segundo curso e voltando pela terceira e até quarta vez. Com muito menos gente, os cursos dos STI faturavam mais e eram bem mais rentáveis do que os cursos de Cobol.

Por isso, também seria mais rentável para Marco dar aulas nos seminários técnicos. Eram rápidos e bem pagos. Mas o desafio era grande: enfrentar, como alunos, gente já empregada na área de TI, muitas vezes com dez ou vinte anos de carreira. Era bem diferente de ensinar adolescentes e crianças.

Público novo, aparência nova. Depois de sair do Bradesco, Marco não precisava mais manter a barba feita e impecável. A princípio, por falta de tempo, foi deixando crescer, e vez ou outra é que a aparava. Assim, foi com uma barba cerrada, parecendo mais velho, que Marco entrou naquele mês de maio de 1987 na primeira classe da Servimec. Nas mãos, carregava um maço de transparências impressas em jato de tinta. À frente, 29 alunos.

Para Barrio e Nilson não foi difícil, nem no começo nem nos cursos seguintes, encontrar professores para as turmas de informática. Logo, porém, a situação foi mudando. Era simples contratar professores para os cursos básicos, mas uma tortura para os cursos avançados. Eles não conseguiam encontrar especialistas para dar aulas para essas turmas. Por isso, Nilson convidava Marco para ministrar cursos cada vez mais "pedreiras". Assim, o início foi moleza, afinal, em teoria básica, Marco mandava bem. Já instalar uma máquina virtual em um mainframe, por exemplo, era algo inédito, algo que ele nunca tinha feito antes e agora precisava ensinar os outros como se fosse um grande especialista.

Tema enroscado não seria o único problema. Marco começou a ser convidado para dar aulas em outros estados. Saía correndo para o aeroporto, livro debaixo do braço para poder estudar durante o voo e aterrissar no local sabendo algo daquilo que nunca tinha visto antes.

Depois da Servimec, começou a dar aulas em outras escolas, como a São Paulo Institute, a JMS e a Compucenter (estas duas últimas eram escolas ligadas à IBM). Em pouco tempo, a Compucenter exigiu que Marco deixasse a JMS para garantir a exclusividade na IBM. Ele concordou.

Dar prioridade para a Compucenter não aliviou a correria. Na Engesa, pegava folgas, pedia licença, fazia todo o possível para não recusar uma aula. E rumava para a Rua Tutoia, na qual, pouco mais de uma década antes, havia sido inaugurado o imponente e famoso prédio de vidros negros da IBM. Ali, no oitavo andar, com vista para a Avenida 23 de Maio, ministrava cursos de manhã e de tarde. Eles eram curtos, sempre de quatro dias e meio; começavam na segunda-feira de manhã e iam até sexta-feira na hora do almoço.

Naquele ano de 1987, a vida do jovem Marco passava por uma transformação. O caos instalado de voos, apostilas e alunos mais velhos tinha de ser conciliado com o tempo na Engesa, entre tanques e jipes. Era cada vez mais trabalho, e, ainda morando com os pais, ninguém reconhecia mais o garoto que ia para a faculdade passar o dia entre o ginásio de esportes e a piscina. Inclusive, era tempo de sair de casa.

Em novembro, Marco sabia e sentia que queria se casar com Graça, o que seria mais um elemento naquela vida já confusa e complicada. Marcou a data para 5 de dezembro, sabendo que a lua de mel seria apenas um rápido final de semana em Campos de Jordão. Voltaria correndo para dar um curso grande – e irrecusável – de duas semanas para a Servimec.

Marco não vacilava, nem diante da crise ou do tempo escasso, mas a Engesa realmente começava a atrapalhar. O ritmo aumentava, e ele começou a tirar férias para poder ministrar os cursos. Às vezes, fazia hora extra e depois trocava por folga para dar aula.

A situação tornou-se, enfim, insustentável. Ainda no final de 1987, Marco achava tempo para estudar francês, e foi lá que conheceu a mulher do dono da construtora Triedro. Convenceu os empresários a comprar um sistema para controlar os pagamentos, mais uma atividade para quem tinha tantas. Não era exatamente interesse por software, apenas mais um bico. Naquele mesmo mês de novembro, os empresários brasileiros acompanhavam a briga da fabricante Scopus com a Microsoft. O governo tentava fazer valer a reserva de informática, mas o software brasileiro era inferior e três vezes mais caro. A concorrência estrangeira no mercado de software era feroz, e o governo norte-americano contra-atacava pesadamente, ameaçando retaliar as exportações brasileiras – o que poderia custar bilhões de dólares em sanções comerciais.

Sem interesse em ser um empresário de software, Marco sabia que precisava tomar uma decisão, um rumo. Dar aulas tornara-se o caminho mais promissor até então em sua vida profissional. Se tivesse ficado no Bradesco ou mesmo na Engesa, poderia ter se tornado um grande executivo. Não ficou. Se continuasse escrevendo códigos, talvez o futuro lhe reservasse o comando de uma empresa de software, o que naquele momento não parecia promissor. Não continuou.

Ele queria mesmo era lidar com gente.

Não se tratava de evitar prestar contas para um chefe ou para quem quer que fosse. Sabia que, com uma empresa, passaria a prestar contas para muito mais gente. A vida poderia ficar ainda mais complexa.

Em novembro de 1987, Marco não conseguia mais estar em vários lugares ao mesmo tempo. O programa da IBM na Compucenter já tinha um volume razoável e pagava melhor do que seu salário na Engesa. Ele, por fim, pediu demissão.

Seis anos depois, a Engesa decretaria falência. Os problemas da empresa começaram com o calote de US$ 200 milhões do Iraque e com o fracasso de vendas dos tanques pesados Osório, nos quais a Engesa investiu todas as suas reservas. Por mais essa razão, a escolha do voo solo de Marco se mostraria acertada.

Hora de ser empresário. Até o final de 1987, Marco recebia o pagamento das aulas passando recibos simples ou conseguindo notas fiscais de outras empresas. Naquele momento, ele talvez ainda não precisasse mesmo de escritório, placa na porta e secretária. Mas precisava, sim, abrir uma empresa – se era para virar empresário, devia abrir logo uma em seu nome. E o nome da empresa seria o dele mesmo, o nome que surgiu na Itália no século XVII, saiu de Ravena, chegou ao interior paulista, lutou na Revolução de 1932, morou na Lapa, no Brás e no Bom Retiro. O nome da empresa seria *Stefanini*.

Em 23 de novembro de 1987, oito dias antes de Marco completar 27 anos, a Stefanini emite a primeira nota fiscal. O cliente era a São Paulo Institute, e o serviço, aulas de programação de mainframe. Pagamento: 6.606,84 cruzados ou 110 dólares. Na época, valor equivalente a pouco mais de dois salários mínimos.

Era o início da Stefanini IT Solutions. Tudo parecia ir bem.

CAPÍTULO 5

TERCEIROS

A multidão se formava em torno da TV, apontada para a rua naquele boteco ao lado do Parque Trianon. A Avenida Paulista desacelerava para testemunhar um sequestro financeiro. Na tela, Zélia Cardoso de Mello gaguejava e explicava como o governo recém-empossado havia confiscado o dinheiro. Ao lado dela, Ibrahim Eris fumava um cigarro após o outro. Afastando-se da multidão em torno da TV, um homem de gravata andou a passos largos para o banco próximo, o primeiro de muitos a correr para esvaziar os caixas automáticos. Na direção oposta, Marco atravessava a rua ainda com o almoço pesando e virando no estômago, caminhando de volta para o Edifício Itatiaia. Pensava no salário dos instrutores da Stefanini, preso no banco. Não tinha nada.

Como de praxe, o Brasil havia começado de fato o ano de 1990 só nos primeiros dias de março, após o Carnaval, e a população estava otimista. Collor era o primeiro presidente a ser eleito pelo voto direto nos últimos 25 anos. Os brasileiros, inclusive Marco, acreditavam em um ano excelente. A Stefanini, com pouco mais de dois anos de funcionamento, tinha 30 cursos para empresas já programados naquele início de ano.

Em 11 de março de 1990, o ano de Marco começou para valer. Naquele domingo, roubaram seu carro, uma perua Parati. Logo depois, na quarta-feira, um dia antes da posse de Collor, o Banco Central decreta feriado bancário. Aqui e ali, certo nervosismo se instala, o receio de que as aplicações e até a poupança pudessem ser confiscadas. Na quinta-feira, Zélia anuncia em rede nacional algo que pouca gente poderia imaginar: tudo, inclusive a conta-corrente, seria confiscado. Collor sequestrava 80% do patrimônio da nação. A inflação some, mas a economia congela.

O início da Stefanini havia sido apertado, mas nunca faltaram chances de crescer. Depois de emitir a primeira nota fiscal no final de 1987, Marco continuou em busca de oportunidades. Pouco depois de abrir a empresa, conheceu Carlos, marido de uma amiga de sua esposa, Graça. Ele operava programas de diagramação em PCs e associou-se a Marco para oferecer treinamento também nessa área. A primeira edição da revista *Meio & Mensagem* foi diagramada pelos dois e pela irmã caçula de Marco, Kátia, que contraiu catapora na mesma semana do fechamento. Tudo deu certo no final.

Após a nota fiscal inaugural, Marco resolveu ser empresário de verdade. Em 1988, ele e o novo parceiro Carlos decidiram alugar um local para funcionar como escritório e sala de aula. Marco optou pela Avenida Paulista, ponto central dos negócios da maior metrópole financeira da América Latina.

Escolhida a região, visitou uma sala no Edifício Itatiaia, na esquina da Avenida Paulista com a Rua Padre João Manuel, bem ao lado do Conjunto Nacional. Quatro elevadores levavam para 23 pequenos cubículos acomodados para abrigar todo tipo de profissional liberal e pequenas empresas. Em um deles, na parte de trás, com vista para a Alameda Santos e com 38 metros quadrados justos, a Stefanini começava fisicamente a ministrar suas aulas. Carlos saiu da empresa logo depois, mas o escritório ficou.

O cubículo continha a sala de aula e uma recepção. Para economizar espaço, uma mesa foi aparafusada na parede. Na terceira aula, entraram o instrutor, Graça e cinco alunos. Da janela, eles viam árvores e as casas da Alameda Santos. O ar estava abafado; até o instrutor exibia uma gota de suor descendo pela testa. Graça chegou perto do professor e lhe disse baixinho:

– Não comente nada sobre o calor, ok?

No começo, serviços como diagramação para publicações continuaram sendo feitos no horário entre as aulas por estagiárias que ficavam no escritório da Paulista. Mas o que interessava mesmo a Marco era conseguir contratos de treinamento para grandes empresas. O foco se mantinha: lidar com gente.

Foi iniciada uma *caça ao aluno*. Graça pegava qualquer telefone de empresa que lhe caísse nas mãos e passava o dia ligando e perguntando quem era o gerente de TI. Marco voltava das aulas na IBM, Servimec e outras com uma lista de pessoas e telefones. Depois, mapeavam quem poderia ser convidado nas empresas. Qualquer funcionário valia; se conseguissem um gerente, era chique.

Em dia de aula, Graça chegava mais cedo ao escritório, limpava tudo, varria, passava um pano nas mesas e em cada cadeira, deixava o lugar brilhando. Em cada mesa, colocava um chocolate. Havia doze lugares, mas os cursos/palestras eram dados com oito, seis ou até quatro pessoas.

A estratégia começou a funcionar, e até 1989 Marco fechara 15 contratos com empresas para ministrar seus cursos, com expectativas ainda melhores para o ano seguinte. Alguns cursos foram pagos com antecedência, e até o meio do ano estavam previstos 30 deles. Com o confisco, Collor mudara tudo.

Os saques da poupança foram limitados a 50 mil cruzados novos. Seria algo como 6 mil ou 8 mil reais em valores de 2010, dependendo do índice de correção utilizado. Na maioria dos casos, o suficiente para se alimentar, pagar o aluguel e outras obrigações. Para empresários iniciantes como Marco, sem caixa, era o fim.

Em tese, o dinheiro seria devolvido corrigido 18 meses depois. Não haveria perda, se não houvesse inflação. Não foi o que aconteceu, claro, e muita gente perdeu quase tudo. Mas o pior mesmo ocorreu com aqueles que haviam vendido propriedades. Ou como Marco, que precisavam pagar funcionários.

Todo o mercado de ensino corporativo sentiu o baque. Na Servimec, de Antonio Barrio, dezenas de cursos foram cancelados. Para Marco foi bem mais dramático. O dinheiro recebido e cuidadosamente poupado foi bloqueado por Collor. E o que havia sido guardado para pagar os instrutores naquele mês de março também ficou congelado. Dos 30 cursos previstos restou apenas um, para a indústria Johnson & Johnson, que só pagaria Marco 90 dias depois. Para aumentar o tamanho do buraco, havia ainda uma situação pouco comum na vida do jovem empresário: ele tinha se endividado ao aproveitar uma oportunidade e comprar dois apartamentos a preço de custo.

Desistir dos contratos, da empresa, voltar para o Bradesco... Isso não existia mais como opção para Marco. A saída era apostar ainda mais fundo no futuro do negócio. Ele, então, em algumas ocasiões, ampliou a estratégia de ensinar de graça e passou sucessivamente a ministrar palestras sem cobrar nada, uma prática até hoje seguida pela Stefanini.

As palestras duravam meio período, manhã ou tarde. Locomover-se pela cidade, porém, tornou-se um problema, uma vez que a Parati tinha sido roubada dias antes do sequestro do dinheiro. A empresa responsável pelo seguro do carro colocou empecilhos para pagar, e Marco acabaria ficando seis meses sem carro. Restava o transporte público para chegar às empresas e dar as aulas de graça. A ACNielsen também ficava na Paulista, mas era mais próximo de onde fica a estação Paraíso do metrô. Não havia ainda a linha verde, porém dava para chegar lá de ônibus ou até a pé.

À Prodam era mais difícil chegar, pois a empresa de processamento de dados ficava no bairro do Ibirapuera. Para Marco, pegar um ônibus não era problema algum. Entretanto, dar as aulas era uma forma de travar relacionamento com os executivos, e nada mais estranho do que o dono de uma empresa chegar de... lotação.

Palestra marcada, ele foi de ônibus mesmo. Chegou cedo, antes de todo mundo, e ficou esperando a sala encher. Falou sobre análise de desempenho dos mainframes, sobre tudo que ele poderia oferecer para a Prodam e o que podia ensinar aos funcionários. No fim, esperou a última pessoa sair, ficou mexendo nos papéis e fechou a pasta lentamente. Esperou mais um pouco, foi até o corredor e ficou ali de pé, até a área ficar vazia. Saiu da Prodam, olhou para os lados e seguiu para o ponto de ônibus.

Logo depois do sequestro do dinheiro no governo Collor, Marco chegou a dar pessoalmente até 60 palestras gratuitas a potenciais clientes. Em várias delas, ia de ônibus e repetia o mesmo malabarismo para ninguém ver o empresário pegar o lotação. Alguns meses depois comprou um consórcio de uma picape Saveiro que o pai não conseguia pagar e se livrou do vexame.

Mesmo com todo o esforço, porém, o ano foi ruim; Marco faturou menos de US$ 100 mil, quase tudo com treinamento. Descontados todos os gastos, não era muito. Pior, havia muita incerteza, era uma prestação de serviço sazonal. Vendia bem de março até novembro, mas ia mal de dezembro até fevereiro.

Apesar do ano difícil, a Stefanini não ficou no vermelho. Só que aquela situação não podia continuar. Embora não quisesse abandonar as aulas, Marco precisava mudar a receita do negócio, acrescentar algo naquela fórmula. Antes que outra crise acabasse com o sonho.

* * *

O ano de 1990 também parecia promissor para o paulistano Odair Barrence. Gerente de informática da Nitro Química Brasileira, ele estava na empresa desde os 18 anos, em seu primeiro emprego sério. Entrou como auxiliar de escritório em 1969, e foi conhecer a informática quatro anos depois, quando a Nitro Química montou um centro de processamento de dados. Odair testemunhou a chegada dos mainframes, as impressoras e suas centenas de metros de formulários contínuos sendo impressos a 300 linhas por minuto.

Mas a longa estada na Nitro Química foi quase uma imposição, um lugar ligado à história de Odair muito antes dele nascer. Não só para ele; a história da empresa teve grande impacto na vida de milhares de pessoas e foi crucial para o desenvolvimento da indústria brasileira. Mais do que uma simples fábrica, a Nitro Química foi fundamental para a economia do Brasil, para a gestão empresarial nacional e um exemplo clássico e impressionante de uma escola que o próprio Odair acabaria ajudando a desmontar.

A história que afetou milhões de brasileiros começou na década de 1930. Foi quando o industrial Horácio Lafer, pouco depois de ser eleito deputado, leu em um jornal sobre o fim da fábrica norte-americana Tubize Chatillon Corporation. Era início do ano de 1935, e os Estados Unidos ainda sofriam com a crise econômica iniciada em 1929. Lafer viu ali uma grande oportunidade.

A fábrica norte-americana poderia ser a chance de virar o jogo da indústria brasileira. Na década anterior, o mercado têxtil presenciara a chegada da primeira fibra, uma espécie de seda artificial que recebeu o nome de raiom. Só que o único produtor era o Conde Francisco Matarazzo, do qual todo o mercado dependia, o que gerava um lucro fantástico para o empresário. Em 1934, porém, o prazo da patente de Matarazzo venceria, e Lafer passou a se preparar para produzir a fibra, não só pelo raiom, mas também por toda a cadeia de produtos e componentes químicos que viriam com o fio artificial.

Depois de ler o jornal, Lafer rapidamente entrou em contato com os primos Klabin e com o empresário José Ermírio de Moraes, que havia tempos esperavam por essa oportunidade e pelo fim da patente de Matarazzo. O grupo de industriais chamou ainda o banqueiro Numa de Oliveira e mais uma dúzia de sócios para participar do negócio, uma tarefa gigantesca nunca antes realizada: trazer dos Estados Unidos uma indústria inteira com 18 mil toneladas de equipamento e colocá-la em funcionamento no Brasil. Lafer chamou os norte-americanos, eles se interessaram pela oferta e, em meados de 1935, o acordo foi fechado.

A norte-americana Tubize não era apenas uma simples fábrica. Era um conglomerado industrial composto de uma fiação, usinas de diferentes ácidos e fábricas de uma meia dúzia de substâncias. Tudo foi desmontado e colocado dentro de navios, para que viesse em uma viagem só. Para aproveitar cada espaço, os tanques químicos traziam no interior tijolos especiais, de um tipo que não se achava no Brasil. Há quem diga que aqueles tanques foram os primeiros contêineres de que se tem notícia. Ainda em 1935, a fábrica era remontada por aqui.

Ao chegar ao Brasil, a fábrica rumou para o local escolhido, praticamente uma ilha do Rio Tietê: São Miguel Paulista. A região era histórica, abrigava prédios do século XVII, mas o preço da terra era baixo. De um lado, havia a ferrovia Central do Brasil, facilitando o transporte industrial; do outro, o Rio Tietê e o Córrego Itaquera, que permitiriam escoar os detritos da produção.

Ali foi construída a fábrica mais importante da indústria brasileira. Getúlio Vargas a anunciaria como a "CSN do setor químico", dentro do projeto industrializante do Estado Novo, e, mais tarde, colocaria o próprio Getúlio Vargas Filho para trabalhar ali como técnico no laboratório de pesquisa. Com a fábrica, vieram dezenas de técnicos norte-americanos, que instalaram o maquinário, treinaram a mão de obra da produção e moraram durante algum tempo no que ficou conhecido até hoje como Vila Americana.

A estrutura montada era totalmente verticalizada, produzia tudo e incluía desde a fundição até o ácido sulfúrico para produzir o fio da viscose. Tudo era feito internamente.

O excepcional na história dessa indústria é que tudo isso e o que mais fosse necessário para montar e manter em funcionamento um complexo industrial veio em navios. Se algo faltasse, seria construído ali nos próximos anos. A Nitro Química não dependia de ninguém.

Aquela autossuficiência se manteria por muitas décadas. A planta da fábrica já veio desenhada com os espaços para as oficinas mecânica e elétrica, carpintaria e fundição. Quando quebrava uma peça, era impossível esperar a importação dos Estados Unidos. Desenhistas projetavam a peça, que passava, então, a ser fabricada na Nitro Química. Tal qual no Bradesco, até os móveis eram feitos ali.

Mas a autossuficiência ia muito mais longe. Toda empresa tem um time de futebol, certo? A Nitro Química também. Todo time usa chuteiras. Aquele também usava.

Pois bem, a Nitro Química *fabricava* a chuteira.

A Nitro Química tinha um refeitório próprio, mesas próprias e, claro, cozinheiras na folha de pagamento. Nada assombroso. Ora, a Nitro Química fazia a colher de pau usada pelas cozinheiras.

Durante décadas, muitos funcionários, como Odair Barrence, teriam seus filhos no hospital construído pela família Ermírio de Moraes ali perto, ao lado da Rodovia dos Trabalhadores. Ou, como o próprio Odair, nasceriam pelas mãos de Dona Geni, uma das parteiras funcionárias da Nitro Química, em uma das casas a poucos minutos da fábrica.

Portanto, na mesma época em que o avô de Marco, Dovídio Stefanini, deixava Salto, estabelecia-se em São Paulo e registrava o nascimento de Milton Stefanini, consolidava-se uma espetacular indústria brasileira em São Miguel Paulista.

Dez anos depois de a fábrica chegar ao Brasil, vinha do Nordeste o migrante de traços indígenas Aurelino de Araújo, avô de Odair Barrence. Ele era o primeiro de uma geração que ajudaria a mudar a Nitro Química. Chegava em 1945, final da Segunda Guerra, para trabalhar como vigia, e, no ano seguinte, o genro Júlio veio atrás para também começar a trabalhar como vigia.

Aurelino e Júlio chegaram a uma São Miguel Paulista cheia de fazendas e chácaras, nas quais os moradores criavam gado, e a estação de trem era uma das poucas construções. Na Vila Nitro Química moravam os técnicos. Os operários ficavam na Nitro Operária, parte mais pobre de São Miguel Paulista, onde o avô e o pai de Odair se instalaram inicialmente. Logo, Júlio assumiu o ofício de carpinteiro, para fabricar, entre outras coisas, moldes e modelos para fundição, além dos móveis da empresa. Não seria um trabalho para a vida toda. Já na década de 1950, o rumo da gestão na indústria brasileira começaria a mudar.

A Nitro Química tinha alcançado o apogeu, pelo menos em número de funcionários. Era um exército de oito mil pessoas circulando por aquela enorme indústria em São Miguel Paulista, quando ainda havia também a fábrica de soda cáustica. Na época, um nome de família era associado à fábrica química. Apesar de a iniciativa ter partido de um grupo de industriais, foi a família Ermírio de Moraes que acabou liderando a empresa e fazendo história.

A primeira geração havia sido a do pernambucano José Ermírio de Moraes, que mais tarde ficou conhecido em São Miguel como "o Senador". Ele estava no grupo com Lafer quando a fábrica veio para o Brasil. Na segunda geração, dos filhos de José, a história toma um novo rumo. Nessa época, entra na história mais um paulistano descendente de italianos: Fábio Ravaglia. Em nome da família Ermírio de Moraes, ele assume a direção da Nitro Química. Fechou áreas, como a fundição, a malharia, a caldeiraria e, finalmente, em 1965, a carpintaria (a partir daí, a carpintaria permaneceu em funcionamento apenas para a manutenção predial e industrial). Júlio, o pai de Odair, teria de mudar de emprego. O negócio da Nitro Química não era mais fazer móveis.

Mas o mundo completo da Nitro Química persistiria até o nascimento da terceira geração. Ermírio Pereira de Moraes, filho mais novo do "Senador", teria até uma filha, Ana Helena, que nasceu ali dentro dos muros da fábrica, lugar em que o pai e o avô haviam morado. A menina fazia parte da terceira geração que chegava, assim como o irmão, Ricardo Ermírio de Moraes, paulistano nascido em 1959. Era neto do homem que ajudou a trazer as 18 mil toneladas de uma indústria pelo mar.

Quando crianças, Ricardo e Ana Helena chegaram a morar em uma casa dentro da fábrica. Em 1983, o jovem Ricardo formava-se engenheiro, na mesma época em que Marco Stefanini formava-se geólogo. Ambos enfrentariam as dificuldades da crise econômica no Brasil.

No caso de Ricardo, rapidamente desafios gigantes precisariam ser gerenciados. Em 1986, o tio dele, Antonio Ermírio, candidatou-se ao governo de São Paulo. No ano seguinte, o sobrinho Ricardo assume a Nitro Química, uma tarefa nada simples para um jovem engenheiro recém-formado. A produção de raiom era complexa, a fábrica, complicada de operar, e a mão de obra, sempre muito cara. Para piorar, os sindicatos da Central Única dos Trabalhadores (CUT) eram fortes, e os reajustes da época da inflação, difíceis de enfrentar. Daí a necessidade de terceirizar os setores.

Quando Ricardo assumiu de vez a fábrica de São Miguel Paulista, em 1988, a Nitro Química empregava cinco mil funcionários. A inflação, a concorrência global, a pressão dos poderosos e combativos sindicatos, o desenvolvimento da tecnologia, tudo isso faria com que o cenário mudasse muito. E Ricardo era a pessoa que lidaria com essas peças. A terceira geração trazia para a Nitro Química a preocupação com o foco.

Ao mesmo tempo, outra terceira geração assumiria seu papel nesse processo de transferir serviços a outras empresas: Odair Barrence, filho de Júlio e neto do nordestino Aurelino. Após dois anos no comando da empresa, Ricardo havia dividido tudo em unidades estratégicas. E começou a terceirizar o que não era o foco principal – da fábrica de peças de manutenção ao restaurante. Naquele ano de 1990, a terceira geração dos Barrence a trabalhar na Nitro Química também contribuiria para mudar a história corporativa paulistana. Odair reportava-se ao diretor financeiro, que, por sua vez, reportava-se a Ricardo.

Júlio, Odair e família moravam a cinco quadras da Nitro Química. Tão perto que era mais rápido chegar à portaria da fábrica do que se deslocar da portaria até o local de trabalho. Odair também estudou por ali, formando-se em administração na Universidade Cruzeiro do Sul, perto da fábrica e onde muitos funcionários da Nitro Química estudaram (mais tarde Odair se especializaria em sistemas de informação na Mauá).

A Nitro Química foi a primeira a ter computador no grupo Votorantim – isso em 1973. Em 1985, Odair tornou-se chefe da área de sistemas da Nitro Química. Havia mais duas grandes áreas: suporte de informática e organização e métodos (na prática pegavam os requisitos das áreas usuárias e escreviam os fluxogramas). Em fevereiro de 1988, ano em que Ricardo Ermírio de Moraes assumiria a fábrica, o gerente-geral de tecnologia saiu, e a empresa contratou um executivo de fora, conforme a política criada para trazer novos talentos para a empresa. Odair foi chamado pelos diretores, que, muito polidamente, lhe explicaram a política da empresa. Eles precisavam de Odair, claro, pois ele conhecia profundamente os sistemas, e desejavam sua permanência ali – mas ainda não seria para comandar o departamento.

O novo profissional de fora, porém, ficou apenas três meses. Em junho de 1988, Odair assumiu informalmente toda a área de tecnologia. Na prática, mandava. Em janeiro de 1989, tudo, enfim, foi oficializado, e a terceira geração daquela família vinda do Nordeste liderava a tecnologia da informação da Nitro Química. Como os outros gerentes da fábrica, Odair também recebeu a missão de terceirizar. A informática não era o foco principal da Nitro Química, assim como não o era fabricar colher de pau e chuteira. Tal qual a marcenaria e a fundição, a informática também adotaria a nova filosofia – terceirização.

Da janela em frente à mesa de trabalho, Odair conseguia enxergar a sala de Ricardo Ermírio de Moraes no outro prédio, no qual ficava a diretoria. O prédio de Odair estava bem no centro, entre as novas fábricas, no mesmo local em que começara a produção de raiom, na década de 1930. Quando os novos prédios foram construídos, resolveram colocar naquela primeira construção o nome de Centro de Processamento de Dados ou, simplesmente, CPD.

Naquele mês de fevereiro, logo após assumir oficialmente a posição, Odair anunciou o plano para a área de TI. Era uma manhã quente de fevereiro quando Odair saiu do CPD, entrou no prédio em frente e subiu as escadas até a sala de Ricardo para fazer sua apresentação. Dali ele conseguia ver o prédio do CPD e sua própria sala.

Entre os tópicos, estava a terceirização e como isso traria benefícios para a Nitro Química. Ricardo concordou com o plano, especialmente porque sabia que era a coisa correta a ser feita. Focar o negócio – algo não tão óbvio na época – era o melhor em termos de gestão. A Odair caberia saber como fazer isso em sua área.

No prédio do CPD, os técnicos pensavam diferente. A terceirização podia até aumentar o foco no negócio e a rentabilidade, mas administrar o sentimento de perda daquelas pessoas seria um desafio. Simplesmente argumentar a favor da rentabilidade era distante e de pouco valor para eles. Paradoxalmente, a terceirização seria mais triste ainda para aqueles que proclamavam o orgulho de trabalhar ali. A Nitro Química era sagrada, sim, senhor! Mas quem disse que o sagrado precisa gerar lucro? Naquele ano de 1990, dezenas de funcionários completavam 30 ou 40 anos de Nitro Química.

Quando começou a planejar a terceirização, Odair comandava 88 pessoas no departamento de TI. Ouviu que não sabia o que estava fazendo, que ia dar errado, ao que Odair respondia que o negócio da Nitro Química não era informática.

Havia outro empecilho. São Miguel Paulista estava fora do centro de atividade das empresas de TI, que estavam localizadas na Avenida Paulista ou na Avenida Brigadeiro Faria Lima. Era demorado e caro para os funcionários dessas empresas chegarem ao quilômetro 26 da Rodovia dos Trabalhadores. A Nitro Química treinava profissionais, mas, em tempos de mercado fechado e sistemas proprietários da IBM, eles acabavam ficando pouco tempo. O mercado arrematava-os, e Odair perdia muita gente.

Todas essas dificuldades simultaneamente tornavam a terceirização algo muito difícil de executar. Odair passou dois anos ouvindo dos profissionais do CPD que aquilo não ia dar certo. Enquanto isso, pesquisava empresas no mercado, sempre procurando o melhor fornecedor. Até então, o mais comum era que um grupo de funcionários da empresa saísse e montasse uma pequena fornecedora de serviços de TI. Muitas corporações procuraram soluções internas ou mistas – a Villares associou-se à IBM, o banco Itaú criou a Itautec. Mas Odair e Ricardo procuravam uma alternativa totalmente fora da Nitro Química.

A tarefa era complexa. Os fornecedores de TI ainda eram pouco profissionais, inclusive em decorrência da reserva de informática. Diversos modelos de terceirização começaram a ser testados, mas os serviços eram caros e nem sempre tinham a qualidade necessária.

Enquanto Odair procurava um bom fornecedor, Marco enfrentava sua crise particular criada pelo confisco de Collor. Precisava de uma renda constante para a Stefanini – os treinamentos eram instáveis demais para manter a empresa.

A Stefanini encontrava sua primeira curva. Um estudo da escola Insper aponta que muitos empreendedores falham porque deixam de corrigir sua estratégia depois que iniciam um empreendimento. Definem metas muito rígidas e entram naquela estatística famosa dos que fecham as portas antes de completar dois anos.

O conceito chama-se *teoria da próxima curva*. De acordo com essa teoria, é impossível prever o que vai acontecer depois de um ou dois anos. O empreendedor precisa se concentrar no que acontece até um pouco adiante, em que deve reavaliar tudo. Se não for flexível, colide com crises econômicas globais, mudanças de tecnologia ou simplesmente erros de avaliação do mercado desejado. Portanto, o empreendedor precisa se orientar pelo que consegue prever no curto prazo e ficar atento a possíveis oportunidades de negócio.

Marco estava, nesse momento, chegando a essa curva. A Stefanini não iria sobreviver só de aulas; era preciso ampliar o escopo. Em uma de suas buscas por técnicos e gerentes para os cursos, foi que Marco conheceu Odair. E surgiu, então, a oportunidade.

E aí começou a romaria... Infindáveis viagens entre a Avenida Paulista e São Miguel Paulista. Nesse caso, não dava para ir de ônibus, como aos treinamentos. Sem a Parati, a única saída era pegar emprestada a picape Saveiro de Milton – com a qual acabaria ficando – e percorrer os 30 e poucos quilômetros entre a Stefanini e a fábrica da Nitro Química.

Marco fez o percurso uma vez para conhecer o CPD, em que havia um ambiente bem familiar, com um mainframe e um sistema de informações (chamado de CICS, um acrônimo derivado do nome Custom Information Control System). Ok, daquilo ele entendia. Depois, voltou para apresentar a proposta. E outra vez. E mais outra vez. Fazia reuniões com Odair, os gerentes, diretores, enquanto estudava o uso do mainframe da empresa.

Nesse vaivém, descobriu o que faltava. Eram processos bem definidos e eficientes para realizar as tarefas do departamento de informática da Nitro Química. Cada vez que um terminal de acesso ao sistema era colocado ou realocado, um analista de software precisava reconfigurar o CICS e reiniciar o mainframe e os terminais. Se fosse uma impressora, a mesma coisa. Na prática, a empresa parava toda hora.

O mesmo ocorria quando o sistema simplesmente "saía do ar", travando atividades como as do faturamento, financeiro e suprimentos. Entre um e outro problema, ainda constavam alguns usuários sem acesso aos sistemas várias vezes em uma semana. A próxima parada do sistema era sempre aguardada a qualquer momento. E ocorria até três ou quatro vezes por semana.

Marco sabia que esse não era um problema exclusivo da Nitro Química. Mesmo os bancos tiravam 50 agências do ar simplesmente porque o suporte técnico mandava. Odair só conseguiria mudar isso com um fornecedor de quem pudesse cobrar qualidade. Depois de quase dez viagens até São Miguel, Marco conseguiu. Tinha nas mãos o primeiro contrato de terceirização.

Com Marco, Odair estabeleceu processos. A medida mais urgente era acabar com as paradas de surpresa. Tinha de ser tudo planejado. E de madrugada. A partir daquele momento, Marco passou a fazer para Odair a mesma coisa que fazia no Bradesco: planejar a capacidade e analisar o desempenho da infraestrutura de informática. Ia três vezes por semana e ficava pelo menos meio período em São Miguel Paulista.

Mas o principal ponto do contrato era a terceirização de suporte técnico. Para isso, Marco precisaria de pessoas que ficassem na fábrica. O foco da Stefanini era informática, e havia um enorme banco de profissionais. Quem aceitasse sabia que poderia trabalhar alguns anos em São Miguel Paulista, mas que haveria boas perspectivas para um profissional de tecnologia crescer em uma empresa focada nesse setor. Finalmente, contratou quatro pessoas fixas para ficar cuidando da fábrica, e mais três ou quatro eventuais, para necessidades que surgissem. Um deles cuidaria especificamente do processamento on-line das aplicações, um especialista em CICS.

Odair continuou ouvindo dos colegas que aquilo não ia dar certo, que era preciso mais gente e que o suporte técnico era importante demais para as operações diárias, importante demais para ser entregue a terceiros, para pessoas "não comprometidas com a empresa". Odair persistiu. O suporte técnico foi, enfim, terceirizado.

Contratados os funcionários e iniciado o trabalho, no primeiro mês ainda ocorreram algumas paradas não programadas. No segundo, mais paradas. Porém, no terceiro mês não houve interrupção alguma na rotina de trabalho dos funcionários da Nitro Química. E rapidamente todos esqueceram que o suporte técnico existia.

A terceirização trouxe grandes benefícios, mas também mudou a cara daquela empresa que chegou ao Brasil pelo mar. Dos cinco mil funcionários contratados na época em que Ricardo assumiu, a Nitro Química ficaria com 800. E, sim, com um enorme ganho de produtividade.

Para Marco Stefanini, a terceirização foi confirmada como o caminho certo. Outros contratos como o da Nitro Química vieram depois; entre eles, o da Johnson & Johnson. Foi a salvação. Em 1990, as aulas deram para a Stefanini US$ 100 mil. Em 1991, com os novos contratos, a receita saltou para US$ 700 mil. A rentabilidade era menor que a do treinamento, mas era menos sazonal. Mais garantida. Em 1991, a Stefanini saiu do pequeno escritório na Avenida Paulista e passou a ocupar um espaço quatro vezes maior na Avenida Faria Lima. Ali, no famoso edifício Cal Center, a empresa passou a ocupar 260 metros quadrados.

Ainda em 1991, uma mudança no mercado despontava, inclusive dentro da Nitro Química. Naquele ano, Odair entregou mais um plano ousado para a direção da empresa. Como consequência, a Stefanini perderia o contrato da Nitro Química logo no ano seguinte. E muitos outros também.

CAPÍTULO 6

ENCOLHEU

De canto de olho, Marco mediu a caixa. Não chegava nem a sua cintura. Aproximou-se para olhar com mais atenção. Com dois dedos, empurrou-a para o lado. A caixa preta inclinou-se sem barulho; era leve, como ele pensava. Aquele era o servidor do momento, a plataforma baixa – um enigma para ele –, o qual repetidamente vinha roubando negócios da Stefanini.

Naquele início de tarde de agosto de 1991, não foi a primeira vez que Marco viu um computador no modelo plataforma baixa. Mesmo assim, ele ainda sabia muito pouco sobre as tais máquinas – fosse um Unix, um minicomputador ou mesmo PCs sendo usados como servidores. O mundo de Marco era o mainframe.

Já iam mais de sete anos desde 1984, quando Marco entrara no Bradesco e vira aquelas duas fitas girando dentro de uma caixa azul e bege, algo parecido com um pequeno armário ou uma lavadora de roupas. Quando montou a Stefanini, o fez porque acreditava nos enormes e poderosos mainframes. Toda grande empresa sempre iria precisar de um daqueles armários. Porém, no começo da década de 1990, até mesmo os fãs mais fervorosos começavam a duvidar dos grandes computadores (ainda que não o admitissem para ninguém).

O ambiente econômico tornava os empresários arredios, como de hábito no Brasil. A inflação do ano anterior explodira a uma taxa de 1.476%. Nos Estados Unidos, os juros começavam lentamente a cair, mas o impacto demoraria a ser sentido no Brasil.

Um problema naquele momento? Talvez não. Porém, é bom ter em mente algo fundamental sobre o fluxo dos negócios dos serviços em TI: sempre se trabalha com um ano de antecedência. Se não vender nada agora, não terá muito que fazer no ano seguinte.

Marco começou a fechar os contratos de terceirização em 1990, e a novidade resultou em um recorde no ano seguinte. Mas enquanto a Stefanini trabalhava e lucrava bem em 1991, o rumo dos negócios indicava um 1992 muito ruim. Durante todo o ano de 1991, Marco ouvira falar de empresas planejando deixar o mainframe. Naquele mesmo ano, migrações importantes de mainframes para plataformas baixas foram realizadas. A migração recebeu o nome de *downsizing*.

Na origem, o nome não tinha nada a ver com informática. *Downsizing* teve vários significados, e talvez o primeiro tenha surgido na década de 1970. Enquanto Milton Stefanini acreditava no Brasil, a crise do petróleo batia feio nos americanos, que pagavam mais caro do que estavam habituados pelo combustível. Muito melhor ter carros e casas menores, um modo de vida menos dispendioso. Foi o *downsizing* para o consumidor norte-americano. *Menos é mais*– uma filosofia que começava dentro da casa das pessoas.

Só mesmo na década seguinte é que o termo invadiu as empresas e encolheu até a carreira de muita gente. Empresas norte-americanas, e depois europeias e japonesas, demitiram em massa. *Menos é mais* funcionava ainda melhor quando se tratava de lucro.

A crise econômica não foi a única a estimular as demissões. Os computadores se multiplicavam e, muitas vezes, diminuíam a necessidade de pessoas para realizar tarefas. De 1980 até 1995, foram demitidos no mínimo 13 milhões de norte-americanos. Há quem fale até em 39 milhões de trabalhadores indo para a rua.

A maior parte dessas demissões acabou se concentrando mesmo na década de 1990, conhecida como a década do *downsizing*. Somente entre 1992 e 1997, mais de 16 milhões de trabalhadores norte-americanos perderam o emprego. Eles estavam sendo "downsized".

Em muitos casos, tudo isso podia ser somente um eufemismo para demissão, mas os gurus da gestão tentaram transformar aquele problema em algo bom. Crises podem ser benéficas.

A moda chegou rápido ao Brasil. Como lá, o objetivo aqui era eliminar a burocracia corporativa desnecessária, ganhar eficiência e aumentar os lucros. Se feito corretamente, o executivo devia pensar em como reestruturar em sintonia com o planejamento do negócio antes de sair demitindo. Houve catástrofes e triunfos; no geral, o *downsizing* deixaria as empresas mais enxutas.

Quando os CPDs começaram a trocar os mainframes por PCs ou minicomputadores para cumprir a função de servidor, era natural que o mesmo termo fosse usado. Primeiro encolheram o modo de vida, depois os empregos. Agora, era hora de encolher o computador! E o *downsizing* tornou-se a grande onda no mercado de tecnologia em todo o mundo.

Para Marco, era como se a escolha feita em 1984, ao entrar no Bradesco, estivesse em questão. Naquele mesmo ano, o governo federal havia imposto uma reserva de informática no Brasil. A lei completava, então, sete anos, e deveria ser eliminada no ano seguinte. Com novas tecnologias chegando, eram novas regras, um novo mundo. Menor, sem dúvida, para as empresas; para Marco, talvez.

No Brasil, só se falava em *downsizing* nas empresas e nos departamentos de informática. E assim foi na Nitro Química. Fazia muito sentido, pois o *downsizing* deveria aumentar a eficiência e o lucro tanto quanto o ato de terceirizar. No mesmo ano em que Marco fez bonito fechando o contrato, Odair aprovou uma proposta para contratar a consultoria Arthur Andersen. A consultoria iria avaliar a possibilidade de abandonar o mainframe.

Odair queria fazer o *downsizing* antes mesmo de conhecer a Stefanini, desde 1989, antes até de assumir a TI da empresa. Em 1991, já como diretor de TI, Odair precisava mostrar mais resultados. Apesar do sucesso da terceirização dos serviços, os executivos da Nitro Química queriam cortar mais e mais e, para isso, planejavam rescindir o contrato com a IBM e seus grandes computadores.

Fazer o *downsizing* envolvia, depois de migrar, manter as duas plataformas convivendo e funcionando durante um período. Esse era um ponto a favor da Stefanini, que poderia conseguir mais esse contrato (o próprio Odair acreditava que Marco teria condições de atendê-los). Porém, a balança pendeu para a Arthur Andersen, que tinha uma marca sólida no mercado e já havia sido contratada para avaliar o impacto do *downsizing* na Nitro Química. E foi a Arthur Andersen que acabou de fato levando o contrato. Logo depois, a consultoria norte-americana também foi escolhida pela Nitro Química para prestar o serviço de suporte técnico, o mesmo que havia dado tanto trabalho e orgulho para a Stefanini. É, dizem que as más notícias vêm em bando.

Mais tarde, porém, Odair veio a descobrir que a Arthur Andersen também não tinha tanta experiência assim em encolher computadores, e todos tiveram de aprender juntos. O pioneirismo teve um preço: o orçamento de US$ 2,5 milhões de dólares em 10 meses estourou – oficialmente – em US$ 250 mil.

Mesmo com gastos maiores, as empresas prosseguiam encolhendo; reagiam ao fim previsto e iminente da reserva de informática e se preparavam para aproveitar o momento trocando o mainframe por equipamentos menores, mais eficientes e mais baratos. Técnicos de linguagens como Visual Basic (VB) e Delphi montavam pequenas empresas, oferecendo serviços focados no novo ambiente. A Stefanini ainda era totalmente baseada no conhecimento técnico de Marco, que, depois dos primeiros sistemas, pouco contato teve com os PCs. O crescimento da Microlândia e de mais alternativas ao mainframe era um golpe direto na Stefanini, que faturava exclusivamente com a operação e o treinamento para os computadores de grande porte.

Então, Marco perdia duas vezes com o *downsizing*. Havia menos sistemas de mainframe para operar, portanto menos contratos de terceirização como o que foi conquistado – e perdido – com a Nitro Química. E ficava de fora também dos contratos de migração para plataformas baixas simplesmente porque ele não conhecia bem os PCs, muito menos minicomputadores ou sistemas Unix. Para uma empresa nova e cheia de ambições, parecia o começo do fim, antes mesmo de decolar.

Para Marco, o *downsizing* foi ainda pior que o sequestro do Plano Collor. Com a virada do mercado, ele enfrentaria uma crise na qual não conseguiria crescer. E a experiência ensinou a Marco que depender em demasia de uma empresa ou tecnologia era muito perigoso. Marco precisava diversificar e, principalmente, entrar de uma vez no mundo da plataforma baixa.

O que faltava era um cliente. No mercado de serviços, há um dilema estratégico claro. Todo cliente sempre pergunta se o fornecedor tem experiência naquele serviço. Se não tem, fica muito difícil conseguir um cliente. Se for uma empresa nova, sem marca consolidada em outros mercados, fica quase impossível. E assim segue o círculo vicioso que vai afastando novas empresas.

O caso de Odair e da Nitro Química foi exatamente esse. A Arthur Andersen já estava na casa, tinha renome internacional e havia demonstrado conhecimento ao fazer o planejamento do *downsizing*. Marco precisava superar aquela barreira.

O primeiro passo foi conseguir alguém com experiência. E, de novo, um colega do Bradesco entra na história da Stefanini. O engenheiro eletrônico Luiz Edmundo fez o mesmo curso que levou Marco ao mundo da informática, em 1984. Foi ele quem praticamente empatou com Marco na colocação final do curso. Trabalhou no Bradesco por três anos e meio até ir para a American Express. De lá, foi trabalhar na Universidade de Marília e depois na Informatel, um birô de serviços do Grupo Vicunha, no qual teve a primeira experiência de *downsizing*.

Em 1991, Marco chama Luiz Edmundo para prestar consultoria para a Stefanini. Com ele, já era possível afirmar que havia expertise sobre *downsizing* na casa. Agora faltava o cliente.

Durante meses, as conversas de Marco com potenciais clientes incluíam também projetos relacionados a *downsizing*. Mas nada acontecia. Naquela tarde de agosto de 1991, mais uma sexta-feira de trânsito ruim em São Paulo, Marco saiu de um cliente e rumou para a Rodovia dos Trabalhadores (três anos depois viraria Rodovia Ayrton Senna). Era o caminho para chegar à matriz de uma empresa de tratores sediada em Mogi das Cruzes, a Valtra, naquela época chamada de Valmet. No banco do passageiro, levava um envelope com seis páginas: era a proposta para fazer o planejamento do futuro *downsizing* da Valmet.

Originalmente, a Valmet havia sido uma estatal finlandesa, criada em 1951, a partir de fábricas usadas na Segunda Guerra Mundial.

Chegou ao Brasil em 1960, onde montou a única fábrica fora da Finlândia (situação mantida até hoje, o que a ajudou a conseguir 30% do mercado brasileiro de tratores e ainda usar a produção para exportar para 60 países).

No início da década de 1990, a Valmet era uma empresa importante, mas com uma infraestrutura de computadores muito acima de sua necessidade. Como boa parte das empresas brasileiras na época, ela usava mainframe e, também como outras empresas, mantinha os computadores ociosos a maior parte do tempo.

Na época, o homem que chefiava o departamento de informática era Roberto Massucci, paulistano que tinha feito o caminho inverso ao de Luiz Edmundo. Roberto entrou no Bradesco aos 14 anos para fazer colegial técnico, aprendeu o ofício de informática e trabalhou em muitas empresas – como Eucatex, Honda e Light –, até resolver deixar a correria de São Paulo no meio daquela crise econômica de 1984. Enquanto Luiz Edmundo e Marco faziam o curso no banco, Roberto seguia o percurso inverso, mudando-se para Mogi das Cruzes e entrando na Valmet.

Depois de quase sete anos de Valmet, Roberto comandava a área de TI da indústria. Não conseguia investir muito, a maior parte do orçamento de tecnologia ia para manter a infraestrutura, principalmente o mainframe. Roberto ouviu do presidente da empresa um pedido para fazer algo que reduzisse os gastos, e os dois sabiam qual era a saída mais simples: encolher o servidor.

O presidente ouviu uma resposta sincera de seus executivos. Faltava capacidade técnica no departamento para uma avaliação completa. Qualquer opinião interna seria insuficiente. Ainda do lado de fora, a Stefanini tentava entrar na Valmet.

Apesar da falta de experiência da Stefanini com *downsizing*, Roberto recebeu Marco e gostou da ideia de contratar uma empresa sem avaliação alguma preconcebida sobre como fazer uma migração daquele porte e importância. O que ele procurava era justamente uma avaliação independente. Havia alternativas, com empresas mais experientes, mas essas já chegavam com parcerias fechadas de software, e Roberto queria ter opções.

Marco sabia agora o risco de depender de uma tecnologia só – de como isso podia ser ruim para os negócios. Naquela tarde, ele dirigiu os

70 quilômetros até a Valmet com o objetivo específico de oferecer uma avaliação isenta. Menos de três meses depois, em agosto de 1991, Marco conseguira o primeiro contrato de serviço ligado a um *downsizing*.

Naquele ponto, o serviço consistia em fazer o planejamento da migração, como o mainframe seria encolhido para a plataforma baixa. Não só era um bom trabalho, como oferecia experiência e, ainda, a perspectiva de conseguir fazer o próprio *downsizing*.

A partir de outubro, Marco percorria quinzenalmente os 70 quilômetros da Rodovia dos Trabalhadores e passava boa parte do dia na empresa. No primeiro dia de trabalho, estacionou o carro ao lado do prédio onde ficava o restaurante da empresa e desceu as escadas. O CPD ficava embaixo, embora fosse térreo no outro lado do prédio (o edifício ficava em uma encosta). Entrou na sala em que Roberto o esperava; era o CPD.

A sala tinha 225 metros quadrados, e o mainframe IBM 4381 ocupava pouco mais de um terço do espaço. Marco não precisava nem olhar de perto, sabia bem como funcionava. Eram alguns armários – o conjunto pesava várias toneladas. Aquela máquina poderosa ia ser trocada por alguns pequenos servidores, caixas que qualquer um podia carregar sozinho. Os tempos mudaram.

Roberto levou Marco para o prédio ao lado, onde ficava a presidência. Do presidente, Marco soube o tipo de infraestrutura tecnológica que a Valmet deveria ter. Foi apenas a primeira conversa.

Durante os quatro meses seguintes, Marco percorreu a Rodovia dos Trabalhadores para encontrar os dois executivos, além de diversos outros dos departamentos de recursos humanos e finanças. De volta ao escritório da Stefanini, em São Paulo, Marco sentava com Luiz Edmundo e expunha-lhe detalhe por detalhe. Eles estudavam as necessidades da empresa e o que de fato os sistemas poderiam oferecer se estivessem rodando em cima de servidores menos potentes que um mainframe. Em janeiro de 1992, o planejamento estava pronto.

Marco disse ao presidente da Valmet o que ele queria ouvir: era realmente possível gastar bem menos se trocassem o mainframe por uma plataforma baixa. Poderiam trocar o grande mainframe IBM por três servidores pequenos: o maior, mas ainda pequeno, para a área industrial, um médio para o marketing e vendas e um bem pequeno para recursos humanos. Pagariam bem menos pelas máquinas e até reduziriam o gasto com o ar-condicionado. Os executivos gostaram do que ouviram, e Marco achou que ganharia mais um contrato. Mas esse ele não ganhou.

Roberto decidiu que a própria equipe da Valmet poderia fazer o *downsizing*, considerando que ninguém no mercado parecia ter muito mais experiência do que eles. E convenceu a diretoria disso.

A infraestrutura instalada em Mogi das Cruzes era de bom porte. Eram quase 200 terminais burros conectados ao mainframe e uma rede de cabos coaxiais cruzando toda a indústria. Na época, a matriz finlandesa da Valmet já havia dado um aceno positivo ao projeto de *downsizing*.

Roberto sabia ser um bom cliente da IBM e, logo que recebeu o planejamento da Stefanini, ligou para a gigante norte-americana. Ou ouvia uma contraproposta muito boa ou nada mais impediria a Valmet de abandonar os mainframes. Nos primeiros contatos por telefone, Roberto ouviu da IBM que seria difícil ignorar o contrato que prendia a Valmet ao mainframe por mais tempo.

A saída, então, foi comunicar pessoalmente o risco que a IBM corria caso persistisse com a ideia do contrato. E Roberto pegou a Rodovia dos Trabalhadores para ir ao famoso prédio da gigante norte-americana na Rua Tutoia. Foi a primeira de várias reuniões. Na última delas, o gerente da conta da Valmet na IBM ainda se mantinha irredutível.

A certa altura da reunião, Roberto achou que não havia mais jeito.

– Ok, vou fazer o *downsizing* e logo a seguir notifico a vocês que vamos encerrar nosso compromisso.

E levantou-se da cadeira. A IBM sabia que estava prestes a perder um cliente, talvez por muito tempo.

– Sente aí, Roberto, vamos continuar a conversa – insistiu o funcionário da IBM.

Finalmente, ele ouviu que a Valmet receberia um enorme desconto. O gasto mensal com o mainframe cairia para menos da metade. E mais: em dois anos, a Valmet compraria US$ 1 milhão em produtos e serviços. A despesa se transformava em investimento, e 100% dos servidores, desktops e laptops usados na Valmet passaram a ser IBM.

Entre os investimentos, estava uma nova rede com cabeamento estruturado que custou US$ 450 mil. Eram quatro quilômetros de fibra óptica conectando dez prédios com 400 pontos de rede em cabeamento estruturado. Seria a primeira rede do tipo no Brasil, e Roberto passaria muito tempo recebendo visitas de outras empresas para conhecer aquela infraestrutura. O mainframe ainda ficaria na Valmet durante mais dez anos.

A negociação dura de Roberto com a IBM é um exemplo da mudança pela qual o mercado passava na época. A Big Blue não podia dar descontos para todos a qualquer momento, e muitas empresas acabaram fazendo o *downsizing*. Por isso a consultoria da Stefanini para a Valmet Tratores foi tão importante – foi o primeiro portfólio fora de mainframes.

A partir daquele serviço feito em 1992, Marco conseguiu iniciar a reação, mas ainda demoraria para a ameaça ser vencida. O *downsizing* provou de fato ser pior do que o sequestro do Plano Collor; afinal, o ano de 1992 seria o único da Stefanini em que o faturamento acabou sendo menor que o do ano anterior. Caiu de US$ 700 mil em 1991 para US$ 500 mil. E ensinou a Marco a importância de evitar a dependência de uma empresa ou tecnologia. Pode trazer ganhos no início, quando a tecnologia é adotada e muitos clientes aparecem. Quando ela deixa de ser usada, a empresa cai junto.

Em 1992, Luiz Edmundo, então com 32 anos, é efetivado para cuidar dos projetos de *downsizing*. Marco oferece um salário fixo e a possibilidade do ganho variável, uma novidade no mercado. É nesse momento, então, que ele consegue fechar o contrato para realizar o *downsizing* da Refinações de Milho Brasil, que migraria do software de gestão da JD Edwards para um servidor AS400.

Depois das migrações, os contratos de suporte técnico se tornariam o forte da Stefanini em plataforma baixa, ao contrário do mundo do mainframe, em que era comum o desenvolvimento de código. Aquela assessoria para a Valmet foi crucial; não só pela atuação em uma área nova, mas por ser a primeira vez que Marco recorria a um profissional em um segmento que desconhecia. Aliás, não só ele... O assunto era desconhecido por todos os integrantes da Stefanini. A empresa deixou de ser um empreendimento em torno de uma só pessoa, para oferecer um cardápio mais abrangente de serviços. A partir daí, Marco passou a gerenciar mais e a executar cada vez menos.

Com a nova divisão de serviços e a retomada do mercado, o faturamento reagiu, e, no final de 1993, a Stefanini havia faturado US$ 1 milhão. Ficou melhor ainda no ano seguinte: chegou a US$ 3 milhões.

Tudo parecia possível. Em 1994, até mudaram a sede de lugar – a empresa saiu do 8º andar na Faria Lima e foi para um espaço com o dobro do tamanho, no 12º andar, o que aumentou a sensação de conquista. Afinal, a Stefanini havia saltado de 40 funcionários e um escritório apertado na Avenida Paulista para mais de 100 funcionários espalhados pelos clientes e um escritório novinho de 225 metros quadrados. O jovem empresário, que tinha desistido da geologia em meio à crise econômica em 1984, tinha nas mãos, dez anos depois, uma promissora empresa de tecnologia.

No início de 1995, Luiz Edmundo apostou com Marco que o faturamento anual alcançaria US$ 10 milhões. Naquele momento, ninguém podia imaginar tudo que iria acontecer nos próximos meses. Por isso, Marco respondeu que o viável era chegar a US$ 4 milhões. E completou:

– Pare de sonhar.

CAPÍTULO 7

EFEITO TEQUILA

A multidão se movia ansiosa em torno do candidato mexicano Luis Donaldo Colosio Murrieta naquela tarde de sábado, 23 de março de 1994. Sem que ele percebesse, o cano de um revólver aproximou-se de sua têmpora. A bala atravessou, Murrieta caiu e a crise começou.

O assassinato seria o gatilho de um dos mais impressionantes furacões econômicos da história. Três meses antes, o exército zapatista havia começado uma guerra no estado de Chiapas. Os investidores internacionais cada vez mais receavam colocar dinheiro em um país com a economia cambaleante e uma guerra civil prestes a explodir. Se alguém olhasse torto para o México, o país desabava.

No lugar de Murrieta, o presidente Salinas escolheu como candidato Ernesto Zedillo, o responsável pela campanha até então. O substituto venceu as eleições em agosto, o que temporariamente acalmou os mercados, mas o aumento dos juros acabou piorando a economia mexicana. Em novembro de 1994, os Estados Unidos aumentaram em 0,75% a taxa de juros. Bilhões de dólares deixaram o México, dando preferência ao vizinho bom pagador. A crise se acentuava.

Naquele ano, Marco sentia que precisava expandir a Stefanini. A abertura do mercado brasileiro de informática atraiu a atenção das multinacionais, e os concorrentes nacionais cresciam rápido fazendo parcerias. Marco sofreu junto com a IBM a crise do *downsizing* e ainda temia depender muito de uma só tecnologia ou parceria. Também não podia depender apenas de um mercado. São Paulo tornava-se pequena.

O primeiro passo para isso acontecer deu-se quase por acaso.

Durante o ano de 1994, um personagem importante para a história da Stefanini também precisava definir um novo rumo profissional. O jovem em questão era Márcio Da Mata, que não era técnico nem tinha se formado em nada relacionado à área de exatas. Em 1988, ele saiu da faculdade com o diploma de administração.

Na época, trabalhava na Companhia de Saneamento Básico do Estado de São Paulo (Sabesp), na qual ficou durante dez anos; mas a estatal era uma empresa de engenharia, e ele sabia que a informática era apenas o meio de tornar seus processos mais eficientes. Márcio achava que ali ele tinha um limite para crescer. Foi quando, então, veio o convite da Stefanini.

Bem antes de sair da Sabesp, Márcio já tinha prestado serviço para a empresa de treinamento e serviços de TI. Durante todo o ano de 1993, ele ia três ou quatro noites por semana dar aulas de Oracle no escritório da Stefanini, na Avenida Faria Lima, no Edifício Cal Center – algo de que gostava muito. Mas em 1994, enquanto a crise no México piorava e Zedillo passava a lidar com um país instável, os cursos da Stefanini no Brasil tiveram menos procura, como vimos. E assim como Márcio sentiu que era hora de pensar de fato em uma mudança em sua vida profissional, Marco também sentiu necessidade de ampliar as opções de cursos.

Então, Marco fez um convite para Márcio trabalhar em definitivo na Stefanini. O convite, claro, foi aceito. Márcio saiu da Sabesp e passou a trabalhar em tempo integral na Stefanini. Começou dando apoio na retaguarda como consultor técnico, e fez trabalhos para a Caterpillar, Paulista Seguros, Editora Abril. Mas ele realmente queria mais. Precisava apenas esperar o momento certo.

Apesar da falta de cursos e das incertezas, o clima era de confiança – tanto na Stefanini como no Brasil. Ao contrário de nosso turbulento vizinho de *sombrero* na América do Norte, as expectativas no Brasil eram mais positivas ainda devido ao início do Plano Real, criado apenas 24 dias antes do mexicano Murrieta levar o tiro na têmpora.

O tempo foi passando... A torcida de todos os brasileiros era para que o Plano Real desse certo, enquanto, no México, a sensação de uma crise cada vez mais perto era grande. Cinco dias antes do Natal, o estopim aceso com o assassinato de Murrieta chega ao fim e a bomba explode. Zedillo é forçado a abandonar a paridade peso-dólar e a adotar o modelo do câmbio flutuante. Quase imediatamente, o dólar dobra de valor. Milhares de empresas vão à falência, o desemprego dispara, metade do valor da Bolsa mexicana evapora e o capital foge do país. A crise, afinal, espalha-se pelo mundo, em especial pela América Latina, causando o "Efeito Tequila".

A primeira vítima: a Argentina. Nos dois primeiros meses de 1995, seis pequenos bancos sofrem intervenção do Banco Central. No final do ano, 40 bancos ou instituições não bancárias argentinas fecham.

No Brasil, a Bolsa de Valores perde 35% do valor em três semanas, e todo ganho acumulado com o Plano Real é perdido. Em março, para curar a bebedeira financeira, o governo brasileiro eleva os juros e passa a ter as maiores taxas em termos reais do mundo (30%).

Enquanto o mundo econômico cambaleava com a tequila, o cenário andava ainda mais difícil para os bancos brasileiros, que também haviam perdido receita com a queda da inflação após o Plano Real. Antes, eles tiravam da ciranda financeira 20% do faturamento. Depois do Plano Real, as mesmas atividades traziam só 1%. Um desses bancos que precisavam se reinventar era o Bamerindus, e os executivos buscavam formas de reduzir o custo administrativo. Uma dessas formas era justamente baratear a infraestrutura de TI. O velho adágio se repete e, da crise, mais uma vez surge a oportunidade.

A forma de tornar a infraestrutura mais barata era, novamente, encolher o mainframe. Para executar o *downsizing*, o Bamerindus contratou a multinacional de tecnologia HP, que passou o ano de 1994 procurando parceiros para ajudar no trabalho (o que no mercado é chamado de quarteirizar – passar total ou parcialmente o serviço adiante após ganhar um contrato de terceirização). Naquele início de

1995, Marco viu na HP um bom parceiro de negócios e comentou a oportunidade com seus funcionários. Um deles se levantou e pediu para trabalhar naquele projeto. Era Márcio Da Mata.

Alguém tinha de fazer o trabalho, e Marco concordou que fosse Márcio. O jovem técnico não tinha ideia de como aquele projeto da HP seria importante no futuro. A liderança e todas as contratações dos membros da equipe que encolheria o mainframe do Bamerindus ficaram, assim, sob a responsabilidade de Márcio.

A Stefanini, porém, entrou um ano atrasada na disputa pelo projeto. Outras empresas prestadoras de serviços de TI já vinham tentando um acordo com a HP havia meses, mas a primeira grande dificuldade era mesmo conseguir gente capacitada para trabalhar. O projeto era enorme e complexo: o Bamerindus pretendia simplesmente desativar o mainframe e levar todas as aplicações e sistemas para a plataforma baixa. Com uma infraestrutura mais enxuta, o custo diminuiria e, assim, a instituição poderia enfrentar com menos custo as dificuldades impostas pelo Efeito Tequila.

Naquela época, a Stefanini já tinha finalmente experiência comprovada com o *downsizing*, mas um projeto como o do Banco Bamerindus parecia grandioso demais. Eram quase 1.500 agências, todas pioneiras no uso de microcomputadores no Brasil, o que agilizou – e muito – o atendimento de seus dois milhões de correntistas. O desafio da Stefanini era mexer naquela enorme infraestrutura tecnológica e virar tudo de cima a baixo. Márcio desconhecia a dimensão do projeto, mas nem por isso deixou que o desânimo o dominasse.

No dia seguinte à conversa com Marco, ele foi em busca de sua equipe. Precisava de gente que conhecesse programação orientada a objeto e a linguagem C++. A USP e a Unicamp eram os únicos lugares nos quais havia especialistas nessas áreas. Porém, Márcio achava o perfil dos especialistas das faculdades muito "acadêmico". Traduzindo: gente que raramente saía da sala de aula e nunca havia enfrentado um grande projeto, muito menos algo tão gigantesco como o que a Stefanini iria executar.

Márcio resolveu ir direto ao mercado em busca de gente que realmente conhecesse aquelas tecnologias. Colocou anúncio em jornais como o *Estadão* e perguntava para todo mundo se alguém conhecia bons profissionais. Quando conseguia um contato, era realmente difícil chegar a falar com a pessoa. Em uma época pré-telefone móvel, a única forma de encontrar o profissional era ligar de noite para a casa do sujeito (no trabalho, não dava para falar à vontade a respeito de um convite de emprego).

De noite, quando estava em casa, sentava no sofá e começava a fazer os telefonemas. Márcio morava em uma república com amigos, que reclamavam do fato de ele usar tanto o telefone – às vezes eram horas. Com sorriso de troça, berravam do quarto: "Sai do telefone, Márcio, fica aí só namoraaaaando".

Os meses foram passando, e todo aquele esforço deu pouco resultado. Márcio decidiu, então, voltar ao mundo acadêmico, e, uma noite, foi procurar a turma de formandos do curso de ciência da computação da USP. Chegou um pouco antes do intervalo da aula e ficou esperando ao lado da porta. Saiu o primeiro aluno, Márcio deixou passar.

"Parece um adolescente, não dá", pensou.

Saiu mais um; esse andava de chinelo. Melhor tentar outro.

No terceiro, Márcio deu um passo à frente e disse de cara:

– Você conhece programação orientada a objeto?

No final da noite, tinha contratado *dois* profissionais. Era junho de 1995, quase quatro meses depois de a busca por talentos ter começado.

Para os dois primeiros, pediu outras indicações. Continuava fazendo as ligações de casa, durante a semana, às vezes até as 11 horas da noite, ou aos domingos. No final, contratou 25 profissionais da USP. Em três meses, a Stefanini havia se tornado um dos dois principais fornecedores do projeto da HP no Bamerindus (havia pelo menos uma dúzia de empresas prestando serviço). Nessa época, o grupo de Márcio somava 40 profissionais.

O desafio era grande. Para encolher o mainframe e escrever os novos sistemas, a equipe da Stefanini precisava entender cada pedaço dos sistemas antigos. Para isso, não dava para trabalhar a distância – todo mundo precisava ir até o Paraná, na sede do banco. Marco Stefanini chegava a praticamente lotar o pequeno avião bimotor turbo-hélice da Linhas Aéreas Pantanal (que no final de 2009 foi adquirida pela TAM), no qual cabiam 50 pessoas.

O grupo se reunia aos domingos à noite no Aeroporto de Congonhas; todos embarcavam no bimotor e desciam no antigo Bacacheri, em Curitiba. Passavam a semana conversando com cada departamento, fazendo reuniões e escrevendo especificações e códigos. Uma parte era ainda enviada para a Índia, onde outro parceiro da HP recebia as informações bem mastigadas e escrevia linhas de código para os novos sistemas (isso já em 1995, um exemplo de como os indianos estavam à frente das empresas brasileiras no quesito exportação de serviços).

Os códigos chegavam ao Brasil, e era tarefa da equipe da Stefanini implementar cada pedaço do projeto. Algo complexo e às vezes enervante, considerando que muita coisa precisava ser reescrita pelos brasileiros porque os indianos pouco entendiam das regras de negócio de um banco. Ainda que bons de código, eles eram jovens e inexperientes (a situação não mudou muito; boa parte do *outsourcing* feito hoje pela Índia ainda sofre com esses mesmos problemas).

Assim foi durante um ano – Márcio e boa parte da equipe iam e voltavam de Curitiba toda semana.

Enquanto isso, a parceria com a HP não parou no Bamerindus. Quase simultaneamente, vieram os contratos com o Nacional, a Finasa e a Alcatel. Quando todos, porém, estavam em andamento, Marco viu que quase um terço do seu faturamento dependeria exclusivamente da parceria com a HP. Era arriscado; nada de errado podia acontecer. Mas aconteceu.

Um prenúncio do problema ocorreu em uma sexta-feira, 25 de agosto de 1995. Parte do dinheiro da Stefanini estava aplicada no Banco Irmãos Guimarães, conhecido como BIG. Marco e Graça andavam preocupados em manter o dinheiro ali, pensavam em colocar tudo em outro lugar, provavelmente no britânico Lloyds.

Depois do almoço, Graça ligou para o banco, decidida a fazer o resgate do investimento. Ora não atendia, ora dava ocupado. Passou a tarde tentando falar com eles. Era aniversário da aplicação, e o casal Stefanini só esperava aquilo para colocar seu investimento no banco britânico. Na época, após a quebra do Banco Econômico, um grande banco inglês parecia mais seguro.

No final do dia, às 18h30, todos já tinham ido embora da Stefanini. Marco trabalhava em sua mesa, e Graça fechou a porta do escritório no 12º andar do Edifício Cal Center. Antes de sair, porém, parou na recepção e tentou mais uma vez falar com alguém no banco. Desta vez, foi atendida.

– Ufa! – disse Graça. – Tentei falar com vocês a tarde inteira.

Do outro lado, a voz respondeu algo que deixou Graça sem ação por quatro ou cinco segundos.

Colocou o aparelho no gancho e correu pela empresa até a mureta, de onde podia ver o marido.

– Marco, o BIG foi liquidado – disse, meio ofegante. – Acho que... perdemos tudo!

O dinheiro perdido era considerável, mas a Stefanini tinha fechado outros contratos, e Marco achava que, com isso, conseguiria se recuperar logo. Dois meses depois, ele descobriria que o fim do BIG havia sido somente um alerta.

Em um final de tarde em Brasília, sábado, 3 de novembro de 1995, as luzes de um dos últimos andares do prédio do Banco Central se acenderam para os diretores continuarem a reunião que criaria o Proer. Esse era só o apelido, claro. O nome completo, apesar de burocrático, dizia mais. Era o Programa de Estímulo à Reestruturação e ao Fortalecimento do Sistema Financeiro Nacional. Na prática, era preciso fechar o rombo criado por mais uma crise financeira, e o Proer abria os cofres públicos para que isso pudesse ser feito.

O Brasil sentia a ressaca do Efeito Tequila, e para Marco e todos na Stefanini a dor de cabeça seria pesada demais. O problema que havia começado com um assassinato no México iria bater nos contratos conquistados com a HP. O primeiro seria na parceria com o Banco Nacional, na época um dos maiores do Brasil e muito conhecido pelo patrocínio ao piloto Ayrton Senna, falecido no ano anterior.

Naquele exato momento, Marco completava a equipe para o projeto no banco. Em número de profissionais da Stefanini, o Nacional já superava de longe outros clientes importantes, como a Refinações de Milho Brasil, com sete pessoas, e o Chase Manhattan, com dez. Para o trabalho no Nacional eram necessários 30 profissionais, reunidos por Marco com muito esforço durante vários meses.

No mesmo final de semana em que o Proer foi redigido, executivos do Unibanco receberam uma ligação do Banco Central pedindo que avaliassem o Nacional. Duas semanas depois de o Proer ser anunciado, o governo federal publicava uma Medida Provisória que permitiria tapar o rombo da instituição e vender à força a empresa para o Unibanco. A compra foi fechada no dia 17 de novembro, uma sexta-feira. Naquele mesmo final de semana, as decisões tomadas no prédio do Banco Central chegariam ao noticiário. Márcio assistiu a tudo pela TV e ligou para Marco.

– E aí?

Resposta:

– Segunda a gente vê.

Um grande contrato, claro, estava perdido. Apesar de se preocupar com essa perda, a primeira ação de Marco seria decidir o que fazer com os seus funcionários. Eles ainda teriam um mês de trabalho, mas, passado esse período, o Nacional deixaria de pagar o serviço. Depois de tanto trabalho para achar aqueles profissionais, Marco sabia que seria um erro deixá-los sair da Stefanini.

Todo mundo mobilizou-se, então, para realocar a equipe em outros clientes. Marco pegava um ou mais profissionais e levava-os para visitar os clientes, explicando como eles haviam executado um trabalho de primeira linha em um grande banco brasileiro. Tiveram êxito em 95% dos casos. Só não ficou na Stefanini quem não quis.

Enquanto isso, Márcio continuava indo para Curitiba tocar o projeto do Bamerindus. Ainda maior do que o Nacional, o contrato somava 40 pessoas da Stefanini. Porém, meses após a quebradeira do Nacional, o Bamerindus começou a sangrar. Era o ano de 1996.

E não seria a primeira vez. Exatamente uma década antes, o Bamerindus quase havia quebrado também. Em 1986, o banco britânico Midland, um dos acionistas do banco paranaense, mandou uma montanha de dólares em um avião. Nos anos seguintes, o Bamerindus se mexeu e inovou com produtos como a conta remunerada. O número de agências saltou de 600 para mais de 1,5 mil.

O Midland foi comprado pelo HSBC, e agora era a vez de o maior banco do mundo se preocupar com a sorte da instituição financeira da família Andrade Vieira. O HSBC era um dos acionistas do banco brasileiro. O tempo passou, mas a situação do Bamerindus não deu grandes mostras de melhora.

Em meados de março de 1997, outro avião chegava com uma entrega de um banco britânico para o Bamerindus. Porém, dessa vez, era um pelotão de executivos que vinha para estudar as regras locais, escolher os ativos que interessavam e fazer o inevitável: assumir por completo o Bamerindus.

A venda total para o HSBC havia sido informada ao Banco Central. Custou US$ 1 bilhão, e, no final da tarde de 26 de março de 1997, após o fechamento do mercado, a intervenção pelo Banco Central foi decretada – o que funcionaria como uma transição para a venda para o HSBC. Como o novo dono traria seus padrões, tecnologias e sistemas, alguns projetos em andamento até seriam concluídos, mas a maior parte seria suspensa ou cancelada.

Márcio concluiu o trabalho em Curitiba e voltou para São Paulo, quatro meses após a intervenção. A Stefanini perdia o último e maior contrato em parceria com a HP, que havia chegado a representar 30% do faturamento da empresa.

Sem o contrato do Bamerindus, nova luta – bem-sucedida – para realocar os funcionários. E a consolidação da Stefanini, afinal, foi assegurada. Os projetos do Nacional, e em especial do Bamerindus, representaram a entrada forte da Stefanini no mercado financeiro. Na época, eles tinham algo raro a oferecer: profissionais com experiência em plataforma baixa e no mercado financeiro.

Além disso, Marco havia cruzado as fronteiras paulistas e criado o embrião da primeira filial, no Paraná. Mais tarde, o HSBC voltaria a ser cliente, por diversas vezes, da Stefanini. Naquele momento, porém, Marco estava de volta a São Paulo, e com o faturamento estremecido devido à perda do contrato com o Bamerindus.

A entrada no Paraná havia acontecido em decorrência de um grande contrato de trabalho, com parte do desempenho financeiro da Stefanini. Mas a expansão geográfica e financeira não havia parado no Bamerindus. Enquanto Márcio Da Mata procurava mais gente para mandar para Curitiba, outro funcionário da Stefanini vivia sua própria jornada fora de São Paulo. E isso tudo no mesmo conturbado ano de 1995.

CAPÍTULO 8

INTERIOR

A caminhonete D-20 avançava rumo a Campinas em velocidade de cruzeiro. O céu carregado de nuvens fez Bruno Mondin acelerar. A estrada se mantinha seca, apesar de a chuva ter caído sem parar nas últimas semanas daquele inverno quente de 1995 (seria o mais chuvoso dos próximos quinze anos). Ele queria chegar a Campinas antes das seis da tarde. Na caçamba da caminhonete, Bruno levava uma mesa, três cadeiras e um telefone: as peças do novo escritório da Stefanini fora da cidade de São Paulo.

Desde criança, pular de cidade em cidade tinha se tornado rotina para Bruno. O pai era engenheiro de obras e, sempre que precisava viajar para tocar um trabalho novo, levava a família junto país afora. Quando Bruno nasceu, seu pai estava trabalhando no Oeste paulista, e o menino, então, tornou-se natural de Presidente Prudente. Dali, a família deslocou-se 200 quilômetros para leste, quando o pai passou a trabalhar na Usina Hidrelétrica de Promissão. Bruno moraria parte da infância em Campinas, mas viajaria muito, passando por Lins, Rio de Janeiro, Petrópolis, Santos, São Bernardo do Campo e muitos outros lugares.

Tanta viagem se explica: o pai de Bruno trabalhava na Cetenco Engenharia, uma empreiteira de 80 anos, que chegou a ser do porte de nomes como Camargo Correa e Andrade Gutierrez. Por isso, em todo lugar que houvesse uma obra importante, a família Mondin estaria presente. Além da hidrelétrica construída quando Bruno nasceu, ele também viveu perto da construção de obras como a Rodovia dos Bandeirantes, Imigrantes e a Usina Hidrelétrica de Paulo Afonso. Viajar desde sempre fez parte da vida da família Mondin.

Adolescente, Bruno estudou computação na Escola de Engenharia de Piracicaba. Ainda calouro, conseguiu o primeiro emprego na Caterpillar e ali conheceu Marco Stefanini, que dava treinamentos por lá. Pouco antes de se formar, aos 21 anos, aceitou o convite de Marco e foi trabalhar na área de pré-venda da Stefanini (basicamente, escrevia propostas comerciais e dava apoio técnico). Ficou dois anos na função. No começo de 1995, Bruno recebeu uma segunda proposta de Marco. Dessa vez, algo que parecia sob medida para ele.

Foi no finalzinho do expediente, em um entardecer quente do verão paulistano. Todos desceram para a *happy hour* ao pé do Edifício Cal Center. Marco, como sempre, falava de trabalho mesmo durante o chope. Naquela época, andava particularmente empolgado com os contratos conquistados em parceria com a HP. Havia muitas oportunidades Brasil afora, e Marco não queria esperar o telefone tocar. A Stefanini precisava sair de São Paulo por si só.

Duas outras empresas de TI tentaram montar filiais no interior de São Paulo, sem grande sucesso. Na época, o Oeste paulista não tinha empresas de porte (diferente de hoje, com grandes frigoríficos e usinas). Mas, no restante do interior paulista, havia muitas indústrias nacionais e globais, com diversos bons clientes potenciais, como os dois que a Stefanini já havia conseguido até aquele momento: a Caterpillar, na qual Marco conhecera Bruno, e o Magazine Luiza. E dois contratos significavam somente uma pequena amostra do que se poderia conseguir. Entre um gole e outro de chope, Marco perguntou a Bruno se ele toparia voltar para aquela região que conhecia tão bem.

A proposta de Marco para Bruno criava um dilema: ficar onde estava – com segurança e salário certo – ou se arriscar a montar uma filial do zero. Dava medo, na verdade. Em primeiro lugar, não era possível saber nem mesmo quanto tempo aquela aventura poderia durar. A filial certamente não seria bancada pela Stefanini durante muito tempo. Ao final, poderia ser apenas uma perda de tempo, e Bruno acabaria voltando para São Paulo sem nada.

Em segundo lugar, ele nunca havia trabalhado como vendedor antes (nesse ponto lembrava muito Márcio Da Mata, do projeto do Bamerindus). Nos últimos meses havia feito algumas visitas a clientes, mas nada que lhe desse muita experiência. Novo de tudo, Bruno tinha na cabeça o curso de ciência da computação, feito em Piracicaba, e a vontade de trabalhar. Na época, um bom técnico tinha perspectivas em São Paulo. Já uma filial sem clientes no interior...

Mas e se conseguisse alguns clientes? Marco prometeu participação nos contratos. Finalmente topou. Podia se dar bem.

Então foi assim que Bruno pegou a caminhonete, mesa, cadeiras e telefone e foi montar escritório no interior? Não, não foi tão fácil. Até chegar naquele escritório, mesmo simples e solitário, havia ainda um considerável trajeto a percorrer e não se tratava apenas de estrada. Não dava para montar um escritório logo de cara, não havia clientes para pagar aquele gasto. A princípio, o escritório de Bruno seria o carro. Para viajar, comprou um bem econômico, um Gol zerinho na cor vinho, movido a álcool. A bordo do Gol, Bruno assumiu o papel de caixeiro-viajante.

Dessa forma, aceitar a proposta de Marco e atender o interior de São Paulo significava viajar muito. Principalmente porque, no começo, Bruno continuou visitando clientes importantes na Grande São Paulo, como Unibanco, Itaú e Telesp. Entre um e outro, pegava a estrada.

E, na estrada, o território a cobrir mostrava-se imenso. Ao norte, tinha Ribeirão Preto; a oeste, Sorocaba; e a leste, São José dos Campos. No meio e centro da atenção de Bruno ficava Campinas, incluindo ainda diversas empresas em municípios importantes da região, como Piracicaba, Limeira, Americana, Itatiba e Indaiatuba. No total, mais de 100 cidades poderiam abrigar potenciais clientes para a Stefanini.

O desbravamento começou. Durante meses, Bruno ligou para as áreas de tecnologia das empresas, pedindo – quase implorando – uma reunião. Quando finalmente conseguia, apresentava a Stefanini e falava dos dois únicos clientes já atendidos por ali: o Magazine Luiza, sob a responsabilidade de Mônica, e a Caterpillar, de Marco.

As respostas variavam pouco; parecia um disco riscado e irritante. Também como um disco, havia faixas com as músicas de sempre – a da ignorância: "Não, nunca ouvi falar da Stefanini, essa empresa fica onde?"; a do mundo perfeito: "Estamos bem, não precisamos de nada"; e a da pobreza: "Ih, o orçamento do ano fechou, estamos sem dinheiro para nada".

Além dessas, havia a resposta não proferida, subentendida, implícita: os executivos não queriam trazer gente de fora. As razões iam do receio de a empresa sumir e fechar a filial, até o mais puro medo de perder o emprego. No caso de diretores e gerentes, o medo muitas vezes era de o departamento encolher e o referido executivo perder importância na empresa, passar a ser um mero fiscalizador de contratos de terceiros. Claro, esse medo era infundado e raro, afinal, normalmente gerentes são inovadores e competentes, não têm medo de mudanças.

Havia algumas pequenas empresas locais prestando serviços pontuais, mas Bruno precisava conquistar para a Stefanini um contrato de peso, algo constante; no mínimo, um projeto importante e complexo que tomasse alguns meses.

Bruno vivia para trabalhar; dedicava a manhã, tarde e noite à ideia da filial, mas um pensamento o dominava: será que realmente estava fazendo tudo certo?

Afinal, havia muito ali para dar errado, muitos conceitos a serem transformados. O mercado aceitará uma empresa de fora? Contratará uma empresa de que nunca ouviu falar? Absorverá o conceito de terceirizar tarefas importantes?

"Talvez *eu* é que esteja errado nisso tudo", pensou Bruno. "Talvez tenha entrado de fato em uma furada."

Aos poucos, porém, Bruno foi adquirindo informação sobre as necessidades das empresas, compreendendo o que representava ser uma indústria do interior.

Tinha um pouco de indústria de base – como a Dedini –, na região de Sertãozinho e Piracicaba; indústrias importantes na área têxtil, em Americana e adjacências; e diversas na área automobilística, como Varga, TRW, 3M, Case, Caterpillar e Bosch.

Na época, os executivos dessas últimas empresas lidavam com a nova realidade do Mercosul, ajustando produção, processos e sistemas para exportar os produtos no tempo e padrões adequados. Ora, uma revolução – uma imensa transformação – estava acontecendo naquelas indústrias. Para muitos funcionários acomodados, tratava-se de um transtorno, uma crise corporativa. Para Bruno, era oportunidade; os projetos para organizar o fluxo do comércio exterior e os de rastreamento de qualidade na fábrica poderiam ser as brechas que ele procurava.

Em uma das visitas, um funcionário comentou sobre um projeto relacionado ao Mercosul. Foi na Bosch, indústria produtora de uma infinidade de itens, todos voltados a veículos. Uma das áreas fabricava peças para veículos de passeio, como válvula de injeção e unidade de comando (um veículo – tanto GM quanto Fiat e Volkswagen – chegava a ter 90 itens produzidos pela Bosch). Outra área produzia componentes elétricos, e uma terceira, peças para veículos a diesel. Na época, os asiáticos estavam só começando, e não chegavam nem perto da qualidade atingida pela indústria alemã. Se conquistasse a Bosch, Bruno teria, afinal, um cliente de primeira linha para inaugurar a filial Stefanini no interior paulista.

A dica que Bruno conseguiu foi a seguinte: um tal de Alexandre Winneschhofer liderava um projeto para extrair dados do mainframe e organizar informações sobre as vendas no Mercosul. Alexandre era um jovem de ascendência austríaca que chegou à Bosch em 1987. Formado em análise de sistemas na PUC Campinas, o jovem passou os primeiros anos no desenvolvimento de sistemas. Seis anos depois, em 1993, Alexandre ganhava destaque na Bosch e mais responsabilidades: passou a supervisionar a infraestrutura tecnológica da indústria alemã, do help desk ao acompanhamento de cada servidor. Foi um dos períodos mais difíceis da vida de Alexandre.

Antes, o relacionamento do profissional era apenas com os códigos; agora, ele passava a lidar com gente. Aliás, muita gente – onde quer que Alexandre estivesse, em casa ou na Bosch. Ele morava no Jardim Guanabara, centro de Campinas, e a Bosch ficava no quilômetro 98 da Rodovia Anhanguera, a 15 minutos de sua cama.

Na típica rotina das indústrias, em especial as do interior, Alexandre entrava às 7 horas da manhã e saía da fábrica às 17h45. Em geral, chegava cedo em casa, salvo quando tinha algum projeto. Mas, mesmo em casa, o trabalho não parava. Certa noite, em uma emergência, chegou a buscar um operador bêbado em casa para ajudar na solução de um problema. Ser do CPD significava ficar disponível 24 horas por dia.

O suporte da informática já havia sido terceirizado para três pequenos fornecedores locais, trabalhando em concorrência simultânea. O problema aparecia e Alexandre corria para cotar o serviço com os três. Como normalmente a empresa era constituída pelo dono e mais uns dois funcionários, a resposta costumava ser imediata, e o custo, muito baixo. Não havia controles exigentes de auditoria – nem nada parecido com a atual regulamentação da Lei Sarbanes-Oxley (SOX). Em resumo, preço bom e agilidade, algo que a Bosch procurava cada vez mais. E Alexandre também, claro.

Consequentemente, o projeto de extração de dados para o Mercosul deveria ter as mesmas características. Mas agora já não era algo de que uma pequena empresa da região conseguiria dar conta. E é nesse momento que Bruno aparece e apresenta uma proposta para Alexandre.

Cinco dias depois, Bruno dirigia de volta para Campinas quando ouviu o telefone celular tocar (já não era um tijolo telefônico, mas ainda era um daqueles aparelhos grandes, de abrir, da Motorola). Bruno atendeu, era Alexandre. Contrato fechado.

Nem bem fechou o celular, Bruno começou a gritar e a gritar cada vez mais alto. Abriu a janela e passou a berrar, mesmo, e por quase um quilômetro. Após meses percorrendo as rodovias, após tantos nãos implícitos e explícitos, o caixeiro-viajante da tecnologia havia finalmente fechado um contrato no interior. A Stefanini atingia, assim, seu objetivo de vender fora de São Paulo.

Depois que se acalmou, Bruno ligou para Marco para contar a novidade. Mais do que apenas um pequeno projeto para extrair dados, aquele cliente seria uma excelente referência para ser exibida no mercado do interior.

Projeto concluído, Alexandre seguiu carreira na Bosch. Concluiu a participação no projeto de SAP (Sistema de Aplicação de Produtos) e, quatro anos depois, tornou-se coordenador de sistemas. Ainda participou de outro projeto de SAP na filial argentina, visitou a matriz na Alemanha e teve uma passagem de seis meses em Paris. Nunca mais parou de lidar com gente.

De volta à aventura de Bruno pelo interior paulista, a conquista da Bosch – embora ainda pequena para as pretensões da Stefanini – justificava, sim, uma estrutura física para a filial. O carro deixaria de ser escritório. O primeiro passo seria escolher o local. Bruno iniciou a busca por uma sala em Campinas, em um ponto comercial de fácil acesso, com boas opções de restaurantes, banco, xérox e outras conveniências por perto. Procurou durante alguns dias, até que alugou uma sala de 60 m² no centro da cidade. E era para lá que Bruno se dirigia naquele inverno chuvoso em julho de 1995, quando colocou uma mesa, três cadeiras e um telefone na caminhonete D-20 e partiu.

Depois da sala, o segundo passo foi contratar gente. No início, vieram dois profissionais da Stefanini de São Paulo – os mesmos que ajudaram a redigir a proposta. Provisoriamente, eles ficariam em um hotel a sete quarteirões do novo escritório, para facilitar. Bruno mandou os funcionários para lá e achou que o assunto estava resolvido.

À noite, porém, o telefone tocou. Era um dos colegas, totalmente constrangido:

– Bruno, não tem condição de ficar neste hotel, não.

Sem saber, eles haviam escolhido um hotel na "zona". Através das paredes finas dos quartos, os funcionários da Stefanini podiam ouvir os gemidos das moças. Bruno entrou no carro e foi resgatá-los. Belo começo, não?

Bem, depois da Bosch, ficou mais fácil mostrar resultados para as indústrias da região – afinal, essa era uma indústria de peso. Até o final de 1995, Bruno havia conquistado oito clientes.

Passados oito meses, a filial já era rentável, e Bruno conseguia pagar as contas sem depender da matriz em São Paulo. E logo vieram outros clientes de renome: Equipav, Fama, TRW (na época, Varga), 3M etc. A filial logo teria 60 clientes na carteira, e Bruno ficaria pela região até 2005 (então como responsável por toda a área técnica da Stefanini e, no meio-tempo, também fazendo projetos para outras filiais, tendo de viajar direto para o Rio de Janeiro, Curitiba e Porto Alegre).

Quando saiu da Stefanini, Bruno deixou a vida de caixeiro-viajante e ficou alguns anos trabalhando tranquilo em um escritório de São Paulo. Da estrada, só restaram as lembranças – a rotina o colocou no pesado tráfego de Sampa. Mas ele não resistiu nessa vida por muito tempo.

Em 2010, Bruno Mondin voltou, e não foi para a Stefanini, como você pode estar pensando, mas para a estrada e os aeroportos. Durante a semana, podemos encontrá-lo percorrendo, de novo, o interior de São Paulo, o sul, o norte e vários outros cantos do Brasil.

Depois da boa experiência, Marco contratou outros desbravadores como Bruno e abriu novas filiais. A partir de 1996, Mônica, irmã de Marco, passou a supervisionar os escritórios de Campinas, Porto Alegre e Curitiba. Aí vieram as filiais mineira e carioca, e a Stefanini ganhou outra caixeira-viajante. Se Bruno foi o caixeiro das estradas, Mônica passou a ser a dos aeroportos. Quatro dias por semana era possível encontrar a executiva em Congonhas, embarcando para alguma das filiais da Stefanini.

A experiência difícil de Bruno foi vivida muitas vezes por Mônica. Cada filial começava com um gerente e uma assistente e enfrentava os mesmos problemas por não ter uma referência local de peso para divulgar pelas empresas da região. Com orçamento curto, não dava para ir abrindo escritórios em todos os lugares sem um respaldo financeiro.

Quando foi aberta, a filial carioca não tinha nem móveis, e as reuniões eram feitas com o pessoal sentado em cadeiras de praia.

O tempo passou, e a persistência de Mônica e de gerentes como Bruno levou a Stefanini mais longe do que qualquer outra empresa de serviços de TI no Brasil. Agora, um desafio diferente, e ainda assim árduo, os esperava. Depois da expansão nacional, a resistência a ser vencida seria dentro da própria Stefanini.

CAPÍTULO 9

OS FEUDOS E A FÁBRICA

Crises são boas, diz a sabedoria bem batida dos gurus corporativos. Mas esqueça o discurso e os *slides* do PowerPoint. Esqueça o velho provérbio chinês sobre oportunidade. Deixe de lado, por um momento, toda essa teoria. Vamos aos fatos.

Muita coisa aconteceu no Brasil naquele ano de 1995. E não foi à toa. Em 1994, o país foi assolado por uma hiperinflação histórica, e todos os brasileiros ouviram, céticos, como mais um plano econômico resolveria tudo. O Plano Real foi o quinto e talvez o mais esquisito e complicado de todos os planos econômicos, com direito a um "índice-moeda", a URV, que exigia que o brasileiro convertesse preços usando uma tabela. A partir dali, o Brasil começou a mudar. E a Stefanini também.

O ano de 1995 testemunhou Márcio Da Mata embarcar dezenas de vezes em um avião rumo a Curitiba, além de Bruno Mondin percorrer centenas de vezes as estradas do interior paulista. Foi o tempo de desbravar. Em São Paulo, naquele mesmo ano, um aprendizado diferente começava para os funcionários da Stefanini. Porém, nesse caso, nada tinha a ver com expansão; tratava-se, isso sim, de centralizar, de concentrar tudo em um só lugar. De contratar!

Aparecida Bondezan tocava um bar em Belo Horizonte antes de começar a prestar serviços para a Stefanini. Chegou naquele verão de 1995, e logo já estava visitando os clientes. Na época, não entendia nada de computadores, mas era certo que lidava bem com gente. Um dos primeiros clientes foi o banco Lloyds, na esquina da Avenida Brigadeiro Faria Lima com a Avenida Rebouças (onde hoje fica o prédio da Brasilinvest). O momento crucial para ela seria no começo de março de 1995, pouco depois do Carnaval. A irmã de Marco, Mônica, atendia o Lloyds, e foi ela quem levou Aparecida para conhecer o banco que havia mudado a história da informática no Brasil. As duas estacionaram o carro, entraram no elevador, e Mônica apertou o número 18, o último andar, a cobertura do prédio. Lá, iam encontrar o executivo responsável por toda a tecnologia do banco: Cláudio Bacchi.

Mônica, Aparecida e Cláudio encontraram-se para finalizar os detalhes de um contrato extremamente importante para a Stefanini. Antes, porém, de explicar o teor desse contrato, vale voltar no tempo e entender por que o Lloyds foi tão crucial para todo o mercado brasileiro, em especial no segmento de tecnologia da informação. E também a dimensão do desafio que a Stefanini iria enfrentar.

Poucos bancos conseguiram igualar o prestígio do Lloyds no Brasil. Suas primeiras operações aqui datam de 1918, quando o banco comprou casas financeiras tão antigas, que muitas tinham começado a operar sob a assinatura do Imperador Dom Pedro II. Quando chegou, o Lloyds já existia havia 150 anos na Inglaterra. Talvez por carregar tanta pompa e tradição, construiu uma estrutura soberba em um país continental.

Soberba, no caso, é adjetivo que pode caracterizar tanto virtude como defeito. Na década de 1980, existiam 16 filiais do banco inglês no Brasil. Ou – como alguns mais mordazes preferiam – 16 Lloyds operando, cada um deles com infraestrutura própria, contabilidade, líderes e linguagem e maneira próprias de tocar o negócio.

Essa configuração foi herdada de um tempo em que a comunicação era difícil, e esperar pela ordem e contraordem significava perder oportunidades. Além disso, a proximidade das filiais do Norte e Nordeste em relação ao Hemisfério Norte tornava-as mais "íntimas" dos países desenvolvidos e pouco afeitas a se sujeitar aos mandos dos executivos do Sudeste. Por tudo isso, se a Nitro Química podia ser considerada o ápice do modelo faço-tudo-sozinho, o Lloyds era um monumento à descentralização. E, claro, com tudo de bom e ruim que há nessa opção de dar poder, recursos e autonomia às pontas.

O aspecto físico e material de cada filial expressava muito bem aquela realidade. Quase todas as filiais adquiriram prédios considerados pelos próprios funcionários como "nababescos". A filial do Rio de Janeiro chegou a ter 2,5 mil funcionários (mais tarde funcionaria com 13).

Essa era a realidade em meados da década de 1980. E, no mesmo ano em que Marco se formava, no meio da crise econômica, em 1987, o engenheiro Cláudio Bacchi deixava a consultoria Arthur Andersen e chegava ao banco inglês.

No ano anterior, o Lloyds havia contratado a Arthur Andersen para executar uma reestruturação do banco. No mercado brasileiro, ninguém falava ainda no termo *downsizing*, e o conceito de reengenharia de processos só seria disseminado uma década depois. Mas o Lloyds precisava se reciclar. E não bastaria apenas encolher; seria necessário um tipo diferente de corte.

O primeiro movimento foi o mais simples e físico: livrar-se da riqueza evidente – os imóveis. O próprio Cláudio Bacchi foi encarregado de vender vários prédios. Até a sede mudou da Rua XV de Novembro para a Avenida Brigadeiro Faria Lima, na Torre Sul, onde ocupou a cobertura no 18º andar e mais seis pisos. Ali criou-se um novo tipo de centro. Para aquele ponto convergiu o Lloyds. Foi o começo da *contração*.

O aspecto físico diminuiu de forma relativamente simples; afinal, alguns prédios a menos não mudaram o serviço do Lloyds. Já o desenvolvimento dos sistemas sempre foi visto como o coração do negócio financeiro. Os bancos contratavam batalhões de funcionários que passavam horas discutindo e debulhando linhas de código. O apreço de cada gerente por seus operários da informação fazia com que eles se assemelhassem a artesãos; cada área mantinha seu próprio grupo de analistas e desenvolvedores. E esses grupos funcionavam como pequenos feudos. Convencer corporações e executivos a abrirem mão desse contingente tornou-se uma batalha com lances dignos de Maquiavel, algo ainda mais doloroso do que havia sido extirpar o suporte interno da informática ou encolher o mainframe para a plataforma baixa.

Mas não foi um Lloyds em conflito que a Stefanini assumiu em 1995. Na realidade, o banco inglês antecipou-se ao mercado, pois, já no final da década de 1980, a situação começou a mudar. Cláudio, inspirado e doutrinado pelos tempos de consultoria na Arthur Andersen, avisou os coordenadores das áreas que as equipes individuais de desenvolvimento de software acabariam. O fim dos feudos estava próximo. A ideia básica consistia em concentrar o desenvolvimento em um *pool* de programação, algo que depois seria conhecido como *fábrica de software*.

A maioria rejeitou a novidade, alegando perda de agilidade. A inflação alta exigia mudanças rápidas no sistema, e isso tinha de ser feito por analistas dotados de formação e conhecimento específico para atuar no departamento e melhor desenvolver a lógica da aplicação. Portanto, antes um programador na mão do que cinco no *pool* – repetiam os executivos, afirmando ser essa a fórmula para ser competitivo no Brasil naquele momento. A lógica oposta era a de reunir todos em um grupo para obter melhores resultados dos profissionais disponíveis.

Depois de muita conversa, os coordenadores das áreas concordaram com o *pool* de programadores. A partir desse ponto, passaram a ser obrigados a planejar o futuro. Se não planejassem, nada de programadores na hora que precisassem. O cenário mudava, processos diferentes receberam prioridades diferentes e foi criado um comitê interno com poder de decisão e um critério claro de governabilidade.

O *pool* do Lloyds foi instalado na nova sede, na Avenida Faria Lima. Bacchi e os coordenadores demoraram seis meses para definir os processos e como seria a gestão de tudo aquilo (um conceito que leva o nome de governabilidade). Conversaram com os consultores da Arthur Andersen para terem uma referência, mas o modelo em si foi definido dentro do Lloyds.

Tudo correu bem por alguns anos, mesmo quando o Lloyds terceirizou o *pool* para uma multinacional de tecnologia. No ano de 1994, porém, Cláudio e os coordenadores começaram a ficar insatisfeitos com os programadores do *pool*. A qualidade da empresa contratada tinha caído, e muito. O pioneirismo do Lloyds estava em risco.

Na época, Mônica Stefanini, agora casada e com o sobrenome Herrero, prestava serviços de treinamento de linguagem e mainframe para o Lloyds e andava sempre em busca de novas oportunidades. Foi quando soube que o *pool* de desenvolvimento passava por problemas. Em pouco tempo, Mônica conseguiu a chance de provar que poderia realizar o trabalho. Conquistou o contrato que levaria a Stefanini para uma direção completamente diferente. Foi uma aposta de Bacchi: a Stefanini nunca havia feito nada parecido, nunca havia assumido o desenvolvimento de software de uma empresa, muito menos de um banco importante como o Lloyds, o banco que criou um *pool* e uma governabilidade para a produção de software de maneira eficiente no Brasil.

Até aquele momento, a equipe de Marco Stefanini nunca havia abraçado uma tarefa tão complexa. Era uma grande responsabilidade assumir o suporte de informática de uma empresa, assim como migrar toda a infraestrutura de um mainframe para plataformas menores. Também era um desafio levar o serviço de uma empresa paulistana para outros estados. Mas aquele contrato do Lloyds seria algo completamente diferente.

Marco e Mônica assumiriam a responsabilidade de *fabricar* os códigos essenciais de um banco importante, entrar no coração do negócio e escrever as regras fundamentais sob as quais o fluxo de dinheiro dos clientes seria organizado, movimentado e aplicado. Não se tratava mais de assumir funções fora do interesse principal do negócio ou um projeto isolado. A Stefanini cuidaria do *coração* do Lloyds.

O primeiro passo era encontrar um profissional que pudesse administrar o desenvolvimento. Foi quando Mônica fez uma ligação para o homem certo para aquele trabalho. Adalberto Tolino nasceu em Araraquara e veio para São Paulo em 1987, mesmo ano em que Marco abriu a Stefanini. A transição do araraquarense até que foi simples. No interior, ele trabalhava na Ferrovia Paulista S.A. (Fepasa), empresa em que conquistou vaga depois de passar em um concurso interno em São Paulo. Chegando à capital, aprendeu tudo sobre mainframes, linguagem Cobol e os bancos de dados de grande porte. Estava na Fepasa havia oito anos e não tinha intenção de sair.

Quando Mônica ligou, Adalberto agradeceu o convite, mas disse que preferia ficar onde estava. Além de contar com a tradicional estabilidade estatal, Adalberto realmente gostava da Fepasa. Porém, em janeiro de 1995, um novo presidente assumiu a estatal, e logo no discurso de posse já foi dando o recado de que a privatização viria. E veio. Onze meses depois, a Fepasa foi vendida em um leilão por R$ 245 milhões.

Ao mesmo tempo em que os fepasianos tomavam aquele susto, Aparecida fechava o bar em Belo Horizonte e vinha para São Paulo trabalhar na Stefanini. Dois meses depois, ela e Mônica iniciaram a busca por um profissional para tocar a fábrica de software do Lloyds, mas sentiram a dificuldade e o desespero de encontrar alguém com experiência e conhecimento suficientes. Não mais se tratava de esperar alunos no intervalo entre uma aula e outra na USP; o que as duas buscavam era um profissional com vivência, e a empresa que tinha alguém com esse perfil não largava de jeito algum.

Em meados de abril daquele ano de 1995, as coisas haviam esquentado bastante na Fepasa. Entre o aviso da privatização e a venda, mais de 10 mil funcionários saíram. A maioria demitida; mesmo quem se safava do bilhete azul percebia claramente o estímulo para ir embora. Alguns chegavam à empresa e descobriam que simplesmente não havia nem cadeira para sentar. A Fepasa não existia mais; era outra empresa que apenas usava o mesmo nome.

Adalberto ligou para Mônica e perguntou se a oferta para o Lloyds ainda estava de pé. Ela agradeceu a própria sorte e disse que sim.

Adalberto se mudaria de uma empresa estatal de ativos centenários para uma privada e familiar com oito anos de existência no Brasil e 250 funcionários. Para a Stefanini, a notícia também era importante: Mônica acabava de contratar o primeiro gerente da fábrica de software.

Como o Lloyds ficava na esquina da Faria Lima com a Rebouças, Adalberto decidiu se mudar do centro de São Paulo para o bairro dos Jardins. Dali chegaria mais rápido ao banco. A preocupação de Adalberto com velocidade foi acertada. Ele veria que as coisas andavam em um ritmo bem diferente no Lloyds.

No primeiro dia, Adalberto apertou o botão do décimo andar, certificou-se de que ali já havia mesa e cadeira e sentou. Por pouco tempo. Durante semanas, Adalberto passou andando de andar em andar, departamento em departamento, ouvindo em reuniões intermináveis o que os clientes das diversas áreas tinham a dizer e tentando entender o mundo dos sistemas do Lloyds. E havia *muito* para entender.

Primeira barreira: a informática ali já havia encolhido, diferente do que acontecia na Fepasa. Cláudio Bacchi começou o processo de *downsizing* em 1991 e terminou um pouco antes de Aparecida e Adalberto chegarem, em 1994. Desde então, não havia mais mainframe no Lloyds. Tudo agora rodava naquelas pequenas caixas pretas fechadas, algo inexistente na Fepasa.

Segunda barreira: a gestão do Lloyds era bem diferente de uma estatal. Com menos funcionários e a pressa do mundo privado, tudo se fazia rápido e sem tantos protocolos. Na Fepasa, havia muita burocracia, mas, em troca, se ganhava em organização (aliás, algo que combinava com o mainframe, um ambiente avesso à bagunça). Adalberto percebeu que havia crescido na informática em um mundo limpo e organizado.

Por último, a maior barreira de todas: a selva de software e sistemas, padrões e plataformas, fabricada ao longo dos anos pelos artesãos da informação e seus feudos e posteriormente nutrida e ampliada pelo *pool*. Sim, mesmo a implosão dos feudos físicos para o *pool* não havia resolvido o problema completamente. Aquela miríade de códigos escritos em onze linguagens diferentes impedia o próprio *pool* de funcionar com eficiência. E do *pool* dependia tudo: o cadastro de clientes, a contabilidade, a conta-corrente, a cobrança, empréstimos, fundos ativos, enfim, todas as tarefas de um banco do porte do Lloyds. Era como se as diferentes linguagens reproduzissem virtualmente as 16 filiais "nababescas". No caos virtual, Adalberto encontraria o maior desafio de sua carreira.

Para atravessar a floresta, Adalberto contava com quase nenhum mapa, o que – no jargão do programador – é chamado de *documentação*. Vale explicar ao leitor leigo: um bom programador escreve uma linha de código e, de imediato, qualquer outro que sentar em sua cadeira entende o que foi feito ali. A lógica é simples, a variável nunca é X ou Z, mas sim um nome autoexplicativo como "contacorrente1" ou "inadimplênciazero"; mais importante que tudo, há sempre um comentário em pontos estratégicos do código detalhando o funcionamento e o objetivo daquilo. Nada disso existia na selva do Lloyds, algo semelhante a ser arremessado bem no meio da Amazônia sem bússola ou mapa.

Adalberto nem conhecia as árvores, por assim dizer; não era familiarizado com quase nenhuma linguagem usada no Lloyds. Mas não foi por isso que Mônica contratou o araraquarense. Adalberto sabia organizar, sabia criar lógica no caos.

Duas semanas depois de chegar, o gerente percebeu que o caos ia mais longe do que ele poderia compreender.

– Eu desisto! Alguém pode me ajudar a entender o que está errado? – disse Adalberto dois tons acima do normal à programadora sentada a uma mesa defronte a sua. Ele deu a volta e sentou-se ao lado dela, olhando a tela cheia de cores e opções piscando, uma visão incompreensível para ele, acostumado ao mundo dos códigos secos do Cobol.

Sem entender quase nada daquilo, Adalberto disse em um tom que só a programadora ouviu:

– Vai... me explica qual é o problema.

Quinze minutos depois, quando finalmente entendeu – e aceitou –, ele não podia acreditar. O software realmente fazia alterações no banco de dados, mas não deixava qualquer rastro, indicando se a informação havia sido gravada, alterada ou algo parecido. Para a mente organizada de Adalberto, aquilo soava como uma ofensa registrada em sinais magnéticos. Tudo seria mais complicado do que parecia a princípio.

Nem tudo seriam pedras; havia algo extremamente positivo para Adalberto e a Stefanini. A governabilidade do *pool* criada dentro do Lloyds oferecia um processo funcional, e os critérios do que deveria ser feito davam o norte para a equipe. Nesse trimestre, a prioridade era para a conta-corrente; no seguinte, para os fundos de investimento. O comitê interno definia a direção, e a equipe da Stefanini seguia em frente.

Depois de dois anos e um trabalho exaustivo, por fim os sistemas foram unificados, os problemas, sanados, e a Stefanini – com Adalberto liderando a equipe – passou a estabelecer padrões a serem seguidos, não importando qual a linguagem usada. A última barreira caiu, o feudo virtual enfim foi desmontado e o banco inglês passou a funcionar como uma fábrica eficiente. Ao mesmo tempo, sem pegar em um livro de referência sobre a sintaxe das linguagens, mas sempre acompanhando as dúvidas dos programadores e identificando os erros de lógica, Adalberto gradualmente aprendeu o básico das linguagens usadas no Lloyds. E, o mais importante, a Stefanini ganhou experiência e fama por conduzir um *pool* de desenvolvimento com inúmeros projetos complexos para o principal mercado de tecnologia da informação: o sistema financeiro.

A equipe foi reconhecida a ponto de todos serem tratados como funcionários do Lloyds; recebiam presentes como os efetivos, eram convidados para as festas, às vezes todos esqueciam que a equipe de Adalberto era terceirizada. Os antigos feudos agora viam com bons olhos os funcionários do *pool*, e os "Stefaninis" se sentiam em casa no Lloyds. Ou quase.

O ano de 1996 corria pela metade, e, em uma manhã, um dos programadores disse a Adalberto que queria sair porque a Lojas Marisa lhe fizera uma oferta. Duas horas depois, uma fila se formou... *todos* querendo se demitir. Onze funcionários de uma vez – não sobraria praticamente ninguém no *pool*.

Adalberto pegou o telefone, discou e falou baixinho:

– Aparecida, chama a Mônica e fala para vir para cá rápido; minha equipe resolveu debandar.

As duas mulheres estavam no escritório da Stefanini no prédio do Cal Center, na mesma Avenida Faria Lima, e chegaram ao Lloyds em 19 minutos. Conversando com a equipe, elas descobriram que não havia insatisfação, apenas uma proposta tentadora, que vinha de um mesmo lugar. E não era exatamente da Lojas Marisa, mas de um concorrente que estava fechando um contrato com a rede de varejo do interior de São Paulo.

Depois de convencer a equipe das vantagens de ficar, não sem renegociar alguns valores com alguns deles, Mônica marcou uma reunião no escritório que a Lojas Marisa tinha na Barra Funda. Dois dias depois, o contrato da Lojas Marisa era da Stefanini.

Outros bancos, como o Bradesco, contribuíram muito para o modelo de fábrica de software. Mas a experiência da Stefanini e do Lloyds, além de importante no mercado brasileiro, possibilitou que

Marco adquirisse um conhecimento que nenhuma outra empresa de serviços de TI conseguiria durante muito tempo. Algo que mais tarde se tornaria a face e o futuro da Stefanini no Brasil. Mas, antes disso, a eficiência da linha de montagem precisaria ser revista. Uma nova crise causaria uma revolução; dessa vez, nada a ver com a economia, e, sim, com a pressão da concorrência.

CAPÍTULO 10

ULTIMATO

"Sou programador, não tenho que ficar correndo atrás da assinatura dos outros."
A frase era dirigida ao responsável por organizar os processos, Carlos Correa Henrique, que ouviu a voz, mas não viu os olhos do funcionário, pois o desabafo foi disparado enquanto o programador se afastava e saía da sala. Carlos baixou a cabeça e tentou reduzir o ritmo dos batimentos cardíacos. Aquele se firmou como um ano tenso na Stefanini. Trabalho e relacionamento mudaram e nunca mais voltariam a ser como antes.

O desabafo do programador ocorreu no primeiro semestre de 1996, no ápice da transformação da empresa tentando formalizar processos, e seu proprietário sendo obrigado a colocar os negócios antes da amizade. A Stefanini mudava profundamente.

Nem todos os empresários conseguem fazer essa mudança, e poucos a fazem porque querem. Em geral, isso só acontece por uma questão de sobrevivência. Com Marco aconteceu assim, à força.

E não foi de repente. O perigo e a mudança vieram aos poucos, e, com eles, a reação. Dez anos depois de Marco entrar na área de informática, ele ainda parecia menos o proprietário de uma promissora empresa nacional e mais o amigo do chope, hesitante na hora de colocar na parede um funcionário antigo e competente. Enfrentou crises, mudou a cultura do mercado, expandiu a empresa nacionalmente. Mas demorava a reagir quando era preciso demitir alguém, quando precisava forçar ao limite funcionários que ele sabia serem competentes, mas que mesmo assim deviam se curvar a padrões e cumprir prazos. Não que Marco fosse leniente; não teria chegado até ali sem ser um bom gestor, sem saber conduzir e escolher bons gerentes e profissionais. Mas aqui e ali ele e todos os gerentes abriam exceções – ele, para funcionários competentes, e aqueles, para os clientes, que pediam e a Stefanini atendia, sem se importar muito com processos. Era hora de quebrar o laço do relacionamento pessoal.

O momento não foi escolha de Marco. A necessidade de mudança vinha de uma pressão externa à Stefanini. Depois da abertura do mercado de tecnologia, o Brasil foi invadido pelas multinacionais de TI. A concorrência se acirrou; empresas como IBM e EDS investiram para conquistar também no Brasil os clientes que tinham em outros países, enquanto corporações dos demais setores traziam suas próprias prestadoras de serviços, como a holandesa Philips, que trouxe a conterrânea BSO/Origin. Grupos nacionais reagiam e investiam em suas próprias empresas: o Bradesco com a CPM e a Scopus; o Itaú com a Itautec; o Grupo Bunge Brasil com a Proceda (hoje parte do grupo Tivit).

Entre uns e outros gigantes, a Stefanini ainda era uma empresa pequena, no máximo, média. Na hora de fechar o contrato, o poder de fogo fazia a diferença. Concorrentes, como a IBM, usavam ferramentas sofisticadas para elaborar um projeto; a Stefanini continuava usando processos caseiros porque não tinha dinheiro para bancar essas ferramentas nem podia repassar os custos para os clientes. As multinacionais conseguiam diluir os custos de software pelos clientes globais; a Stefanini era obrigada a cobrar cada vez menos por seus serviços para conquistar o mercado brasileiro.

No cotidiano, as dificuldades começaram a tornar a vida de Marco e de todos os funcionários mais difícil. Com melhores ferramentas, melhores processos e carteira de clientes maior, os grandes concorrentes sabiam exatamente quanto um projeto custaria, quanto tempo demoraria, além de todos os custos envolvidos. Na Stefanini, a falta de uma metodologia única e organizada fazia de cada projeto um risco – um tiro sem mira certa.

Estrangulado pelo mercado, Marco ganhava menos nos contratos e cobrava cada vez mais dos funcionários. Um dos que sentiram o aumento da pressão foi o antigo colega de Bradesco, Luiz Edmundo, que resolveu deixar a empresa em 1994 e voltar para a Informatel.

Marco percebeu que precisava fazer alguma coisa.

Nos últimos anos, o pai de Marco sofrera sua própria crise empresarial. Milton dirigia uma Produtos Lampo reduzida, depois de ser abatido por uma concorrência mais forte e um mercado mais duro. No ambiente de inflação alta, quatro anos antes, a Produtos Lampo foi forçada a se mudar de Guarulhos para Barueri, onde voltou a pagar aluguel. De 40 funcionários, o número caiu para menos da metade.

A origem do problema foi um erro estratégico. Nos bons tempos, Milton praticamente não sentia a pressão da concorrência. Mesmo depois que soube que algumas empresas ofereciam os mesmos produtos aos seus clientes, a Lampo manteve o curso inalterado. A falta de inovação tornou a empresa frágil.

Com a economia ruim, Milton precisou cortar custos. Da venda direta para as lojas, passou para distribuidores. Mas a concorrência também estava nos distribuidores, e os produtos eram os mesmos. A fragilidade aumentou. Nisso, grandes compradores dos distribuidores, como a Mesbla e o Mappin, faliram; o prejuízo seguiu a cadeia de produção até chegar a Milton. Eles começaram a pedir 120 dias para pagar, às vezes até seis meses. Frágil, ele não tinha caixa, não tinha como resistir. Milton pensou em fechar a Produtos Lampo.

Marco acompanhou de perto o problema vivido pelo pai, viu bem como foi difícil enfrentar a crise sem estar preparado, sem possuir um diferencial e um relacionamento especial com o mercado. A Stefanini não podia ficar assim tão frágil.

Eles ofereciam bom preço e qualidade, mas o mercado pedia algo mais sólido, uma garantia de entrega antes da entrega. Quando se vende um serviço, o comprador não vê o produto. Ele precisa acreditar que tudo vai sair bem e fechar o contrato no escuro. Inovar naquele momento significava oferecer segurança.

Marco teria de encontrar formas de contornar a falta de dinheiro e, ainda assim, organizar a empresa de modo mais profissional. Para a tarefa, precisaria do apoio de gente com foco no método, na organização e em processos de qualidade. Não se tratava de profissionais melhores, isso a Stefanini tinha; tratava-se, sim, de uma mentalidade diferente.

A pessoa com essas características havia chegado à Stefanini no final de 1994. Carlos Henrique sempre foi fã de tecnologia. Entrou no Instituto Tecnológico de Aeronáutica (ITA) em 1980, aos 20 anos. Fez um curso de tecnólogo com dois anos de duração com bastante ênfase em software, um dos poucos lugares em que os alunos operavam diretamente os grandes mainframes (isso quatro anos antes de Marco chegar perto de um computador de grande porte no Bradesco). No ITA, Carlos aprendeu muito bem o conceito de processos porque o curso dava uma boa introdução ao assunto. Seguiu a carreira em tecnologia, e durante quatro anos trabalhou em empresas fabricantes de computadores, a Brascom e a Digirede.

Foi no emprego seguinte, na Promon, que Carlos formou personalidade, perfil e carreira. Por ser uma empresa de engenharia, o espírito da gestão traduzia-se ali em processos muito organizados. Por isso, antes de executar qualquer coisa na Promon, Carlos passou dois meses lendo as normas da empresa. Depois, ainda mais quatro meses estudando o extenso calhamaço que continha a metodologia *Foundation* da Arthur Andersen, um clássico da época. Em 1992, o Natal de Carlos foi cheio de processos na cabeça.

Porém, no começo de 1994, Carlos já se sentia subutilizado na Promon. Um colega consultor da Stefanini indicou-o para integrar os bancos de dados da Santa Marina, do Grupo Saint Gobain. Carlos topou o trabalho, e durante seis meses fez o trajeto de sua casa em Santo André até a Freguesia do Ó, onde ficava a indústria de vidro, para avaliar os melhores bancos de dados disponíveis na época (quem é do meio pode reconhecer nomes de marcas como Oracle, Sybase e Informix). Ele fez um relatório tão minucioso que impressionou o cliente. Ao final, Marco chamou Carlos para uma conversa e conhecê-lo mais de perto.

A motivação de Marco na época ainda não tinha nada a ver com o problema dos métodos da Stefanini, mas, sim, com a necessidade de ter profissionais com atestados de domínio das tecnologias para impressionar os clientes na venda de projetos. Ele procurava alguém que também conhecesse SQL, o banco de dados da Microsoft, e que pudesse provar esse conhecimento. Carlos nunca tinha mexido no software, mas se considerava um especialista em Sybase, que havia sido a inspiração do SQL.

– Nunca mexi – ele confessou na época. – Mas passo na certificação mesmo assim.

Na Stefanini, houve quem achasse que Carlos falava demais, e até apostas seladas por aperto de mão, afirmando que ele não passaria. Carlos passou. Uma semana depois, com o certificado de SQL na mão, em julho de 1994, Carlos entrou no prédio do Cal Center para transformar a empresa.

Em pouco menos de dois meses, a vida começou a mudar na Stefanini. A diretriz de Marco era a de que os processos precisavam ser mais precisos, desde a concepção, e Carlos começou a colocar em prática sua teoria. Até então, os projetos tinham erros de até 40% na previsão de custo. Caso eles errassem para mais, corriam o risco de perder o contrato por ser caro demais; caso errassem para menos, perdiam dinheiro.

A máxima de Carlos: quanto mais detalhes previstos no projeto, menor a margem de erro. Óbvio, mas bem complicado de executar. Sem se intimidar, o filho do ITA passou a definir, em detalhes, como seria a equipe, o tipo de profissionais, qual a experiência, o nível de conhecimento; no projeto, quais plataformas de software, quais ferramentas adicionais. Dava trabalho – muito trabalho – só para fazer o projeto de algo que era apenas uma proposta, uma promessa sem garantias. Mas valeu a pena: a margem de erro caiu para 20%. Mais vitórias, menos prejuízo.

No terceiro mês de trabalho, Carlos teve a chance de colocar o método à prova. A farmacêutica Novartis – na época chamada de Ciba – abriu concorrência para um serviço. O concorrente dizia que fazia em três meses, e Carlos alertava convicto de que o correto seriam sete meses. A Stefanini ganhou o contrato, executou, ganhou a satisfação do cliente e, internamente, Carlos ganhou moral.

No ano seguinte, em 1995, Luiz Edmundo voltou para a Stefanini e encontrou a empresa mudada, processos sendo seguidos de fato, benefícios nos resultados e um número menor de conflitos com os funcionários.

Mas o pior e mais difícil ainda estava por vir. Ok, muito havia melhorado no que se refere ao cronograma e ao projeto, mas a execução havia entrado em descompasso. Quando se evolui uma fase, a seguinte revela-se problemática. Elimina-se um gargalo, outros aparecem. Nesse caso, ficou claro que também era possível melhorar muito a qualidade dos resultados. Também ficou claro que um dos gargalos estava na seleção de equipes. Depois de ganhar o contrato e na pressa de atender o cliente, o gerente responsável acabava contratando um técnico ou programador sem a experiência necessária, sem dominar ferramentas fundamentais para o projeto a ser executado. Um processo melhor e mais documentado impediria erros simples como esses. Faltava método ali.

Porém, se o trabalho foi tão grande para mudar a maneira de montar propostas de projetos, imagine melhorar a qualidade na hora H, na execução, na vida real. Seria uma quantidade inconcebível de trabalho adicional, e mais trabalho significava preço mais alto para cobrar do cliente.

Carlos Henrique estudou os modelos da Arthur Andersen e sabia como fazer, mas logo percebeu que, para atingir o mesmo rigor da consultoria norte-americana, ele precisaria aumentar excessivamente os custos da Stefanini. Para fazer o trabalho de cinco profissionais, ele precisaria de dez. Nessa hora, o cliente poderia preferir contratar a multinacional em detrimento da média empresa nacional.

Havia um caminho diferente. Desde o início da década de 1990, uma nova febre se espalhava pelas indústrias brasileiras. O mercado se profissionalizava rapidamente, em grande parte pela globalização, que trouxe uma disputa feroz entre empresas de todos os países e aumentou os padrões de qualidade. E essa tendência traduziu-se em uma certificação de qualidade chamada ISO 9000.

Em 1989, a alemã Siemens foi a primeira a implementar a certificação no Brasil. Faz muito sentido que uma empresa alemã fosse a pioneira a obter uma certificação de qualidade. Data de 1869 a primeira organização alemã com foco em definir padrões. Não é mito ou exagero; a organização está realmente na essência da cultura alemã.

A rigor, as normas de qualidade que conhecemos hoje também foram resultado de uma reação a essa mesma cultura alemã. Durante a primeira e a segunda guerras mundiais, os soldados britânicos perceberam que as armas alemãs eram melhores. Um grande problema porque, caso a metralhadora travasse, a granada não explodisse e o tanque enguiçasse, batalhas e vidas seriam perdidas. Nessa época, os padrões de qualidade receberam grande estímulo do governo britânico, e, algumas décadas depois, esses mesmos padrões dariam origem à ISO 9000. O competidor alemão fez com que britânicos (e depois o mundo inteiro) evoluíssem e investissem na qualidade. A crise tomava a forma de um agressor extremamente competente, que impunha o ultimato: melhorar ou morrer.

A primeira norma corporativa adotada globalmente, a ISO 9001, foi emitida em 1987. Na Alemanha, a Siemens distribuiu o documento internamente para os funcionários lerem. Nos dias de hoje, quando os executivos decidem adotar um novo processo, eles definem uma meta de um ou dois anos. Na Siemens não, já estava tudo pronto (foi fácil, afinal ela própria havia sido um dos principais modelos para elaborar a ISO 9001).

Dois anos depois, a filial brasileira seguia o mesmo caminho. Não havia um organismo credenciado para certificar, e o próprio Instituto Nacional de Metrologia, Qualidade e Tecnologia (Inmetro) assumiu a função. Os inspetores ficaram uma semana na fábrica da Lapa, a primeira a ser certificada. A ISO 9001 inaugural brasileira foi emitida em 4 de dezembro de 1989. Em alguns anos, a febre corporativa se alastrou, e em 1995 todas as indústrias planejavam certificar-se. Com o tempo, todo tipo de empresa buscaria a certificação. Porém, no começo, os principais interessados eram empresas que vendiam produtos para empresas. Ali estava o maior ganho de marketing – e marketing sempre foi o principal motivador de tudo. Afinal, melhorar processos é bom, mas melhor ainda é exibir, cheio de orgulho para o cliente, um certificado que poucos têm e dar aquele empurrãozinho que faltava na hora de fechar um contrato. Marketing era a motivação.

Os próprios clientes da Stefanini foram infectados pela febre e procuravam certificações que atestassem qualidade. Até os clientes do setor público começaram a dar preferência a fornecedores certificados.

Com a coqueluche da ISO 9000, Marco resolveu seguir pelo mesmo caminho. Se as opções do setor de TI eram caras demais e ficar sem nada não era uma opção, o jeito era desvirtuar as regras do jogo. Muita gente no mercado achou estranho, fez troça, não havia nenhuma empresa de software certificada em variação alguma de ISO 9000. Na hora de escolher, a equipe da Stefanini descobriu que existia uma ISO específica para serviços, a 9002, mas que a de indústrias ainda era mais completa. Marco escolheu fazer a 9001, a mais difícil.

As indústrias demoravam de um a dois anos no processo de certificação, e cada uma fazia de um jeito. Marco contratou uma consultoria e, internamente, selecionou um profissional para encabeçar o projeto: Carlos Henrique.

Refinar o processo até que ele rejeitasse a possibilidade do erro era tarefa para alguém detalhista, minucioso, coisa de engenheiro. Carlos era a pessoa para organizar aquilo, mas era preciso achar alguém como ele na outra ponta, um profissional que Carlos pudesse observar em campo e criar um modelo a ser seguido. Ele precisava de uma cobaia.

Essa cobaia tinha de ser alguém muito caxias, e o maior de todos, no momento, era o argentino Federico Mauro, que veio passear no Brasil e se apaixonou por uma brasileira com quem acabou se casando. Em 1993, o casal decidiu fixar residência por aqui, e Federico bateu em várias portas durante alguns meses procurando emprego, até porque não tinha ainda a documentação para poder ser registrado no país. A Stefanini foi a sétima porta em que Federico bateu.

Em 1994, quando Carlos entrou, o argentino já era um dos gerentes comerciais da Stefanini. Como Carlos, Federico era organizado, tinha facilidade na lógica, embora fugisse um pouco ao perfil de engenheiro do amigo (pintava quadros, tocava violão e até cantava).

Durante alguns meses, Carlos acompanhou Federico em reuniões, muitas vezes nos finais de semana, tentando entender cada detalhe da papelada de projetos no início, os que estavam no meio, os que estavam no fim, os concluídos, os que deram certo e os que não deram.

Ao final, o claro, correto e perfeito a ser seguido foi cristalizado em um documento sucinto de 35 páginas.

Naquelas páginas, Carlos descreveu da maneira mais simples possível como deveriam ser executadas as coisas na Stefanini. Foi um esforço de concisão; o documento evitava a prolixidade, o excesso. O funcionário precisava usar aquelas 35 páginas como um guia rápido. Mas, quando aquelas mesmas 35 folhas sem verso eram aplicadas a um projeto vivo, elas se transformavam em um enorme calhamaço de centenas e centenas de páginas. Preencher tantas páginas criava um problema, um incômodo enorme para cada funcionário da Stefanini. E esse esforço, que poderia ser a garantia da qualidade, também seria o maior conflito interno que a jovem empresa de Marco enfrentaria.

Os novos processos controlavam cada passo dado por gerente, programador e vendedor da Stefanini. Ninguém contratava, demitia, iniciava ou terminava um projeto sem seguir fielmente o que rezava o novo credo de 35 páginas de Carlos Henrique. E o credo dizia que tudo devia ser registrado e, portanto, assinado por todas as partes envolvidas – do programador ao cliente. Ora, afinal, isso era o que determinavam as 35 páginas. Mas o novo credo ainda era apenas papel.

Ignorar o documento não significava má vontade para com a Stefanini ou desejo de naufragar a empresa de Marco. Significava apenas que cada um tem sua própria maneira de conduzir um projeto, e decisões difíceis tomadas no calor do cotidiano parecem razoáveis mesmo quando prejudicam alguém. Por exemplo, gerentes de célula usualmente esqueciam funcionários no cliente durante semanas, principalmente no caso de um contrato pequeno. Se algo desse errado e o funcionário pedisse demissão, era sempre difícil recolocar alguém, uma vez que o gerente não tinha ideia do que estava acontecendo por lá. Federico, a cobaia caxias, nunca falhava nas visitas semanais ou quinzenais, e simultaneamente batia cartão toda semana nos três principais clientes, nos quais passava a manhã ou a tarde inteira. Tomava um cafezinho, ouvia a choradeira do cliente sobre o custo do homem-hora e outra choradeira do funcionário pedindo aumento de salário. Mas acompanhava cada ponto dos projetos com atenção. Carlos observou e registrou tudo no credo da qualidade.

No geral, os erros originavam-se do desejo de fazer melhor e mais rápido, o que dava mais lucro para a Stefanini. O funcionário privilegiava a agilidade, o cliente mais importante, o profissional com uma boa indicação. Mas perdia em precisão, nos clientes menores, e com profissionais que, embora com boa indicação, nem sempre realmente possuíam a experiência necessária para aquele projeto específico.

Na contratação estava realmente um dos eixos mais fracos na execução de um serviço. Caso contratassem errado, a curva de aprendizado seria muito maior do que a prevista no projeto. Dava errado, custava mais caro, levava mais tempo.

Com as 35 páginas nas mãos, Carlos Henrique percorria as células conversando com gerentes e escolhendo aleatoriamente documentos para verificar se os padrões estavam sendo seguidos. Foi quando viu a ata sem a assinatura do cliente e cobrou o programador responsável por aquele pedaço do projeto. Daí ouviu:

– Não tenho obrigação de pegar assinatura dos outros, não é função minha.

Os funcionários ainda não compreendiam bem a contribuição que cada um devia dar para o bom funcionamento da empresa. Carlos Henrique sentia que as coisas iam mal; o fracasso andava muito perto.

Corria o mês de maio e faltavam pouco mais de 30 dias para a avaliação que iria conceder – ou negar – a ISO 9001 para a Stefanini. Dois consultores da empresa contratada chegaram ao escritório para fazer a avaliação final, espécie de última chance antes do jogo verdadeiro. Durante dois dias, eles olharam contratos, checaram atas, compararam cronogramas, verificaram currículos. Cada documento exigido deixava Carlos Henrique mais assustado; ele nunca imaginou que os consultores seriam tão detalhistas. E a cada documento, mais falhas apareciam – uma prova indiscutível de que a cultura da Stefanini ainda era a mesma de antes e que os funcionários se recusavam a mudar o seu modo próprio de fazer as coisas. Afinal, ele teve a certeza: o fracasso era certo e a única coisa a fazer era cancelar a certificação.

Tudo aquilo seria um desastre, principalmente porque o mercado sabia do processo de certificação e esperava por aquilo. Parceiros sabiam, muitos clientes sabiam e, evidentemente, os concorrentes sabiam. Conseguir a certificação seria de fato uma vitória, um argumento forte no jogo do marketing; fracassar dava chance ao concorrente de atacar a Stefanini, de apontar a empresa como um problema irremediável de qualidade e entrega, mesmo que isso não fosse verdade (e não era). O jogo viraria contra Marco.

Nesses momentos, fica mais visível o funcionamento do processo da evolução. Charles Darwin compreendeu o conceito quando descobriu tartarugas vivendo isoladas nas ilhas Galápagos. Elas não mudavam porque não sofriam ameaças de predadores. A Stefanini não estava em uma ilha, mesmo que seus funcionários às vezes parecessem achar que sim. Hora de fazer a seleção natural funcionar dentro do hábitat do escritório.

Avisado do veredito da consultoria, Marco convocou os principais gerentes. Vinte pessoas compareceram à reunião, todos sentados olhando para um empresário disposto a tudo. Não havia água, nem cafezinho, muito menos biscoitos. Marco tinha algumas coisas a dizer e dessa vez *não* precisava ouvir sugestões. Ele conhecia bem o problema e já tinha na cabeça a solução.

De pé à cabeceira da mesa, de forma a olhar todos nos olhos, Marco começou a falar em um tom que não deixava dúvidas sobre sua irritação e contrariedade. Lembrou como a certificação era importante, como eles precisavam daquilo para conquistar mais contratos, como sem aquilo estavam destinados a perder tanto para as multinacionais caras quanto para as nacionais baratas e sem qualidade. A Stefanini precisava provar que era uma opção melhor do que qualquer uma delas.

– Os consultores sugeriram adiar a avaliação para o final do ano. Eu recusei. No máximo, adio 30 dias.

No lado esquerdo da mesa, Carlos Henrique não podia acreditar naquilo. Era improvável até arrumar tudo o que estava errado em menos de dois meses. Mas Marco tinha mais a dizer:

– Prestem bem atenção e avisem todo mundo: quem não estiver fazendo as coisas do modo correto 15 dias antes da avaliação estará fora da Stefanini.

Dessa vez a promessa valia. O amigo de todos, que cobrava muito, mas dava tapinha nas costas, precisava tocar a empresa, e aquela era a única forma de sobreviver. A crise da competição colocou a Stefanini em uma encruzilhada, e somente os melhores continuariam crescendo.

O ultimato funcionou. Programadores coletaram assinaturas, gerentes contrataram considerando o currículo antes da indicação, toda a cultura de como agir e viver o cotidiano de trabalho transformou-se totalmente. Em julho de 1996, a avaliação foi feita: a Stefanini foi declarada, então, a primeira empresa de serviços de tecnologia do Brasil com a certificação ISO 9001. Os processos eram oficialmente bons, o que fornecia munição na guerra contra a concorrência, em especial as multinacionais. Marco sabia que era só o começo. Era hora de sair da defensiva.

CAPÍTULO 11

GLOBAL

Antonio Moreira conferiu o relógio pela vigésima vez. Uma hora de atraso, esperando na recepção, tudo para conseguir um pouco da atenção daquele executivo da Kimberly-Clark. O gaúcho Antonio havia voado cedinho da Flórida para aquela reunião em Atlanta, Georgia, depois de três semanas insistindo, até conseguir falar com o executivo e marcar aquela reunião. Uma hora de atraso. A secretária veio em sua direção pela segunda vez. Talvez fosse agora, porém o que ouviu foi:

– Desculpe, senhor, mas ele teve um problema na agenda...

Antonio era funcionário da Stefanini desde o começo de 2001. Todo aquele esforço para conseguir uma única reunião com um executivo de TI não era algo que estivesse na rotina dos executivos da Stefanini no Brasil. Afinal, a empresa havia crescido muito nos últimos sete anos. A expansão nacional agora alcançava filiais em nove estados, com 1.200 consultores e enorme variedade de serviços e projetos. A Stefanini havia crescido tanto que enfrentava com igualdade as multinacionais, tirando contratos de todas elas. No exterior, entretanto, o nome Stefanini não significava nada. E um nada – ou um ninguém – tem em geral muita dificuldade de marcar reunião com executivos importantes.

E por que uma empresa e seus executivos se sujeitam a começar tudo do zero, como se todas as conquistas dos últimos anos não significassem nada? Resposta óbvia para qualquer estudante de administração: a globalização é irreversível. Seria uma enorme perda de tempo repetir aqui os argumentos e razões para uma empresa se internacionalizar. Até o leitor mais leigo sabe por que uma empresa não pode mais se dar ao luxo de ficar dentro de suas fronteiras; ou cresce e engole os outros ou é engolida. Comércio internacional foi uma escolha empreendedora dos tempos medievais do italiano Marco Polo até a recente década de 1980. Então o comunismo acabou, a Cortina de Ferro caiu e o mundo se tornou grande demais para que as empresas ficassem esperando a concorrência vir bater à porta. Carreguem suas armas, ninguém mais pode fugir da briga.

Com a certificação de qualidade, Marco conquistou sua primeira defesa importante e mostrou ao mercado que uma empresa nacional de TI podia oferecer garantias. Foi pioneiro nisso. Mas não era suficiente. As multinacionais ainda tinham escala incomparável e bolsos bem cheios.

O interessante é que a ideia de levar o nome Stefanini para outros mercados era bem antiga. Durante o Plano Collor, em 1990, quando Marco tentava se recuperar, ele e Graça chegaram a ir para a Argentina para desanuviar a cabeça e sondar uma possível oferta de treinamentos na IBM de lá. Visitou a filial local da parceira norte-americana, pensando em usar um modelo parecido com o do Brasil. Não deu certo. Cinco anos depois, ainda com a ideia de atuar no mercado externo, Marco abriu uma filial com dois argentinos, mas a empreitada também acabou trazendo mais problemas do que resultados. Talvez fosse o momento errado, talvez fosse a Argentina – o caso é que fazer negócios fora do Brasil parecia complicado demais.

Passaram-se mais cinco anos até que Marco decidisse mais uma vez começar uma aventura internacional. Em 2000, pediu para todos os gerentes conversarem com os clientes e solicitarem indicações de contatos no exterior. Dois tipos interessavam: 1) empresas brasileiras com filiais importantes o suficiente para precisar de projetos de TI individuais; e 2) clientes multinacionais no Brasil que pudessem indicar os serviços da Stefanini para a matriz ou outras filiais. Parecia uma boa ideia, algo viável. Não era. Poucos gerentes conseguiram indicações.

Um dos poucos que conseguiram – duas indicações, pelo menos – foi o gaúcho Antonio Moreira, o homem tomando chá de cadeira no começo desta história. O executivo era gerente de negócios da filial em Porto Alegre e estava na Stefanini desde 1997. Antes disso, era analista de sistemas e deu impulso na carreira ao se tornar diretor da RioSoft, empresa nascida do departamento de TI da fabricante de celulose RioCell (adquirida pela Klabin e depois pela Aracruz). A experiência na RioSoft valeu, afinal Antonio vivera tanto o lado cliente – enquanto o departamento ainda era parte da fabricante de celulose – quanto o outro lado do balcão – quando a empresa tornou-se independente. Compreender os interesses e as necessidades de ambas as partes deu ao analista uma real visão dos negócios.

Essa foi a parte que ajudou Antonio a se destacar no Brasil. Mas um executivo global precisa ser feito de outro material, ter uma vivência diferente. O que abriu os olhos de Antonio para o mercado global foi um projeto na Suécia, onde ele ficou dois meses, em 1991.

Dali foi para uma pós-graduação na França, onde estudou metodologia de desenvolvimento de sistemas na famosa Telecom Bretagne (talvez você não conheça, mas essa faculdade é uma das mais importantes do mercado europeu na área tecnológica). Enfim, em 1997, a equipe da RioSoft passou a trabalhar na Stefanini e Antonio se tornou diretor da filial gaúcha.

Até aí nada fora do normal; Antonio realmente tinha duas características interessantes: visão de negócios e vivência no exterior. Havia uma menos óbvia, o fato de ele ter provado ser um executivo com iniciativa em Porto Alegre, longe da matriz da Stefanini em São Paulo. Ora um pouco ao sul no Brasil ou bem ao norte (nos Estados Unidos), não fazia tanta diferença. O que interessava é que o executivo precisava saber tomar decisões rápidas, saber lidar com a autonomia forçada de não ter alguém ali ao lado, pressionando por resultados. Foi por tudo isso que Mônica pensou em Antonio quando surgiu a necessidade de escolher alguém para abrir caminho no mercado norte-americano.

E foi assim que começou. Em setembro de 2000, Antonio rumou para os Estados Unidos pela primeira vez e ficou uma semana. Em outubro, foi de novo, pelo mesmo período. Em dezembro, foi e ficou.

O trabalho de Antonio em 2001 seria algo bem parecido com o que Bruno Mondin realizou no interior de São Paulo, em 1995. Mas se a estrada era o escritório de Bruno, a casa de Antonio seria o avião, lembrando bastante os anos de Mônica pulando de aeroporto em aeroporto nas filiais espalhadas pelo Brasil. Do escritório montado em Fort Lauderdale, na Flórida, o gaúcho de Porto Alegre teria de cobrir todo o mercado norte-americano.

Antes de embarcar em um avião, a primeira barreira a ser vencida seria furar o cerco que existe para toda empresa brasileira: ser recebido em uma simples reunião. Aí entra a questão: que americano ou europeu poderia associar o país do samba, soja, cerveja, praia, futebol e mulheres de biquíni a metódicos serviços de tecnologia? A ideia ainda espanta muitos nos dias de hoje. Dez anos atrás, parecia insano.

Sim, muitas empresas tupiniquins já haviam fechado pequenos contratos de TI pelo mundo. Nada relevante. Na época, nenhuma missão comercial tupiniquim de empresas de tecnologia havia tentado explorar de maneira organizada os mercados desenvolvidos. Somente dois anos depois ocorreu a primeira tentativa organizada, ainda que meramente exploratória. Vinte empresas brasileiras, incluindo a Stefanini, foram ao Estado da Virgínia, em setembro de 2002, tentar compreender melhor o mercado norte-americano. Não trouxeram nada para casa, só aprendizado.

Por isso, sozinhos no início de 2001, Marco e Antonio estavam sendo definitivamente desbravadores. E, como sempre, as dores do pioneirismo são enormes. Não só a marca Brasil era fraca no setor, como não havia nenhum cliente para mostrar como referência. O clássico dilema estava de volta: não consigo clientes porque ainda não tenho nenhum e ainda não tenho nenhum porque...? Ok, como resolver?

A filial foi criada com, basicamente, Antonio e uma secretária. Munidos de uma lista de pouco mais de 50 nomes de executivos de empresas em solo norte-americano, Antonio e a secretária começaram a ligar.

Um dos alvos era Omar Postigo, um peruano responsável pelo departamento de TI da Odebrecht nos Estados Unidos, localizado em Miami. Demorou alguns dias, depois veio a negociação e aconteceu. Omar estava insatisfeito com o provedor que tinha. Brecha aberta e aproveitada pela Stefanini, ponto ganho.

Esse até que não foi tão difícil. Em três meses, Antonio exibia o primeiro contrato da filial norte-americana da Stefanini. Era março de 2001. Foi um marco, mas ainda era pouco. O serviço era pequeno, de prazo bem curto e para uma empresa... *brasileira*. Mais tarde se tornaria um cliente maior e de longo prazo, mas, naquele momento, não ajudava muito a tornar a Stefanini uma referência no mercado norte-americano.

Os próximos meses seriam arrastados. Muitas tentativas, poucos resultados. O ataque terrorista de 11 de setembro de 2001 e a consequente crise econômica tornou tudo mais conturbado. Os executivos tinham menos tempo para atender empresas brasileiras desconhecidas e conseguiam bons acordos e descontos de seus fornecedores tradicionais. Eles sentiam medo e não queriam tentar nada diferente. Para Antonio, desbravar os Estados Unidos parecia cada vez mais um projeto impossível.

Mas enquanto Antonio ouvia diversas negativas nos Estados Unidos, algo inédito na história da indústria de TI acontecia em sua cidade natal. Na mesma época, em 2001, o executivo Jairo Avritchir completava dois anos como diretor de TI da Dell no Brasil. Foi quando ele levou para a matriz norte-americana a ideia de colocar a fábrica de software da gigante da informática bem ali, em terras gaúchas. O principal argumento: aproveitar os novos incentivos da Lei de Informática, que reduzia os custos de profissionais a ponto de ficarem próximos aos da Índia. Em vez de apenas montar computadores, a Dell poderia usar parte do dinheiro do imposto para investir em desenvolvimento de software no Brasil. Além disso, o real estava desvalorizado, o que tornava tudo ainda mais barato.

Jairo fez as contas para a corporação e mostrou pesquisas indicando que havia profissionais não só baratos, mas também qualificados no Brasil. Ele invocou a santíssima trindade da tecnologia nacional: o sistema bancário brasileiro, as eleições eletrônicas e o imposto de renda. Ainda hoje esses três "milagres" impressionam qualquer executivo no mundo inteiro. Parece mentira deslavada para um gringo que os reis do samba e do futebol desenvolveram sistemas de informação financeira de Primeiro Mundo (melhor do que os deles, na verdade). Ou que as eleições e declarações de imposto de renda utilizem sistemas totalmente eletrônicos. Incentivos tributários de um lado e "milagres" de outro, e Jairo conseguiu sua fábrica de software brasileira.

Depois de quase um ano, no final de 2001, a Dell viu que o milagre funcionava e aprovou a ampliação da fábrica, até então localizada em uma área nos fundos da fábrica de computadores no município gaúcho de Eldorado do Sul. Passariam a usar uma área da Pontifícia Universidade Católica (PUC-RS). E a terceirizar. Exato, o desenvolvimento de uma das maiores empresas de tecnologia do mundo poderia ser feito por uma empresa brasileira.

Agora era a hora e a vez da Stefanini – a chance de conquistar um contrato que serviria de vitrine internacional. O contrato de uma fábrica de software não significava tanto – muitos contratos assim haviam sido fechados desde a experiência de Adalberto no Lloyds, em 1995. No ano seguinte, Marco conseguiria outro contrato interessante, ao montar uma fábrica de desenvolvimento dentro da Stefanini para o Unibanco. Dessa vez, seria diferente. Embora não fosse executado no exterior, fechar o contrato dessa nova fábrica com a Dell seria uma demonstração irrefutável de qualidade global.

E o que era preciso para ganhar a concorrência? O que seria necessário para bater as outras cinco empresas que se apresentaram para ganhar o contrato da Dell? Primeiro, que fosse uma das grandes empresas nacionais de TI – a Stefanini já era, com 300 clientes ativos e um faturamento de R$ 85 milhões.

Segundo, que tivesse presença local em Porto Alegre. Essa era mais difícil; poucas empresas brasileiras realmente haviam conseguido se expandir nacionalmente. E, graças ao trabalho de Bruno Mondin, Márcio Da Mata e muitos outros, agora a Stefanini possuía nove filiais no Brasil, além de escritórios abertos na Argentina, México, Peru, Colômbia, Chile e Estados Unidos (ainda que apenas começando a trabalhar e sem muitos contratos).

Na verdade, ao menos no Brasil não havia empresa com maior presença do que a Stefanini. E uma das filiais mais fortes era justamente a de Porto Alegre, aquela em que Antonio Moreira trabalhou e foi consolidada com a aquisição da maior parte da equipe da RioSoft.

Os dois atributos excluíam as outras cinco concorrentes, tanto as locais de Porto Alegre, muito pequenas, quanto as grandes nacionais, sem presença relevante no Rio Grande do Sul. A Stefanini saiu vitoriosa. Graças à expansão nacional iniciada alguns anos antes, Marco conquistava a chance de desenvolver sistemas que seriam utilizados por uma multinacional no mundo inteiro. E um contrato de uma fábrica de software com 60 profissionais.

Enquanto isso, mais de um ano havia se passado desde a abertura da filial nos Estados Unidos, e Antonio enfrentava forte maré contrária no mercado. Em plena crise provocada pelo ataque terrorista, parecia não haver meio de uma empresa brasileira ser encarada seriamente pelos executivos de TI norte-americanos. Muitas ligações telefônicas, muitas viagens de avião, enorme tempo gasto e pouquíssimo resultado. Alguns contratos foram fechados, mas nada relevante. Em geral, serviços pequenos, periféricos e pouco lucrativos.

No final do inverno norte-americano de 2002, Antonio descobriu que a Kimberly Clark, gigante do setor de produtos de consumo, iniciava uma grande implementação do software de gestão SAP. Para um departamento de TI, esse é um dos momentos mais delicados possíveis. Em um corpo humano, seria como substituir de uma vez todo o sistema nervoso, com suas ramificações em cada membro (no caso, filiais espalhadas pelo mundo inteiro). Ninguém contrata alguém inexperiente para participar de uma operação dessas. E brasileiros entendiam de sol e samba, não de software.

O homem a quem era preciso convencer de que isso não era verdade, "o cara" a ser encontrado, era o norte-americano David Jacques, diretor do projeto de SAP global da Kimberly Clark. Um alto executivo extremamente adulado por qualquer empresa global, que recebe dezenas de ligações por semana de empresas do mundo inteiro, ansiosas por marcar uma simples reunião com um executivo de uma corporação como aquela. Antonio precisava conseguir a atenção daquele homem. Por isso, a secretária da filial foi instruída a ligar para David quantas vezes fossem necessárias até conseguir uma hora na agenda dele. Se Antonio estivesse disponível, a secretária passava a ligação para ele tentar conquistar uma hora na agenda do executivo. Se estivesse em reunião, ela mesma tentaria argumentar. É o tipo de tarefa quase impossível, a chamada "cold call", tentar marcar um encontro com um executivo de primeiro nível no mercado sem nenhum relacionamento, referência ou marca já consolidada.

E começou. Ela ligava uma vez, duas, três. De tarde, novamente. Antonio chegava à filial e perguntava: "Nada ainda?", e a secretária balançava a cabeça. Os dias foram passando, os recados não eram retornados, o homem estava sempre em reunião, ou em viagem, ou falando com o presidente. Uma semana se passou. Na segunda semana, as tentativas continuaram, mas sem sucesso. O tempo é crítico nesses casos. Enquanto uma empresa tenta marcar uma simples reunião, outros com relacionamento já estão fazendo propostas e negociando. Aquele transatlântico provavelmente já havia zarpado.

Porém, no final da terceira semana, o improvável aconteceu. David Jacques havia concordado em encontrar Antonio, um encontro face a face no meio da incrivelmente congestionada agenda de executivo global. Naquela manhã do final de maio, Antonio entrou no avião rumo a Atlanta, matriz da Kimberly Clark.

Chegou antes da hora e lhe indicaram o sofá na recepção. Antonio sentou e esperou. Depois de 30 minutos, já ultrapassado o tempo agendado para começar a reunião, o gaúcho, ansioso, confirmou com a recepcionista se David já havia sido mesmo avisado. Ela assentiu, mas parecia que havia algum problema, algo realmente não estava certo. Mais 15 minutos, 20 minutos, 40 minutos. Já tinham se passado 60 minutos da hora marcada. A secretária chamou e disse que havia ocorrido um problema na agenda de David e alguém estava vindo falar com ele.

De fato, David Jacques em pessoa veio e pediu desculpas a Antonio, explicando que um imprevisto havia ocorrido e ele teria de sair. Mas, claro, seria possível conversar por dez minutos:

– Olha, não posso ficar mais do que isso mesmo.

Entraram em uma sala de reunião ali no andar, ao lado da recepção, e Antonio rapidamente citou os nomes dos clientes conseguidos naqueles dois anos (muito rapidamente, ele sabia que ainda eram serviços muito pequenos). Não deu nem tempo de citar a Dell, um trunfo na época, mas com menor importância em um projeto de SAP.

Naqueles dez minutos, Antonio tentou mostrar como a Stefanini tinha experiência na implementação de sistemas de gestão. Do outro lado da mesa, David não parecia tão impressionado. Eles tinham um ótimo relacionamento com a Deloitte, que poderia cuidar bem daquela etapa. A eterna dificuldade de vencer uma marca já estabelecida.

Quando David se levantou da cadeira, preocupado com o horário, Antonio jogou a última carta:

– Você já planejou o atendimento de primeiro nível para apoiar a implementação na América Latina?

David parou por um momento, enquanto refletia sobre a oferta.

Vendo a brecha, Antonio continuou:

– Você precisa de um "filtro" entre os usuários e o time de consultores sênior.

A proposta de Antonio fazia sentido. Se a equipe fosse bilíngue, facilitaria a comunicação. E por um custo menor, porque os consultores norte-americanos eram muito "caros" para ficar ao telefone resolvendo questões básicas de usuários.

David sorriu e disse:

– Você tem razão.

Antonio apertou a mão de David e concluiu:

– Vou lhe enviar mais informações sobre este serviço e, quando você voltar, poderemos marcar outra reunião.

Horas depois, Antonio avisava Marco a respeito da reunião-relâmpago e começava a elaborar uma proposta detalhada de como a Stefanini poderia cuidar do atendimento de primeiro nível (chamado de TIER 1) durante o processo de implementação de SAP. Ele ofereceu o preço mais agressivo que pôde, com o máximo de detalhes para garantir que não haveria mudanças posteriores, que ali estava uma empresa com currículo e experiência, apesar do valor baixo que estava sendo oferecido.

A proposta foi bem aceita, e parecia que o primeiro contrato de peso seria conquistado, quando David ligou para Antonio e avisou que o fato de a empresa não ter escritório local em Atlanta seria um problema, algo difícil de ignorar. A consultoria Deloitte já estava fazendo a implementação de SAP para a Kimberly Clark e mantinha um escritório na cidade, além de ter uma marca forte o suficiente para cobrar um preço alto pelo seu conhecimento.

Diante da possibilidade de perder o contrato, Antonio não teve dúvida:

– Isso não é problema – o gaúcho retrucou, disposto a fazer qualquer coisa para conquistar o serviço. – Se fecharmos com vocês, em um ano, no máximo, a Stefanini abre um escritório na cidade para atender a Kimberly Clark.

A Stefanini ganhou. Não tinha marca, mas persistência e um projeto detalhado. Duas semanas depois, chegavam a Atlanta dois brasileiros: um especialista em SAP e outro para treinar a equipe com os métodos utilizados na Stefanini, uma versão evoluída do trabalho desenvolvido por Carlos Henrique anos antes. Dois brasileiros treinaram a equipe local de norte-americanos contratados para executar o trabalho, dois profissionais que não falavam de samba ou cerveja, mas de sistemas, métodos e gestão. Com eles, a Stefanini ensinava aos norte-americanos a melhor forma de realizar um serviço de tecnologia da informação. Seis meses depois de o contrato ser fechado, Antonio abria o escritório em Atlanta.

A odisseia para conseguir a reunião e fechar o contrato aconteceu centenas de vezes nos primeiros dois anos, na maioria das vezes sem um final tão feliz. Vagarosamente, porém, os contratos foram sendo fechados, e Antonio conseguiu estabelecer referências para a Stefanini nos Estados Unidos. O mesmo trabalho extenuante foi sendo seguido em todas as outras filiais que Marco abriu ao redor do globo. Mas havia um adversário que colocava limites para aquele crescimento lento, um oponente que reduzia bastante a vantagem de baixo custo da Stefanini.

Esse momento pode ser comparado, em uma batalha, àquele em que a situação parece melhorar no *front* e um ataque monumental irrompe na retaguarda. Vamos traduzir aqui: *front* seria a falta de marca, em que Antonio e cada responsável pelas filiais se esforçam para garantir que a Stefanini pode ser confiável. E a retaguarda? Entenda como preço competitivo, vantagem que os brasileiros achavam possuir. Mas havia um concorrente muito mais barato e já bem mais conhecido: a Índia.

O caso da Kimberly Clark mostrou que era possível, sim, bater um concorrente com marca forte (a Deloitte). Mas o que fazer quando concorrentes bem mais conhecidos do que a Stefanini ofereciam preços imbatíveis, tão baixos que o prejuízo seria intolerável mesmo durante um mês de trabalho? A Índia batia, e batia forte.

Durante os últimos anos, as grandes empresas de TI indianas haviam sido uma inspiração e uma tentação para as empresas brasileiras. Nomes como Tata, Infosys e Wipro faturavam bilhões vendendo serviços no mercado norte-americano. E, enquanto um programador brasileiro iniciante ganhava R$ 3 mil, um jovem líder de projeto na Índia recebia menos da metade disso. Em uma briga dessas, não fazia nem sentido entrar.

O preço era apenas a face mais evidente de um oponente com múltiplas virtudes e habilidades.

Talvez seja possível encontrar a raiz dessa indústria nas histórias milenares dos matemáticos indianos, lendas que jovens estudantes sabem de cor, com nomes como Aryabhata, Brahmagupta e Bhaskara (sim, Bhaskara, o cara que inventou a fórmula tão repetida e decorada por todos no colegial). Indianos não se batem com a matemática, eles a estudam por afinidade histórica. Mais importante que isso, eles falam inglês, uma dificuldade hoje para qualquer empresário brasileiro interessado em exportar e um problema maior ainda para quem lida com serviços em que a comunicação é essencial.

Acima de tudo, os indianos cuidaram de se multiplicar intensamente. No total, estão chegando a 1,2 bilhão de pessoas em 2011. Mesmo que a maioria não domine o inglês e seja analfabeta funcional em qualquer língua, ainda temos 320 milhões de bem letrados no idioma de Shakespeare. É o maior público leitor da *The Economist* do mundo, batendo com folga os Estados Unidos. Palavras de um alto diretor alemão de SAP em Hyderabad:

– Este é o único lugar do mundo onde eu consigo montar em um mês uma fábrica de software com mil programadores fluentes em inglês.

Havia múltiplas razões para os empresários brasileiros temerem a concorrência indiana. Por isso, Marco continuou tanto o trabalho de defesa quanto o de ataque. Uma das estratégias usadas pelos indianos foi mostrar, como o próprio Marco havia feito com a ajuda de Carlos Henrique, que a qualidade do serviço podia ser garantida. Marco usou o caminho alternativo da ISO 9001; da mesma forma, os indianos também aderiram a um formato então relativamente desconhecido: as melhores práticas de gestão definidas em um "modelo de maturidade" de processos, conhecido no mercado pela sigla CMM (do inglês Capability Maturity Model). Para as empresas de TI, o CMM acabou virando algo parecido com a ISO 9000, um carimbo dizendo "Eu sou capaz".

O CMM tornou-se uma sigla recorrente em cada reunião de Antonio nos Estados Unidos. A cada reunião conquistada com muito esforço, o executivo do outro lado da mesa perguntava se a Stefanini possuía algum nível de CMM. Um dia, meses depois de ter aberto a filial norte-americana, Antonio ligou para Marco e disse:

– Precisamos correr atrás do CMM.

A primeira conquista não foi tão complicada porque os processos haviam sido organizados naquele momento dramático seis anos antes. E, em 2002, a Stefanini obtinha o CMM nível 2. Foi a terceira empresa brasileira a conquistar esse carimbo.

Bem a tempo, porque, naquela mesma época, a filial indiana da Dell começava a incomodar e a competir por projetos com a Dell Brasil. Dois anos depois de terceirizar a fábrica, a Dell abriu uma segunda concorrência, não para eventualmente tirar o contrato da Stefanini, mas para dividir aquele mesmo serviço entre duas empresas, que concorreriam entre si. A Stefanini continuou e ganhou uma concorrente. A pressão vinha de todos os lados.

No ano seguinte, o serviço seria dividido entre três empresas. (Nota relevante: essas empresas que entraram nesse segundo momento não são mais fornecedoras da Dell hoje, em Porto Alegre, enquanto a Stefanini se mantém como a principal prestadora de serviço da gigante da informática norte-americana.)

Isso significava que os indianos eram imbatíveis, impossíveis de serem derrotados? Não. Bem, talvez em alguns casos. Antonio, Marco e o resto do mercado reconheceram que se o projeto consistisse em uma receita simples e se restringisse a escrever o código, a concorrência indiana ganhava (isso acontecia regularmente em clientes como a Dell, que faziam essa mesma consideração e cada vez mais enviavam projetos para suas filiais indianas, no caso a Dell Índia).

Vamos tentar aprofundar mais. O que quer dizer uma receita simples em um projeto de TI? Imagine um sistema que programadores do mundo inteiro já sabem bem como fazer, algo já produzido milhões de vezes e que só precisa ser adaptado àquela empresa específica. Ora, diga para os indianos receberem os dados assim, darem saída assim e armazenarem em um banco de dados assim. Não há por que contratar uma empresa de primeiro nível, os norte-americanos e europeus de sempre; simplesmente contrate para esse trabalho aquele que for mais barato.

Em casos simples como esse, com projetos de 10 mil horas, um programador indiano custa US$ 25 por hora, o brasileiro custa até US$ 50 e o norte-americano, US$ 90. Portanto, rotina = Índia; qualidade = Estados Unidos. E o Brasil, onde fica?

O caminho do meio que Antonio teria de seguir seria mostrar que os brasileiros possuíam suas qualidades e virtudes. Em casos mais complexos, em que fosse preciso desenhar uma solução específica, o Brasil levava vantagem. O profissional indiano vem de empresas de consultoria, em um país com escassa indústria nacional. No Brasil, uma infinidade de fábricas, bancos e todo tipo de segmento criaram processos novos, criativos (empresas nacionais, como a Nitro Química, ou filiais globais, como foi o caso do Lloyds). E esses profissionais têm experiência real, cotidiana, de quem realmente sabe o que são as regras do negócio.

Portanto, se for preciso definir uma política de desconto, inserir múltiplas promoções no sistema, analisar criativamente o comportamento da venda, a concentração social em um território, ou quebrar a análise por um determinado período do mês, bem, indianos não sabiam realmente fazer isso. É um trabalho para os desenvolvedores e analistas brasileiros (paralelamente, Marco cuidou de fortalecer a defesa mais uma vez e, em 2005, a Stefanini conquistou o último CMM, o nível 5; foi a primeira brasileira, enquanto no mundo só havia outras 29 com a mesma capacidade, a maioria indianas e norte-americanas).

Portanto, qualidade, flexibilidade criativa e bom preço. Parece óbvio demais, coisa de marketing sem imaginação, mas o argumento era esse, não havia dúvida. Mas o Brasil não permite que o empresário descanse – sempre oferece uma nova oportunidade para evitar o comodismo. Quando Antonio achou que havia encontrado seu discurso, o novo empurrão veio na forma de um câmbio instável e desvalorizado. Em 2006, alguns dos fatores que determinaram a criação da fábrica gaúcha foram alterados. A Lei de Informática com os incentivos que ajudaram Jairo Avritchir a convencer a matriz ainda estava em vigor, mas o custo aumentou enormemente. O câmbio em que US$ 1 valia R$ 3,2 era extremamente vantajoso; agora, US$ 1 valia R$ 1,6. Ao mesmo tempo, a concorrência com a Índia ficou ainda mais forte. Jairo sabia que, se tivesse de começar a fábrica naquele momento, em 2006, não conseguiria – nunca teria convencido a matriz em Austin. Muitos projetos foram perdidos.

Na época, a Índia mantinha quase o mesmo câmbio e o mesmo preço invejável, faturando 100 vezes mais com exportação de serviços em TI do que o Brasil. Em números, US$ 36 bilhões contra tímidos US$ 316 milhões arrecadados por todas as empresas em solo brasileiro (aí incluindo não só as nacionais, mas também as multinacionais, como a IBM, que representavam a maior parte desse valor).

Marco sabia que a concorrência que realmente ameaçava o futuro próximo não eram as empresas brasileiras – eram os indianos. Faça uma comparação com tudo que você já ouviu sobre a indústria chinesa, sobre como eles são imbatíveis, e todo empresário de manufatura tem medo deles. Os indianos são os chineses do software e do serviço a distância.

Então talvez a saída fosse *aliar-se* ao adversário. Em meados de 2006, Marco e Antonio visitaram a sede da Dell em Austin, Texas, buscando oportunidades, e, em uma conversa com a executiva responsável pelos centros de desenvolvimento global da empresa (localizados na Índia, no Brasil e na Rússia), perguntaram se uma filial da Stefanini na Índia seria interessante para a Dell. A resposta:

– Sim, vocês têm sido bons parceiros; nós certamente faríamos negócios com o centro de desenvolvimento na Índia.

Marco e Antonio saíram de lá seguros de que abrir um escritório em território adversário seria um movimento estratégico inteligente. E, no final de 2006, a Stefanini se estabelecia na Índia, não para explorar o mercado local – pelo menos não como prioridade –, e, sim, para poder lançar mão do baixo custo de produção inegável.

Hoje, o orçamento da fábrica brasileira na Dell é duas vezes maior do que o valor economizado com a isenção tributária, prova de que o papo do subsídio já deixou de ser o principal argumento há muito tempo. O mérito é da qualidade e do talento do software brasileiro. E da Stefanini, que encontrou meios de enfrentar a forte concorrência internacional em diversas frentes, até usando do poder de fogo indiano quando necessário.

Com a munição calibrada, Marco estava preparado para enfrentar o que viesse pela frente. Primeiro porque agora a Stefanini havia se transformado em um colosso tecnológico com faturamento de R$ 470 milhões. Não é tanto quando se compara com as maiores empresas brasileiras, mas muito quando se trata de uma empresa de TI brasileira. Principalmente de uma que começou em uma salinha apertada e quente na Avenida Paulista e nunca precisou de empréstimo de banco ou de venda de participação para algum investidor. Até ali, o crescimento havia sido 100% "orgânico", o jargão dos empresários que significa "cresci sozinho, sem comprar empresa de ninguém".

Mas a medida do sucesso no mundo globalizado seria a capacidade da Stefanini de vender a si própria nos outros países. Em 2008, a Fundação Dom Cabral publicou um ranking de empresas em que a Stefanini figurava como uma das empresas mais globalizadas do Brasil, à frente de nomes como Arezzo, Sadia e Suzano, deixando muito para trás qualquer concorrente do setor de TI. A pesquisa do ano seguinte, apurada durante 2008, mostraria que o avanço foi ainda maior. Embora com poucos ativos no exterior, fato comum em uma empresa de serviços de TI, a Stefanini levou o sexto lugar em operações globais. O trabalho iniciado por Antonio Moreira dava frutos, afinal. Agora, 20% do faturamento da Stefanini vinha do exterior. Ou seja, mais de R$ 80 milhões, a maior parte disso de contratos do mercado norte-americano.

Ainda era pouco. Dali em diante, Marco sabia que o crescimento orgânico seria penoso e a concorrência não iria esperar a Stefanini crescer mais. Marco precisava de um novo movimento para surpreender o mercado, algo como vender terceirização quando ninguém queria, fazer *downsizing* sem experiência, tomar a fábrica de software de um banco ou ser o primeiro a conquistar uma certificação de qualidade importante. Ele precisava de um novo troféu para exibir, algo que torcesse as regras, lhe desse o mando do jogo. Ele precisava muito disso, sabia que norte-americanos e europeus, indianos e chineses, todos eles estavam partindo com força cada vez maior para cima do mercado brasileiro. Mas não só eles estavam chegando. Em 2008, o mundo flutuava em uma bonança econômica, mas ela estava para acabar. Nos gráficos de economia, todos pressentiam uma grande tempestade se aproximando, uma nova crise, talvez a maior de todas as que Marco havia enfrentado. Poderia ser o fim.

CAPÍTULO 12

O COMEÇO

Wall Street em alerta: fim do jogo para o Banco Lehman Brothers. O alerta estava escrito na tela da TV, sempre ligada na sala de reunião. Marco Stefanini parou o que estava falando, sem saber se sentava na cadeira ou se aumentava o volume do noticiário. A apresentadora da CNN movia os lábios, sem som, mas a chamada no vídeo não deixava dúvida: depois de 158 anos de existência e de sobreviver a duas guerras mundiais, ao crash de 1929 e ao 11 de setembro, o quase sagrado Lehman Brothers enfrentava a falência. Não se tratava de um simples banco; o Lehman era praticamente uma das colunas do sistema financeiro norte-americano e mundial. Se a coluna fosse removida, o resto bem poderia cair junto.

Com o controle remoto na mão, Marco sentou na cadeira mais perto da TV. A CNN parecia pintar um quadro terrível – melhor tentar uma segunda opinião na BBC. No canal britânico, o ex-presidente do Federal Reserve (FED, o Banco Central norte-americano), Alan Greenspan, minimizava o problema:

– Não deveríamos tentar proteger toda instituição – dizia o mago das finanças. – Há vencedores e perdedores – declarava calmamente

Greenspan, com superioridade ainda mais acentuada ao ajeitar com uma das mãos os óculos quadrados.

Para muitos, o governo norte-americano havia ido longe demais. Seis meses antes, em março de 2008, o Federal Reserve salvara o Bear Stearns, quinto maior banco de investimentos norte-americano. Sorte do J.P. Morgan, que pagou US$ 2 por ação, quando o preço de dois dias antes ainda era de quase US$ 30. E isso com um empréstimo "de pai para filho" de US$ 30 bilhões do FED. Na época, a quebra do superbanco estremeceu o mercado, e Marco decidiu adiar indefinidamente a abertura de capital do Grupo Stefanini.

No começo de setembro de 2008, foi a vez das financeiras imobiliárias Fannie Mae e Freddie Mac. Nesse caso, o governo norte-americano acabou comprando as empresas falidas por US$ 200 bilhões.

Tudo isso delineava um prognóstico sombrio para a economia mundial. Também parecia que o buraco não tinha fim. No mesmo domingo em que o Barclays desistiu do Lehman, o Bank of America comprou o Merril Lynch, ainda que por menos da metade do valor de um ano antes. Certo alívio veio daí. Agora, talvez fosse hora de fechar o hospital de empresas e deixar o Lehman Brothers afundar sozinho. Mas, qualquer que fosse a decisão tomada nos Estados Unidos, aquela crise poderia ser a maior de todos os tempos.

Marco levantou-se do sofá e pegou o celular. Era o meio da tarde de domingo, 14 de setembro. Hora de chamar o primeiro escalão da Stefanini. Se o mundo fosse acabar, era melhor estar preparado. Ligou e escreveu e-mails para os vinte diretores, avisando que uma conferência telefônica seria feita no dia seguinte, segunda-feira, às 8 horas da manhã. O que Marco dissesse para eles seria disseminado para os mais de sete mil funcionários da Stefanini.

No dia seguinte, na hora da reunião, Marco foi bem direto.

– Precisamos de duas coisas: vender mais e alternativas para a crise.

A Stefanini precisava se mover mais rápido, porém também era imperativo criar novidades, oferecer opções para as mais de 300 corporações atendidas. Era também a oportunidade de conquistar outros clientes. Marco achava que a crise poderia ser a chance de sair à frente no mercado. Havia acontecido outras vezes; crises podiam ser boas. A reunião acabou, os executivos se levantaram e Marco lembrou que não havia falado nada sobre cortar custos. "Tudo bem", pensou, "acho que não vai ser necessário falar disso agora. O importante é agir rápido".

De fato, havia urgência. Na mesma semana, os clientes começaram a ligar, querendo suspender ou renegociar contratos; o Brasil se assustou. Ainda assim, o começo da crise foi bom para a Stefanini. Marco sabia que, no finalzinho de 2008, ainda dava para correr e fechar alguns contratos, pois muitas empresas tinham um orçamento que provavelmente seria reduzido no ano seguinte. E foi assim que o ano de 2008 fechou bem. Mas nada seria parecido com isso dali em diante.

E não foi só o Brasil que se assustou: foi o mundo. Os norte-americanos não só tinham permitido que o Lehman Brothers quebrasse, como, em setembro, o Congresso rejeitou o plano de resgate econômico do secretário do Tesouro dos Estados Unidos, Henry Paulson. Em outubro de 2008, o *Financial Times* alertou que a crise seria muito pior que a de 1997 (tudo bem, a Stefanini nem chegou mesmo a passar apuro em 1997). Mas o centenário jornal britânico comparava o problema à crise de 1987 – esta, como aquela, implodindo o mercado em uma segunda-feira negra, sim, mas agora anunciando a falência do sistema de crédito mundial, e não mais a ver com o choque do petróleo. Talvez não fosse tão ruim, afinal, foi em meio à crise de 1987 que Marco abriu oficialmente a Stefanini. Mas o jornal ia além: a crise atual poderia chegar a ser tão catastrófica quanto o desastre econômico de 1929. O próprio sistema financeiro global corria sério risco de se esfacelar. Depois disso, ninguém sabia o que poderia acontecer.

No Brasil, no início de outubro, a reação foi conservadora; o presidente Lula deu ordens para o ministro da Fazenda, Guido Mantega, poupar as reservas do Banco Central. Assim, em menos de 48 horas, o dólar pulou de R$ 2,19 para R$ 2,45. Na semana seguinte, quase R$ 40 bilhões deixaram os bancos menores para os maiores, em busca de segurança. A ameaça do colapso do sistema financeiro se aproximava do Brasil.

Em dezembro, os especuladores apostaram contra o real, e Mantega foi obrigado a abrir os cofres quando o dólar chegou a R$ 2,62. Quem perdeu a aposta foram os diretores financeiros de grandes corporações, como Aracruz e Sadia, que viram bilhões de reais evaporarem em investimentos demasiadamente arriscados com derivativos.

A diferença entre a crise de 1987 e a daquele momento era que, antes, o mercado de ações sofreu, mas a economia real foi pouco afetada (pelo menos nos Estados Unidos; no Brasil, sabemos que a crise bateu bem mais forte, como era de costume no efeito resfriado-leve-nos-Estados Unidos-gripe-pesada-no-Brasil). Dessa vez, a origem da crise foi no crédito, e dali ricocheteou no consumo e no investimento.

Tudo em velocidade de borboleta criando furacão. Para deixar claro, a origem da famosa metáfora colocava a tal borboleta no Brasil, e não na Ásia. Em 1972, o matemático e meteorologista Edward Lorenz perguntava, retoricamente:

— O bater de asas de uma borboleta no Brasil provoca um furacão no Texas?

Nos anos seguintes, a metáfora foi exaustivamente usada para mostrar como o sistema global tudo interligava. Para nós, normalmente, batiam asas lá, enquanto nos atormentávamos aqui.

Por esse mesmo fator velocidade, havia agora também a esperança de que, ao contrário do que se passou em 1929, a reação das autoridades globais seria mais célere. O sistema financeiro era uma incógnita; sofria o impacto de maneira mais ampla e veloz, mas também poderia se recuperar mais facilmente. O futuro era incerto.

A avalanche de más notícias era tão grande que não afetava apenas os clientes; também tinha o poder de ferir o espírito dos próprios funcionários da Stefanini. Marco sabia que era preciso transmitir aos seus funcionários a certeza de que nenhuma crise antes havia atrapalhado a Stefanini naqueles 21 anos. A maioridade chegara, e as crises até ali só ajudaram a empresa a crescer (ele esperava que fosse o mesmo desta vez).

O empresário suspeitava de que a mensagem poderia perder força se fosse transmitida do primeiro escalão para os gerentes, dos gerentes para analistas e consultores nas células e destes para cada programador. Ele precisava falar diretamente com cada funcionário da Stefanini.

Eram esses os pensamentos de Marco após sair de uma reunião com seus principais executivos. Passava pouco do meio-dia e ele sentia muita fome. Pensou em almoçar, mas desistiu. Era fundamental que os funcionários recebessem a mensagem quanto antes.

Clicou no ícone de mensagem, selecionou a opção *Todos* e ficou olhando o cursor piscar. O que dizer para mostrar aos funcionários que não era preciso temer a crise, bem ao contrário, aliás? Fatos. A história da Stefanini falava por si. E começou a digitar:

Equipe Stefanini, este é um comunicado importante:

Em nossa história de sucesso, a Stefanini sempre teve desafios e êxitos alcançados nos momentos de crise. No final desses períodos difíceis, saímos com resultados muito mais positivos do que entramos.

– Perfeito, é isso – pensou. – Temos de fazer o que fizemos antes. Agora preciso reforçar o que devemos fazer hoje.

E, desta vez, vamos focar cada vez mais nossos esforços, mantendo a mesma garra e energia, para que tenhamos resultados cada vez mais satisfatórios!

– Muito bem, isso é essencial. Mas também preciso lembrá-los das nossas vantagens. Se eles lembrarem que somos melhores, fica mais claro por que podemos ganhar contratos enquanto os outros perdem. Então vou começar com uma retórica:

Por que a Stefanini oferece melhores e mais vantajosas condições que todos os nossos concorrentes?

– No primeiro item eu coloco um fato, algo irrefutável:

1. Maior número de clientes (base mais diversificada) – temos praticamente todos os grandes bancos, Telecom e seguradoras como clientes ativos. A maior parte das grandes indústrias, energia, Oil & Gas também são clientes; não há concentração de faturamento em poucos clientes.

– Contra fatos não há discussão. Agora, o óbvio:

2. Relação de confiança e de longo prazo com os clientes.

– Passando para aquilo que só nós temos:

3. A empresa tem uma sólida liquidez financeira, não apresenta nenhuma dívida no mercado; o crescimento é contínuo, em que a situação financeira é bem equilibrada. Neste momento, esses fatores valem ouro!

– Então preciso lembrá-los de quem eles são. E pedir ajuda:

4. Temos comando, equipes com pessoas competentes e capazes para tomar as medidas que forem necessárias para resolvermos a situação.

Fundamental – contar com todos os colaboradores neste momento crítico.

– Até aqui ficou bom, mas um pouco vago. Preciso dizer exatamente do que a Stefanini precisa neste momento, mostrar o que pode ser feito. Se eu pedir ajuda, eles vão perguntar... *Como?* E eu digo:

a) mantendo um serviço de alta qualidade, em que clientes satisfeitos têm probabilidade menor de cortar os serviços;
b) ficando atentos a oportunidades, avisando os comerciais (gerentes, diretores, VP e eu mesmo) para que possamos aproveitar essas oportunidades, inclusive avançando sobre os serviços de nossos concorrentes.

– Ótimo, era isso que eu queria dizer, que a crise é a oportunidade perfeita para ganhar terreno, em vez de perder. Acho que ficou bom... Mas espere aí, estou dizendo o que eu quero deles. E o que nós estamos fazendo? Se eu disser, eles vão ver que não estamos parados na crise, que não são só eles que contribuem. Certo, vamos contar, então:

Em linhas gerais, como a Stefanini está agindo?

1. Marketing mais agressivo – com a campanha "Líder em Performance", vamos mostrar ao mercado que a Stefanini é o provedor mais seguro em TI.
2. Forte controle de custos em todas as despesas.
3. Aprimoramento do atendimento aos clientes (contamos com todos os colaboradores nesses esforços).
4. Entendendo o cliente, suas necessidades e procurando soluções alternativas. O que podemos fazer para ajudar? Para aumentar receitas? Para reduzir os custos dos nossos clientes?

– Reduzir custos, isso é importante; se todos fizerem pequenas sugestões, sempre ajuda. Eu não falei isso na reunião, mas tudo bem... Prefiro que eles deem foco em vender mais do que ficar pressionando muito para cortar custos. Não sei se deveria também colocar aqui a questão das aquisições – até agora ainda não conseguimos comprar nenhuma grande empresa internacional, e eu estou falando disso desde 2007. Ok, vou colocar esse ponto para mostrar que não esquecemos o assunto, e fecho com um incentivo:

5. Continuando com o programa de aquisições – procurando novas e boas oportunidades.

6. Trabalhando arduamente para sairmos desta crise mais fortes do que quando entramos!

Vamos seguir adiante, esse é o nosso desafio!
Boa semana a todos.

Marco Stefanini

– Excelente, acho que funciona. Ops, faltou o assunto. Esse é fácil, é meu lema:

ASSUNTO: Stefanini – para nós, crise é sinônimo de oportunidade!

Esse não foi o primeiro e-mail de Marco para todos os seus funcionários, mas foi o mais abrangente em muito tempo, o mais certeiro em uma crise e o que atingiu o maior número de pessoas. Afinal, aquele e-mail chegaria para cinco mil funcionários antes de eles saírem para almoçar.

Também não foi a última mensagem, claro. Dali em diante, os e-mails tornaram-se a forma mais rápida de comunicar aos funcionários da Stefanini o que realmente estava acontecendo naquela crise econômica, uma forma de contrabalançar as notícias catastróficas que eles liam e ouviam na mídia. Marco queria que seus funcionários enxergassem a crise econômica a partir da ótica dele. E a partir da ótica de outras pessoas em quem ele também se inspirava.

Por exemplo, em meados de novembro, Marco escreveu a todos lembrando o que Sam Walton, fundador do Walmart, havia dito sobre a recessão de 1991 (aquela que Marco usou para mudar o rumo da Stefanini e entrar no mercado de terceirização de serviços). Walton disse:

– Perguntaram-me o que eu achava da recessão. Pensei a respeito e decidi que não participaria dela.

A frase traduzia exatamente a maneira como Marco pensava. No final do e-mail, fez uma observação dizendo que, apesar da crise, a Stefanini havia crescido em outubro.

Dez dias depois, foi a vez de usar uma frase do empresário Jorge Gerdau. Ele e Marco eram colegas do Fórum de CEOs, evento anual que ambos frequentavam e no qual já haviam encontrado os presidentes Lula e George W. Bush e, no ano seguinte, encontrariam Barack Obama.

A frase de Gerdau era a seguinte:

– Eu gosto de crise. É na crise que aprendemos a trabalhar melhor e de maneira mais eficiente.

E mais:

– Sempre saímos de uma crise muito melhor e mais fortes do que quando entramos.

A frase não era de Marco, mas ele não podia pensar em nada que expressasse melhor seu pensamento, a maneira como conduzira a Stefanini desde a primeira crise.

Havia novos elementos nesse cenário, preocupações que Marco não tivera nas outras crises. Não somente porque a Stefanini agora faturava quase R$ 500 milhões, e a queda do alto dói muito mais. Mas também porque a crise arruinava planos que Marco nutria havia muito tempo. Planos que foram divulgados inúmeras vezes em comunicados para a imprensa, planos dos quais ele falara em centenas de entrevistas para jornalistas, e agora...

O primeiro e mais prejudicado dos planos seria a entrada da Stefanini no mercado de ações. Aquilo que no jargão da Bolsa de Valores chama-se fazer uma "IPO" – ou Oferta Pública Inicial (do inglês *Initial Public Offering*).

Há muitas razões para uma empresa abrir o capital no mercado. A mais óbvia é conseguir dinheiro a um custo baixo. Entretanto, o efeito mais impressionante – que ficou conhecido da população em geral – foi criar empresários bilionários da noite para o dia, um processo ainda mais intenso no fenômeno das empresas de internet, em que jovens de camiseta e jeans rasgado tornaram-se extremamente ricos. Marco não era mais um jovem, aos quase 50 anos, mas teria bom uso e investimento para o capital obtido com as ações.

Outra excelente razão para tornar a Stefanini uma empresa de capital aberto era aumentar a confiança dos clientes. Uma empresa com ações em Bolsa transmite mais segurança ao mercado, em especial aos clientes. Há várias maneiras de fazer isso, como ser uma empresa global, o que a Stefanini já estava fazendo, mas esse era um caminho longo. Abrir o capital poderia ajudar de diversas formas.

Em todo o Brasil, empresários pensavam exatamente como Marco. Só no ano anterior, em 2007, ocorreram no Brasil 64 IPOs – dois deles figurando entre os 10 maiores do mundo em valor arrecadado. Bilhões de reais foram obtidos nas operações.

Marco havia passado os últimos anos preparando a Stefanini para aquele momento. Tornou a empresa uma sociedade anônima, publicou balanços rigorosamente perfeitos, passou um pente-fino na empresa. Tudo para chegar ao pote do IPO.

Em novembro de 2007, Marco anunciou que o IPO finalmente aconteceria, no segundo trimestre de 2008. Só não contava com a grande crise que já se avizinhava no início do ano. Então, Marco fez uma nova previsão: o IPO sairia em setembro ou outubro de 2008. A esperança era que o mercado melhorasse. Frustração. Naquele ano fatídico, somente 13 empresas se atreveriam a abrir o capital, e 7 delas acabariam arrecadando menos do que planejaram.

Quando a nova data chegou, não havia ambiente favorável, e o IPO foi mais uma vez postergado.

Enfim, em março de 2009, Marco desistiu de vez e anunciou ao mercado que a Stefanini adiava indefinidamente o projeto de abrir o capital. Algumas empresas ainda abriram o capital em 2009, até do setor de tecnologia, e de porte semelhante ao da Stefanini, mas o resultado foi ruim e abaixo do previsto. A Stefanini teria de seguir os planos de expansão sem o IPO. A abertura ainda poderia ser um bom negócio no futuro, quando o mercado melhorasse e a Stefanini ganhasse maior porte.

As dificuldades e o adiamento do IPO servem de parâmetro para outra intenção de Marco, também amplamente comentada por ele nas entrevistas para a imprensa: a aquisição de uma empresa de TI nos Estados Unidos. O mercado norte-americano, como Antonio Moreira, da Stefanini USA, pôde comprovar, resistia muito à ideia de comprar serviços de TI de empresas brasileiras. Os quase dez anos das filiais internacionais trouxeram muita experiência e bons contratos, mas, naquele passo, Marco teria de esperar mais dez ou até vinte anos para atingir o porte que a Stefanini tinha no Brasil. E isso ainda seria pouco para enfrentar os indianos, que estavam se expandindo. Dessa vez Marco não poderia esperar.

A saída seria fazer o que ele nunca tinha feito: comprar mercado, adquirir uma grande empresa no mercado internacional. Por todo lado, empresários de diversos setores faziam o mesmo. Em 2004, os brasileiros gastaram US$ 6,64 bilhões comprando empresas no exterior. Talvez o caso individual mais incrível seja o da AmBev, que fez, em 2004, não uma aquisição, mas uma fusão com a belga Interbrew, formando a InBev. Quatro anos depois tomaram conta do ícone cervejeiro norte-americano, arrematando a Anheuser-Busch. Por fim, o caso mais impressionante, o da Gerdau: a siderúrgica executou uma longa sucessão de aquisições no Peru, na Espanha, no México, na Venezuela, na Colômbia, na Argentina e, principalmente, nos Estados Unidos. Todas essas empresas transformaram a marca Brasil em algo muito mais abrangente do que futebol e samba.

Por tudo isso, desde 2007, Marco vinha anunciando publicamente que tinha interesse em adquirir empresas no exterior. Aos poucos, descobriu que comprar algo de qualidade e bom preço era bem mais difícil do que imaginava.

Enquanto isso, os concorrentes no Brasil encontravam seu próprio caminho. A brasiliense Politec vendeu 10% da empresa ao grupo japonês Mitsubishi, uma forma de se capitalizar, mostrar solidez e abrir o mercado internacional.

Não era uma opção para Marco, que não queria nem achava necessário vender a empresa, logo agora que tinha crescido tanto, conquistado o respeito do mercado e aberto tantas filiais no exterior.

O problema é que, no final de 2007, Marco já havia avaliado 20 empresas. E nada de aquisição.

Como o processo parecia não avançar, resolveu dar a Antonio Barretto, o homem que havia contratado para coordenar o IPO, a incumbência de coordenar as aquisições (não confundir esse Antonio de IPOs e aquisições com o Antonio Moreira da Stefanini USA). Quando o projeto do IPO foi abortado, três meses depois, comprar empresas ficou sendo a principal tarefa de Barretto.

E ele bem sabia avaliar empresas. Durante quatro anos, trabalhou no departamento financeiro da Votorantim, primeiro como diretor no Brasil, depois como vice-presidente de uma divisão nos Estados Unidos. Portanto, também tinha extensa experiência internacional. Barretto, além disso, conhecia tecnologia, pois havia trabalhado dez anos antes na fabricante de equipamentos de telecomunicações canadense Nortel Networks. Tudo considerado, era o executivo certo para o trabalho.

No início de 2008, quando chegou, Barretto pediu a lista das 20 empresas para entender o que já tinha sido avaliado. Durante um ano, Barretto avaliaria detidamente dezenas de potenciais alvos, principalmente no mercado norte-americano. O caos global e o descalabro cambial não ajudavam em nada na tarefa. O valor das empresas caía, e os donos se negavam a entregar a empresa que haviam fundado por um valor inferior ao que julgavam que valia.

No final de 2008, a gangorra cambial piorou o cenário. De R$ 1,56 em julho, o dólar disparou para R$ 2,33 no final do ano. O custo de aquisição aumentou, fazendo Marco repensar toda a transação.

Nessa mesma época, uma empresa do estado norte-americano de Michigan passava por um momento crucial. Durante as semanas seguintes ao estouro da crise norte-americana, os conselheiros se reuniram tentando definir a melhor estratégia a seguir.

A empresa chamava-se TechTeam e localizava-se em Southfield, bem no coração da crise norte-americana. Exatamente, Southfield faz parte da grande metrópole de Detroit. Em um processo semelhante ao da região do ABC no Brasil, o polo automobilístico norte-americano testemunhou a gradual fuga de fábricas durante a última década, provocando uma constante e irrecuperável decadência. Quando a crise de 2008 chegou, foi o empurrão que faltava. Empurrão para baixo.

Na região, era possível comprar uma casa por US$ 6 mil. Com a crise, o estado alcançou o posto nada invejável de ter a maior taxa de desemprego dos Estados Unidos.

A TechTeam, com diversos clientes no setor automobilístico – e muitos outros, que também sentiram a crise –, tinha poucas opções à frente. Também enfrentava a concorrência dos indianos e precisava seguir expandindo, mas não tinha acesso a fontes de crédito (como todas as empresas norte-americanas naquele momento).

Esse era o dilema discutido consecutivamente pelos conselheiros da TechTeam entre o final de setembro e o início de novembro. No final desse período, os conselheiros resolveram que poderiam vender uma das duas divisões da empresa de serviços de TI. Uma prestava serviços para empresas do setor privado, a outra, para o setor público. Os conselheiros consideraram vender esta última.

Na mesma época, no final de novembro de 2008, um executivo da TechTeam fez contato com a Stefanini. A proposta era fazer uma parceria nos projetos da norte-americana em mercados de língua portuguesa. No mês seguinte, Antonio (o Moreira, da filial norte-americana, não o Barretto) voou para Detroit para encontrar os executivos e discutir a ideia. Gostou do que viu e, mais tarde, comentou com Marco que a TechTeam poderia ser uma excelente aquisição nos Estados Unidos. Cinco dias depois, os norte-americanos receberam uma carta – era anônima, usando um escritório como intermediário –, revelando o interesse de uma empresa em adquirir a TechTeam.

Quem recebeu a carta foi Gary Cotshott, presidente e CEO da TechTeam. Ele participava do grupo de conselheiros, liderados por Seth Hamot, que discutiam desde o começo da crise as dificuldades de seguir qualquer estratégia com o arrocho de crédito no mercado internacional. No final de fevereiro, com o aprofundamento da crise, Seth e os outros conselheiros começaram a discutir a possibilidade de vender a TechTeam inteira.

Nessa época, em 19 de março de 2009, Marco e Antonio Moreira pegaram um avião e foram encontrar os conselheiros da empresa em Nova York. Marco achou que a procura havia terminado. A TechTeam era forte em serviços de suporte (*service desk*) e na terceirização de processos de negócios (BPO, do inglês *Business Process Outsourcing*). No total, empregava 2,4 mil funcionários. Seria uma aquisição importante, consolidando a presença da Stefanini no mercado norte-americano. Marco ficou frustrado: Gary Cotshott disse que a TechTeam não estava à venda.

De volta ao Brasil, Marco se viu diante de problemas mais cotidianos. Agora a crise batia feio no mercado interno. Até a população sentia. Naquele início de 2009, o índice de desemprego foi recorde, um número só superado pelo índice de 1984, aquele mesmo que tanto fez Marco sofrer ao procurar emprego, depois de se formar geólogo pela USP. Os números do desemprego de um passado amargo voltavam em um momento ruim.

Dentro da Stefanini, a crise era sentida nas margens de lucro, que haviam caído bastante. A crise alcançava a empresa e algo precisava ser feito. Apenas correr com afinco atrás de novos negócios não resolveria. Era preciso olhar para dentro da empresa e cortar. Na carne.

Marco não pensou naquele momento em demitir ninguém. Entretanto, cortes precisavam ser feitos. Já em dezembro, ele escreveu outro e-mail para todos os funcionários. Neste, a palavra central era CUSTO:

– É como unha, tem de cortar sempre; não há custo irredutível; o corte pode ser espontâneo ou compulsório; se você não reduzir, nosso concorrente vai reduzir no nosso lugar.

O recado não poderia ser mais claro. Ou corta ou morre.

A percepção veio a tempo, mas tarde, ainda assim. Os meses de janeiro e fevereiro de 2009 foram negativos na Stefanini. Nos meses seguintes, Marco olharia com cuidado cada cliente, apertando aqueles que por problemas específicos davam prejuízo em vez de lucro. Por mais bem-feito que seja um projeto, a chance de que ele fuja ao previsto é sempre grande. Os métodos da Stefanini certamente reduziram a margem de erro, mas não há como eliminá-la. Naquele momento, entretanto, não seria possível tolerar erros, porque as boas células não compensavam mais o prejuízo das ruins. Quase 30 células ainda traziam resultados negativos e passaram a sofrer monitoramento constante.

Em junho, algumas coisas começaram a melhorar. A cada cliente que ligava durante a crise para suspender ou reduzir um projeto, os gerentes faziam uma contraproposta irrecusável – "em vez de reduzir, aumente nossos serviços, e você não pagará nada mais por isso". As negociações foram duras, mas, depois de oito meses de crise, nem um único cliente havia cancelado projetos. Melhor ainda: a Petrobras havia acelerado, os negócios com a parceira IBM aumentaram e Mônica havia conseguido avanços significativos em diversos projetos em São Paulo e nas filiais. Um bom contrato foi fechado com a montadora Fiat, e o serviço da Caixa Econômica, conquistado em 2008, começou a operar naquele meio de ano. Ainda melhor: enquanto os concorrentes perdiam contratos e clientes, porque o prejuízo era grande demais, a Stefanini ganhava ainda mais espaço no mercado, assumindo centenas de funcionários por um preço bom o suficiente para ser um negócio interessante para ambos os lados. A Stefanini respirava e crescia em meio à crise.

Como um sinal da melhora no mercado, a Visa abriu o capital, em um dos processos mais longos dos últimos anos (levou quatro anos). Valeu a pena; o IPO levantou R$ 8,4 bilhões e deixou para trás a abertura da exploradora de petróleo OGX, com R$ 6,6 bilhões. A Visa era o maior IPO da história do mercado de capitais brasileiro. Ainda não o suficiente para fazer Marco mudar de ideia com relação a abrir o capital da Stefanini, mas um excelente indicativo da melhora do mercado e do interesse pelo mundo no Brasil.

No mês seguinte, Marco pegou o avião rumo a Washington, para o quarto encontro do Fórum de CEOs Brasil-Estados Unidos. Basicamente, era um evento no qual dez presidentes de empresas brasileiras se encontravam com dez de empresas norte-americanas. Ainda à mesa, ministros e altos funcionários dos dois países. O objetivo original era discutir temas de interesse dos dois lados, em especial uma forma de reduzir a bitributação (quem faz negócios entre os dois países acaba pagando imposto duas vezes sobre o mesmo serviço ou produto). Nas outras vezes, Marco teve a oportunidade de encontrar George W. Bush, a então ministra Dilma Rousseff e o presidente Lula. Agora, esperava encontrar Barack Obama. Além disso, dessa vez o encontro seria em terreno norte-americano. No primeiro dia do evento, segunda-feira, 20 de julho, Marco chamou Miguel Jorge, então ministro do Desenvolvimento, Indústria e Comércio. Ele levava uma proposta, algo que deveria beneficiar o país e ao mesmo tempo ajudar a Stefanini no longo prazo em uma das principais dificuldades: conseguir profissionais qualificados.

Desde o início, contratar e manter bons programadores e analistas sempre foi uma barreira. Desde quando Márcio Da Mata abordou programadores na USP para montar a equipe do Bamerindus, ou quando Mônica e Aparecida tiveram de correr para impedir que a equipe do Lloyds sumisse por completo, a busca por gente qualificada no Brasil sempre foi uma grande limitação.

Em um evento anterior, Marco havia recebido do presidente mundial da Alcoa, Alain Belda, a ideia de usar incentivo fiscal na área educacional. Na época, Marco gostou do que ouviu e levou a ideia para a então ministra-chefe da Casa Civil, Dilma Rousseff, que também participava do encontro. Ela se mostrou simpática à ideia, e o próximo passo de Marco seria apresentá-la ao ministro do Desenvolvimento, Indústria e Comércio. E a hora era agora.

Marco tinha boas expectativas quanto ao ministro Miguel Jorge gostar da ideia, porque sabia que o ministro concordava com a necessidade de investir na educação, que sem isso o Brasil nunca seria o país do presente, sempre ficaríamos olhando para um futuro que nunca chegaria.

A proposta era a seguinte: as empresas que investissem em

entidades educacionais poderiam abater o gasto do imposto de renda. Uma Lei Rouanet da educação.

O ministro olhou bem para Marco e disse que aquilo realmente poderia fazer a diferença. Ideia aprovada, Miguel Jorge levaria o documento para que o ministério elaborasse uma lei que seria apresentada ao Congresso.

* * *

Durante a viagem de volta ao Brasil, naquele final de julho de 2009, Marco pensou mais do que nunca na necessidade que tinha de crescer no mercado norte-americano. Tanto quanto o projeto do IPO, o empresário mantinha na cabeça uma ideia fixa: comprar uma empresa que permitisse à Stefanini expandir de vez as operações nos Estados Unidos e no mundo.

Esse movimento não tinha similar com o que Marco fizera nos 22 anos da Stefanini. Até então, a empresa seguiu seu curso, do zero aos R$ 500 milhões, sem comprar nenhum concorrente, sempre com crescimento orgânico. Mas Marco não teria mais vinte anos para crescer no exterior. A concorrência avançava.

No dia seguinte ao do evento, quando Marco já estava no Brasil, um fato importante ocorria em Southfield, Detroit. Uma empresa não revelada, mas concorrente global da Stefanini, fez uma oferta de US$ 116 milhões para comprar toda a TechTeam, tanto a divisão privada quanto a de governo. A oferta foi feita porque agora o conselho havia tornado oficial o desejo de vender a empresa. No fim, a empresa acabou desistindo da compra, mas a decisão do conselho ficou clara. A TechTeam estava à venda.

Nos últimos meses, apesar da decepção de Marco na reunião em Nova York, Barretto continuou em contato com os representantes da TechTeam. O próprio CEO, Gary Cotshott, havia mandado o recado de que a empresa estaria aberta a receber ofertas da Stefanini. Para ele, nenhum interessado deveria ser colocado de lado. Nos seis meses seguintes, a TechTeam procurou 97 empresas e investidores. Destes, 62 efetivamente assinaram acordos de confidencialidade para receber informações sigilosas relacionadas à divisão de governo.

A Stefanini foi uma das primeiras a fazer isso. Mas, em uma conferência telefônica feita em 12 de maio, o próprio Barretto deixou claro que só interessava a compra da empresa toda, e que, após a aquisição, venderiam a divisão de governo. Em junho, pouco antes de ir para o Fórum de CEOs, a Stefanini havia feito uma oferta de US$ 77,9 milhões.

A grande dificuldade na venda da divisão de governo era que um dos principais clientes era o Departamento de Defesa norte-americano. Se fosse um comprador estrangeiro, o governo norte-americano poderia atrasar e atrapalhar a transação. As propostas da Stefanini e da concorrente desconhecida não explicavam o que seria feito se isso acontecesse.

No início de agosto de 2009, Marco e Barretto resolveram que o melhor a fazer seria simplesmente desistir da compra da divisão de governo. E a Stefanini ofereceu US$ 48 milhões pela divisão focada no setor privado. A de governo não interessava mais.

Até aquele momento, Seth Hamot e os conselheiros estavam decepcionados com os valores oferecidos pelas divisões separadamente, algo entre US$ 40 milhões e US$ 60 milhões. E a Stefanini, com um valor menor, era considerada o azarão da corrida, principalmente por não mostrar mais nenhum interesse na divisão de governo. Seth mandou recado dizendo que a oferta desvalorizava a TechTeam e que esperava algo melhor. Marco achou melhor não (depois se arrependeria). Pelas ofertas colocadas à mesa, os conselheiros decidiram suspender mais uma vez o processo de venda. Era muito pouco.

Em 15 de outubro, Barretto apresentou uma nova oferta: US$ 67,9 milhões. Não houve resposta. Em novembro, Marco e Antonio pediram uma reunião para discutir a proposta e, eventualmente, aumentar o valor. Pegaram um avião e foram encontrar os conselheiros da TechTeam em Nova York.

Durante uma hora, ele e Antonio ouviram o presidente do conselho, Seth Hamot, fazer uma longa exposição do que era a TechTeam: o número de funcionários, os clientes, as filiais no exterior, em especial na Europa. Após a longa apresentação, Marco falou rapidamente da Stefanini e foi direto ao assunto: "Quero comprar".

Nem Marco nem Antonio esperavam o que iria acontecer a seguir. Talvez Seth achasse que poderia encontrar um comprador para a divisão de governo, talvez achasse que o governo poderia ajudar mais os grandes clientes, como a Ford e a GM, e que as coisas melhorariam para a TechTeam. Não se sabe. O que se sabe é que Seth disse:

– Desculpe, a TechTeam não está à venda.

Para uma pessoa que viajou 10 mil quilômetros por achar ter encontrado o que procurava havia mais de três anos, uma frase dessas pode ser muito frustrante. Marco não podia acreditar nisso, e foi sem acreditar que ele se levantou lentamente e se dirigiu para a mesa dos biscoitos. Enquanto Marco dava as costas para os conselheiros, Seth continuou falando, só que agora olhando para Antonio, sobre as possibilidades de parceria que a TechTeam e a Stefanini poderiam explorar. Enquanto isso, ainda de costas para Seth, Marco enchia vagarosamente o copo com suco de laranja, pensando no tempo perdido e na busca que teria que continuar, em como um executivo sinaliza e negocia a venda de uma empresa para depois simplesmente dizer: "A TechTeam não está à venda".

Marco voltou para a cadeira e interrompeu Seth:

– Desculpe, mas eu acho que todos nós perdemos tempo aqui. Você, por falar com a gente, e eu, por sair do Brasil para conversar com você.

Levantou-se, despediu-se e saiu da sala.

Durante vários meses, o assunto TechTeam foi esquecido na Stefanini. Porém, em fevereiro de 2010, uma empresa que já havia demonstrado interesse pela aquisição, a Jacobs Engineering, voltou a discutir a compra da divisão de governo. Quase cinco meses depois, a Jacobs e a TechTeam anunciavam ao mercado um acordo para a venda da divisão de governo.

A TechTeam conseguiu o que queria desde o início, capitalizando-se com os US$ 59 milhões pagos pela Jacobs. Naquele momento, os conselheiros poderiam pegar o dinheiro e realizar o plano original de investir na empresa. O caso é que agora a estratégia havia mudado; eles sabiam que apenas dinheiro não resolveria a situação, bem como também sabiam que a TechTeam precisava ser parte de um grupo maior, algo que lhes permitisse enfrentar a concorrência.

A situação era parecida com a da Stefanini, com o agravante de que a TechTeam dependia muito do mercado norte-americano, em crise e estagnado, enquanto a Stefanini mantinha-se capitalizada e em um dos mercados mais fortes durante aquela crise. O conselho manteve a disposição de vender também a divisão comercial. E, em julho, a Stefanini fez uma nova oferta, no valor de US$ 73 milhões. Os conselheiros mantiveram-se em silêncio.

Os dias passavam, e Marco sabia que a qualquer momento outra empresa poderia tirar dele a TechTeam – bastavam alguns milhões de dólares a mais e os conselheiros seriam convencidos. No fim de outubro, ele autorizou Barretto a fazer uma oferta final de US$ 94 milhões pela divisão privada da TechTeam.

A resposta veio em 2 de novembro. Depois de receber o comunicado do conselho, Barretto foi encontrar Marco em um almoço com a diretoria da Stefanini. Aproximou-se e disse, sem que ninguém ouvisse:

– Deu certo.

Pelo resto da tarde, Barretto levou documentos para Marco assinar, sob os olhares desconfiados de todos os gerentes da Stefanini. O mistério era necessário, porque a partida ainda não estava ganha.

A TechTeam era uma empresa negociada em Bolsa, com quase todo o capital em poder de acionistas do mercado. Claro que a aprovação do conselho era importante, principalmente por duas razões: porque ali estavam grandes acionistas e porque eles seriam ouvidos pelos outros acionistas. Mas convencer o conselho era claramente apenas a primeira parte do desafio.

Dez dias depois da resposta do conselho de administração, a Stefanini publicou um anúncio em um grande jornal norte-americano avisando ao mercado que havia uma oferta feita aos acionistas da TechTeam. A partir daquele momento, eles tinham até 10 de dezembro para aceitar ou rejeitar aquela oferta.

Em 19 de novembro, o prazo final se aproximava, e apenas 18,39% das ações estavam em poder da Stefanini. Faltavam vinte dias. Marco precisava comprar 50% das ações mais uma para poder controlar a empresa. Sem isso não haveria vantagem em ter ações de uma empresa, sem poder controlar a operação. E mesmo o percentual mínimo de controle ainda poderia não ser o melhor negócio, porque a aquisição do restante poderia levar tempo e custar mais do que o previsto.

Mais uma semana e o número chegou a 18,54%. Mais quatro dias e o avanço continuava pequeno, apenas 21,64%. Faltavam dez dias. Depois de um longo processo, negociações, viagens e ofertas, aquela aquisição ainda poderia dar errado. Marco poderia ver a TechTeam escapar.

Três dias antes de o prazo acabar, Barretto ligou para Marco e avisou: a Stefanini agora é dona de 51,08% da TechTeam. Era oficial: eles tinham o controle.

Em 10 de dezembro, prazo final para os acionistas aceitarem a oferta, o número de ações adquiridas chegou a 89,36%. Depois de quase cinco anos procurando fazer aquisições e negociando, a Stefanini havia se transformado em uma empresa com real presença no mercado norte-americano, com operações importantes em outros países. E mais: no total, o Grupo Stefanini alcançava diretamente 27 países e empregava 12 mil funcionários. O faturamento anual superava R$ 1 bilhão. E tudo no meio da crise.

O desejo dos seres humanos de ir além de seus próprios limites parece ter uma íntima relação com as dificuldades. Algo explícito, por exemplo, na estranha relação entre os edifícios mais altos do mundo e as piores crises. Logo após a histórica crise de 1929, começou a construção do Empire State Building. Outra evidência dessa tendência: no ano seguinte à Segunda Guerra Mundial, outro arranha-céu começou a ser planejado, o World Trade Center. O projeto foi interrompido, para ser concluído às vésperas do choque do petróleo de 1973. Foi derrubado por terroristas em 2001, com um novo conjunto de torres sendo erguido na década seguinte. Recentemente, já no final dessa crise econômica, foi mais uma vez batido o recorde mundial, com o arranha-céu Burj Khalifa, de 828 metros, na emergente Dubai. Em crises, o espírito empreendedor deseja ir ainda mais alto.

Nesse ano de 2010, a Stefanini não foi a única a construir seu arranha-céu corporativo e fazer história. Dias antes da aquisição da TechTeam, a siderúrgica Gerdau pagou US$ 1,6 bilhão pelas ações que ainda não detinha da norte-americana Ameristeel. Um pouco antes, o frigorífico Marfrig comprou a também norte-americana Keystone, por US$ 1,26 bilhão. As multinacionais verde-amarelas aproveitaram o real forte para ir às compras.

Sem diminuir a importância de Marfrig e Gerdau, a aquisição da Stefanini foi especialmente histórica, um evento ímpar para o Brasil. Pela primeira vez, uma empresa nacional do setor de tecnologia adquiriu uma marca de peso no mercado norte-americano. Em 2011, após a aquisição da TechTeam, o novo ranking da Fundação Dom Cabral avisava: a Stefanini passou a ocupar o segundo lugar entre todas as empresas brasileiras internacionalizadas. Só atrás da JBS-Friboi.

Além disso, essa mesma empresa, que começou do zero em uma pequena sala na Avenida Paulista e que nunca havia feito uma fusão ou grande aquisição antes disso, conseguiu atingir o faturamento anual de mais de R$ 1 bilhão. E essa conquista veio justamente durante uma das mais severas e importantes crises econômicas da história do capitalismo global. Algo simbólico, se considerar que a Stefanini nasceu e se desenvolveu a partir de crises.

Enquanto a empresa se consolidava, as antigas e grandes concorrentes foram sendo adquiridas pelo capital internacional; vieram franceses, norte-americanos, espanhóis, portugueses e chilenos. Simultaneamente, a Stefanini passou a ser seis vezes maior que o segundo colocado de capital brasileiro.

Nos anos seguintes após a quebra do Lehman Brothers, a crise – embora menos intensa – ainda persistiria nos países ricos. Entre os emergentes, havia recessão na Rússia e redução do crescimento na China e na Índia. Nesse grupo chamado BRIC (Brasil, Rússia, Índia e China), o Brasil acabou sendo o menos afetado, pelo menos até o fim de 2010. Ao contrário, o sentimento local ainda era de esperança, com a expectativa de que o sonho de ser o país do futuro poderia finalmente se tornar realidade: o PIB tinha crescido 7,5% e o desemprego estava abaixo dos 7%, próximo do que os economistas chamam de "pleno emprego".

O cenário mudaria em breve, mas essa reversão de expectativas não seria a maior adversidade para uma empresa acostumada a navegar em crises econômicas. O grande desafio seguinte seria consolidar a identidade da empresa, integrando as filiais que tinham sido adquiridas, transmitindo a elas a sua cultura. A Stefanini agora era verdadeiramente global e teria que lidar com isso.

CAPÍTULO 13

INTEGRAÇÃO

Apesar do sol brilhando, o termômetro indicava 10 graus Celsius negativos. Marco bateu os pés, tentando inutilmente esquentar o corpo. Estavam diante da sede da TechTeam, em um prédio localizado na cidade de Southfield, parte da metrópole de Detroit, estado americano do Michigan. Na frente do prédio, três bandeiras: Brasil, Estados Unidos e o estandarte do estado do Michigan. Nas horas seguintes, durante a visita, Marco encontraria algumas centenas de americanos.

Eles eram a face humana da recessão que, oficialmente, havia terminado em 2009. Um dos muitos efeitos da crise havia sido a venda de empresas americanas para estrangeiros. O caso da Stefanini e da TechTeam estava longe de ser o único. E cada funcionário de empresa adquirida temia pelo seu futuro.

A cada funcionário que encontrava, Marco repetia:

– *How are you?*

Durante toda a vida, ele havia dado pouca atenção às aulas de inglês. Chegou a estudar em uma rede de escolas conhecida nacionalmente, a Cultura Inglesa, mas o Brasil era fechado, e aprender um idioma estrangeiro não era considerado tão importante como é hoje.

Mais tarde a situação mudou, mas ele nunca mais teve tempo para estudar. Isso, no entanto, não o impedia de tentar se comunicar. "Vai com meu *spaghetti english* mesmo", pensou.

– *How are you?* – continuou repetindo, enquanto cumprimentava os funcionários.

Naquele momento, o idioma era o de menos. Ao adquirir a empresa, a Stefanini enfrentava o dilema mais difícil e comum em situações semelhantes: mudar a cultura. Por um lado, era sempre razoável imaginar que havia algo a ser aperfeiçoado em uma empresa que havia sofrido com a crise econômica. Afinal, a Stefanini não só sobrevivia, como prosperava.

Andando pelo escritório, Marco notou que havia várias salas fechadas. A TechTeam ainda usava o modelo clássico, em que cada executivo tinha sua sala, ficava isolado e fazia seu trabalho, com pouca interação na equipe. Algo que a Stefanini tinha abandonado décadas antes, quando todos passaram a trabalhar lado a lado, no mesmo local. Mesmo executivos de primeiro escalão não ficavam isolados em salas individuais, mas juntos em um mesmo espaço.

Por outro lado, Marco tinha perfeita consciência de que não era possível, nem desejável, chegar a uma empresa e aniquilar sua cultura original. Em cada país, há costumes e práticas que devem ser respeitados e, em boa parte dos casos, valorizados. Esse foi um dos erros centrais cometidos por empresas estrangeiras, como no caso dos chineses que adquiriram operações americanas, ignorando as singularidades locais. Anos depois, o documentário *American Factory* mostraria os problemas desse embate de culturas, retratando as dificuldades de uma empresa chinesa ao adquirir uma empresa no estado americano de Ohio. A produção chegou a ser premiada com um Oscar.

Mas, naquele ano de 2010, o que Marco tinha era somente a intuição de que o melhor a fazer era proceder com cautela e respeito. Principalmente porque todo processo de mudança já enfrenta resistência em situações normais, um fato indicado em pesquisas e que o próprio Marco pôde comprovar na prática ao longo dos anos. Quando questionados, a esmagadora maioria dos envolvidos se diz favorável a inovar, desde que não seja nada radical no seu próprio setor. Entre as maneiras de se opor, quando isso ocorre, está a chamada "resistência passiva".

Nesses casos, o funcionário pode se restringir a fazer somente o que lhe é ordenado ou mesmo concordar verbalmente, mas não executar determinadas tarefas. Em alguns casos, ainda pode reter informação, fingir ignorância, diminuir o ritmo de trabalho, aumentar o período de ausências. Esse seria um dos principais desafios dos anos seguintes.

Dois meses depois da visita à antiga matriz da TechTeam no Michigan, a Stefanini montou o *kick off* de 2011, evento anual que recebia executivos de todas as operações da Stefanini no mundo. Era o sexto daquele tipo, mas o primeiro depois da aquisição da TechTeam, quando foi possível compreender o que ela significava para o futuro da empresa. O evento começou na quarta-feira, 9 de fevereiro, no Hotel Bourbon Ibirapuera, terminando o dia com um jantar para os executivos, em que foi possível ter uma visão impressionante.

Às mesas, dezenas de executivos estrangeiros em meio aos brasileiros. Dos Estados Unidos vieram 29 pessoas, entre brasileiros e americanos. Da Europa, 22, e da América Latina, 30. Havia também dois que vinham da Ásia: um executivo da China e um americano que estava trabalhando na filial da TechTeam em Manila, Filipinas. Frases em inglês e português se misturavam no ar, ouvindo-se aqui e ali várias palavras em outros idiomas. Poucas cenas poderiam ser mais representativas daquilo que a Stefanini tinha se tornado, uma representação visual de uma empresa que agora se estendia por 27 países.

Todos também estavam ali tentando entender o que significava ser parte de uma empresa brasileira de tecnologia. Para muitos executivos, havia o receio de não conseguir se integrar. Como referência, muitos lembravam de uma cena que ficou marcada no folclore das grandes aquisições, ocorrida em 2004, quando a Ambev adquiriu a belga InterBrew. Ao apresentar seu sistema de remuneração aos funcionários da filial belga, estes começaram a se levantar, um a um, deixando a sala. Antes da apresentação terminar, só restavam os brasileiros.

Outras empresas agiam de maneira preventiva após uma aquisição, preferindo fazer uma "limpa", demitindo os executivos locais e substituindo todo o primeiro escalão por gente da nacionalidade da empresa que havia sido comprada. No caso da Stefanini, muitos não conheciam bem sua cultura e tinham dúvidas sobre o que viria pela frente.

Ao lado de Marco, no evento, estava sua esposa Graça Sajovic, presente na história da Stefanini desde o início e que atuava como vice-presidente. Ela tinha uma percepção bastante aguda dos desafios culturais que uma integração como aquela oferecia. Já havia visitado as filiais e continuaria fazendo isso nos anos seguintes, o que lhe daria um olhar privilegiado sobre como pessoas de diferentes países se comportavam. A começar pelo Brasil. No Nordeste, tinham um expediente diferente – começavam a trabalhar mais cedo e acabavam mais cedo também. Em Curitiba, percebeu que os funcionários eram mais reservados. Indo ainda mais para o sul, notou que as pessoas eram mais combativas nas relações. Cada um desses perfis tinha que ser compreendido, para evitar mal-entendidos e alcançar uma harmonia.

O mesmo ocorria em outros países. Por exemplo, em muitos deles, os funcionários têm uma relação social marcada pela hierarquia. Ou seja, tratam as pessoas de maneira muito diferente, dependendo do cargo que tiverem ou mesmo da classe social a que pertençam, o que diversas vezes chocou uma paulistana como Graça, acostumada a abraçar e a falar com todo mundo. Certa vez, ela dirigiu palavras afetuosas a uma funcionária da limpeza de uma filial estrangeira, que começou a chorar. Segundo a funcionária, nunca ninguém tinha falado com ela daquele jeito, nem ali, nem em qualquer outra empresa.

Em contraste, Graça ficou surpresa ao notar que na Argentina todos os funcionários chegavam de manhã e se beijavam. Um funcionário chegava e dava um beijo em todos, inclusive o *country manager*. Depois, o outro e o outro. Todos eles, todos os dias.

Quando começou a interagir com a nova filial americana, após a aquisição da TechTeam, percebeu que seu hábito de mandar beijos e abraços provocava surpresa. Outros brasileiros descobriram rapidamente a diferença entre as culturas. Uma executiva resolveu puxar papo no almoço.

– E então, você já sabe em quem vai votar na eleição?

– A gente não fala de política – respondeu a outra pessoa, de forma seca, mas com um sorriso meio amarelo, mostrando que sabia a origem da pergunta. Era de outra cultura.

Uma reação bem mais forte ocorreu quando uma funcionária brasileira, a título de brincadeira, deu um pequeno beliscão em uma americana. O ato pode ser entendido como parte da cultura brincalhona brasileira, mas os americanos valorizam muito o espaço privado. Nesse caso, a funcionária acabou pedindo demissão depois. Portanto, o que parece normal para uma cultura pode ser inaceitável para outra.

Sabendo de tudo isso, Graça olhava para o jantar, com dezenas de estrangeiros, e entendia que o desafio não se restringia a padrões de gestão. Entre os executivos presentes no evento estava o então diretor de negócios, Marcelo Ciasca, que em 2004 tinha se mudado para o México. Ele tinha sentido na pele o que a diferença cultural podia significar para o sucesso ou fracasso de uma filial internacional.

Paulistano, a juventude de Ciasca tinha sido distante da tecnologia. Durante cinco anos fez carreira no Exército, saindo como oficial. A experiência influenciou sua maneira de ver a gestão de pessoas. Não a disciplina forçada que normalmente as pessoas enxergam na carreira militar, mas a habilidade de lidar com indivíduos que muitas vezes não queriam estar ali. Aprendeu como se relacionar em situações adversas e como ganhar o respeito de pessoas com perfis diversos – que vinham de classes sociais e culturas distintas.

Do Exército, foi trabalhar com venda de computadores e chegou à Stefanini em 2001. Três anos depois, foi convidado para assumir a unidade de negócios no México, que na época não tinha mais do que meia dúzia de funcionários, alocados em um escritório de 50 m². Ciasca aceitou, pensando que, se tudo desse certo, ficaria dois ou três anos. A realidade foi bem diferente do que ele esperava. E uma lição valiosa para todos os brasileiros e estrangeiros que estavam naquele jantar.

Isso porque a entrada do México – como em vários países – foi bastante difícil nos primeiros anos. Tendo começado com a Argentina em 1996, o Chile e o México foram o segundo movimento, em 2000. No ano seguinte, a Stefanini chegou ao Peru, à Colômbia e aos Estados Unidos, com a experiência de Antonio Moreira desbravando os primeiros clientes americanos. Dois anos depois, Espanha, Portugal e Itália. Em 2006 foi a vez de Reino Unido e Índia, e em 2008, Canadá.

Em cada país, o desafio de navegar em uma cultura diferente. Quando Ciasca chegou ao México, em 2004, a filial ainda não fechava muitos negócios e perdia dinheiro. Como Moreira nos Estados Unidos, lá estava Ciasca, desbravando o território e se comunicando em um idioma que não era o seu.

– *¿Cómo estás?*

O espanhol de Ciasca não ia muito além disso. Ele sabia que não bastava aprender a falar; era essencial ser desenvolto o suficiente para convencer. Correu para fazer um curso de espanhol. Não podia errar nada, nem mesmo cometer um erro gramatical em um e-mail. Para garantir uma integração maior, decidiu evitar o caminho mais comum, que era escolher bairros onde vivem muitos brasileiros, como Interlomas ou Santa Fé. Quem fazia isso acabava criando uma bolha com um pouco de Brasil em volta, encontrando os vizinhos no fim de semana para fazer um churrasco e falar português. Ciasca, não. Escolheu morar em Naucalpan, município que fica a pouco mais de vinte quilômetros da capital, Cidade do México. Também colocou os filhos para estudar em escola mexicana, e toda a família fez sua imersão na cultura local.

Aos poucos, foi percebendo que a cultura empresarial mexicana era um pouco diferente daquela a que ele estava acostumado em São Paulo. Por exemplo, sua relação com o tempo era distinta, com o que Ciasca passou a chamar de "ahorita". Se recebem uma solicitação para uma tarefa, respondem:

– *Ahorita yo hago* [faço].

Ou seja, "agorinha". O que pode ser um minuto ou no dia seguinte. Vindo de um meio militar, era de se esperar que Ciasca tentaria pressionar para eliminar esse tipo de reação. É onde reside o grande erro de empresas que buscam negócios internacionais: tentar impor seu modo de trabalhar a outras culturas. Ciasca não cometeu esse erro. Se ele sabia a importância da disciplina, também entendia bem como é fundamental criar uma boa relação para obter bons resultados. Respondeu às diferenças criando prazos, mas ao mesmo tempo respeitando a autonomia dos funcionários para gerenciar seu próprio tempo. O que combinava perfeitamente com a filosofia da Stefanini, sempre colocando nas mãos de cada um a liberdade de definir como agir.

Com o tempo, percebeu que o mexicano baseia suas relações de trabalho intensamente no relacionamento pessoal. Um contraste com culturas mais individualistas, que se isolam em suas salas, executam seu trabalho e voltam para casa. O mexicano interage mais, tanto com os colegas de trabalho quanto com parceiros. Essas conexões tornam o cotidiano mais leve, criativo e cheio de possibilidades.

Ao compreender esse elemento, Ciasca conseguiu avançar a operação mexicana, mesmo não podendo contar com a ajuda de aquisições para conquistar mercado. Diferentemente do que se passou no Uruguai e na Colômbia, em que aquisições permitiram à Stefanini ganhar clientes automaticamente, no México isso nunca ocorreu. Quando veio a aquisição da TechTeam, que trouxe clientes em vários países, especialmente nos Estados Unidos e na Europa, nenhum estava no México.

Ciasca foi avançando de maneira orgânica, ao mesmo tempo tentando se habituar a um traço da vida do México que o aterrorizava: terremotos. Foi quando o mercado financeiro mundial viveu seu próprio abalo sísmico: era a crise de 2008-2009. Nessa época, ele já tinha conseguido posicionar a empresa como uma alternativa no mercado, e as relações construídas acabaram sendo úteis. Graças a isso, a Stefanini faria, pela primeira vez fora do Brasil, jus à fama de crescer nas crises.

Nos piores meses do terremoto econômico, um grande banco mexicano entrou em contato e propôs:

– Vou passar para vocês pouco mais de cem recursos – disse, fazendo referência aos funcionários de várias empresas prestadoras de serviço de tecnologia que atendiam o banco.

É que esses prestadores de serviço estavam sem dinheiro em caixa para pagar os funcionários alocados dentro do banco. Também não tinham crédito para conseguir dinheiro, pois já estavam alavancados por dívidas ou outros empréstimos. Nesse momento, a Stefanini tinha um grande diferencial, pois não tinha nenhuma dívida. Isso permitiria logo depois a aquisição da TechTeam, bem como todas as aquisições nos anos seguintes. Toda a estratégia da Stefanini seria possível pelo fato de não ter se endividado e dispor de capital próprio para financiar a expansão.

Essa vantagem também se mostrou útil quando a crise colocou os concorrentes da Stefanini no México em dificuldades. Foi o que fez o executivo do banco entrar em contato com Ciasca.

– Vocês absorvem esses recursos e eu passo a ter contrato só com vocês – fez uma pausa e concluiu:

– E a gente elimina os outros fornecedores.

Ciasca começou a conversar com potenciais clientes, propondo assumir o atendimento dos concorrentes que não tinham capacidade financeira para se manter. O mesmo começou a ocorrer em outros países da América Latina e no Brasil. O resultado foi que, enquanto os concorrentes encolhiam, a Stefanini aumentou as operações em receita e tamanho.

Quando a crise acabou, e após a aquisição da TechTeam, Marco reestruturou globalmente a empresa, dividindo-a em quatro grandes regiões: Estados Unidos, Europa, Brasil e América Latina (sem o Brasil, evidentemente). No México, a operação crescia. De uma empresa sem presença nenhuma, a Stefanini passou a ser uma das 15 empresas de TI mais importantes do país.

Assim, aprendendo a lidar com uma cultura diferente e aproveitando oportunidades nas crises, Ciasca acabou tendo que rever seu plano de ficar dois ou três anos no México. Recebeu a liderança da região latino-americana, assumindo o cargo de CEO da América Latina. Continuou morando no México, mas passou a circular pela região, alternando as visitas entre Colômbia, Peru, Chile, Argentina e Uruguai. Em vez de dois anos, sua estada mexicana duraria quase 16 anos, de 2004 até 2019.

Experiências como a de Ciasca são difíceis de ser transmitidas, ainda mais em um evento de alguns dias como o *kick off* de 2011. Todos aqueles brasileiros e estrangeiros, cuja diversidade Graça tanto admirava, voltariam para seus países ainda pensando o que seria a integração da Stefanini com sua cultural local.

Entre eles estava a belga Tania Herrezeel, uma das executivas responsáveis pelas operações da TechTeam na Europa. Ela vivia uma situação quase oposta à de Ciasca. Tinha entrado pouco tempo antes na TechTeam e, de repente, viu a empresa ser adquirida por uma empresa de um país sobre o qual conhecia muito pouco.

Para Tania, o primeiro contato com Marco tinha sido tenso, como se estivesse em uma entrevista de emprego. Afinal, sendo funcionária nova, era razoável imaginar que fosse substituída por um executivo brasileiro. Pela primeira vez na vida, ela se via diante da possibilidade de ficar pouco tempo em uma empresa. Apesar de estar no mercado de trabalho desde o início da década de 1990, Tania havia trabalhado somente em três empresas. Na última, antes da TechTeam, havia permanecido 17 anos.

Bruxelas seria o segundo escritório que Marco visitaria após a aquisição, depois de sua passagem pela matriz da TechTeam no Michigan. A capital belga era a base da TechTeam no continente europeu, que na época tinha uma operação com tamanho equivalente ao da carteira dos Estados Unidos. Marco chegou a Bruxelas pouco antes do Natal, encontrando um céu muito azul e o dia ensolarado. Fez o costumeiro *tour* pelo escritório, dizendo "good morning" a todos, não muito diferente do que tinha feito no Michigan. Enfim, chamou Tania para conversar. Ela entrou na sala, imaginando se aquele seria o momento de se despedir. Em vez de uma demissão, Tania ouviu um convite.

– Estamos organizando o *database* de clientes – explicou o fundador da Stefanini.

Tania sabia que era uma tarefa estratégica, pois agregava as informações sobre os novos adquiridos com a carteira da TechTeam.

– Você conhece todos os acordos – explicou. – Quero que você venha ao Brasil para entender como vamos fazer isso.

Assim, em janeiro de 2011, Tania foi a São Paulo, a primeira entre todos os executivos estrangeiros a visitar a matriz da Stefanini. Ficou uma semana trocando informações com os brasileiros. A carteira de clientes europeia era bem diferente da brasileira, com a maior parte dos serviços relacionados ao atendimento de TI, o *service desk*. Boa parte era de clientes globais, sempre com atendimento na língua local, o que significa prestar serviços em uma dúzia de idiomas. Outra porção importante de serviços estava em desenvolvimento, marketing, vendas e gerenciamento.

A experiência mostrou à Tania como a maneira de trabalhar na Stefanini tinha algumas diferenças importantes em relação ao que ela estava acostumada até então ao lidar com os americanos. As decisões eram tomadas de maneira rápida, e, apesar de Marco estar bastante presente durante o período em que esteve em São Paulo, ficou evidente para ela que os executivos tinham uma autonomia muito grande e tomavam decisões sem precisar consultá-lo o tempo todo.

Depois da integração do banco de dados de clientes, Tania ainda voltou ao Brasil para participar do famoso *kick off*, com dezenas de outros executivos estrangeiros. Ela e os outros presentes no evento já notavam a cultura de autonomia da Stefanini, o que fez alguns imaginarem que a empresa provavelmente substituiria os cargos mais importantes por brasileiros. Afinal, autonomia exige uma certa dose de afinidade, e seria natural pensar que um executivo já acostumado com a empresa receberia a confiança necessária com mais facilidade. Talvez, pensou Tania, aquele jantar histórico fosse seu primeiro e último contato com o Brasil e a Stefanini.

Mas Marco decidiu não cometer o mesmo erro dessas empresas que chegam de maneira agressiva. Não faria a "limpa". Eliminar os executivos locais e impor a cultura da Stefanini de maneira repentina não funcionaria. Eventualmente levaria brasileiros, mas o grosso da equipe seria de funcionários locais, torcendo para que eles compreendessem como a Stefanini funcionava.

Com isso preservou a cultura local, bem como os relacionamentos dos executivos com o mercado. Como no caso da Europa, em que nenhum brasileiro foi enviado, ao menos nos primeiros anos. Como todos os outros, Tania ficou na Stefanini. Naquela ocasião, Marco evitou uma armadilha. Mas outros desafios surgiriam.

CAPÍTULO 14

IDENTIDADE

Após o *kick off*, Tania voltou a Bruxelas para, finalmente, começar a lidar com o cotidiano na nova empresa. Na primeira videoconferência com Marco, um problema: a belga não entendia bem o que ele dizia. De um lado, o forte sotaque brasileiro e uma fluência ainda deficiente. Do lado europeu, uma falante de inglês extremamente fluente, mas que não era nativa. Tania começou a gesticular com uma das mãos, fazendo mímica para representar o que estava tentando dizer. Com a outra mão, clicava para entrar no Google Translator e apelar para palavras em português.

Além da barreira linguística, havia outro problema, este bem mais difícil de contornar. Embora a aquisição tivesse trazido clientes e funcionários, faltava um elemento fundamental: uma marca forte. "Somos apenas mais uma empresa de TI", pensava Tania a respeito da operação, antes da aquisição. "Temos bons números, mas nada especial para dizer." Era mais uma empresa americana em território europeu, sem uma história que permitisse definir com clareza sua identidade. Tinha a vantagem de ter uma nacionalidade – a americana – associada à tecnologia, mas que não era suficiente para se distinguir.

Para a Stefanini, surgiu o desafio de apresentar um discurso totalmente novo. Foi com esse desafio que Tania começou a percorrer o mercado para falar sobre a mudança. Nos meses seguintes, ela entrou em contato com aqueles que já tinham contrato e visitou feiras de tecnologia em Londres e Barcelona.

Durante as conversas, Tania percebeu que a Stefanini tinha, sim, uma história.

– *A Brazilian company, you say?* – alguns perguntavam, em um misto de ceticismo e interesse.

Nos primeiros anos nos Estados Unidos, Antonio Moreira tinha dificuldade para ser recebido pelos clientes que prospectava. Faltavam os relacionamentos, a marca era desconhecida, e o fato de ser uma empresa brasileira também não ajudava. Mas Tania já tinha relacionamentos estabelecidos. E eles se mostraram curiosos para saber que brasileiros eram aqueles que tinham adquirido uma empresa americana com negócios na Europa.

– *TechTeam was at Nasdaq, right?* – perguntavam. Em geral, é a empresa com capital aberto e acesso a crédito farto que vai às compras, e não o contrário.

Dois anos depois da aquisição da TechTeam, no fim de 2012, a percepção de que a Stefanini tinha realmente uma história se tornou mais concreta para Tania. Foi quando ficou pronta a versão em inglês da primeira edição do livro *O Filho da Crise*. Tentando entender o que havia exatamente de diferente naquela história, ela começou a ler o relato de como Marco fundou a Stefanini e a levou a se tornar uma empresa importante no Brasil. A história terminava na aquisição da TechTeam.

A partir dali, o livro se tornou uma ferramenta importante para fazer com que executivos como Tania entendessem o que era exatamente a cultura da Stefanini. Além do perfil de seu fundador, os leitores descobriram como as grandes transformações do mercado foram enfrentadas nas décadas de 1980, 1990 e nos anos 2000. Terceirização, *downsizing*, crises mundiais – a Stefanini tinha uma história e um modo de lidar com essas grandes tendências e acontecimentos. De fato, a empresa tinha uma trajetória, uma identidade e um modo de pensar enraizado na cultura. Ela se definia por se reinventar quando preciso, por ser ágil quando necessário, por fortes manifestações de flexibilidade, criatividade e resiliência. Uma empresa que crescia na crise.

Mas a Stefanini estava em plena transformação, e a história contada no livro não era capaz de explicar tudo. Tania teria que descobrir o restante na prática. Será que a Stefanini conseguiria reproduzir aquela receita nas operações internacionais? Se sim, de que maneira isso funcionaria em culturas tão diferentes? Além da questão cultural, Marco tinha medo de que o tamanho fizesse com que a Stefanini se tornasse lenta, burocrática, pesada. Para ele, o DNA da empresa estava na agilidade, que era o dele também; a disposição em responder a uma ligação, de estar sempre disponível, de correr para falar com o cliente. Grandes corporações precisavam planejar mais, mas Marco não estava certo de querer deixar essa necessidade prejudicar a velocidade.

Para os funcionários que agora faziam parte da Stefanini, a resposta para essas questões – tanto a cultural como o aspecto da agilidade – começou a ser percebida pela rigidez ou flexibilidade com que recebiam as orientações que vinham da matriz, no Brasil. Até aquele momento, os funcionários europeus estavam acostumados a ser gerenciados por uma empresa americana. Agora era uma empresa brasileira, um país cuja cultura empresarial eles conheciam muito pouco. Mais ainda, uma empresa brasileira muito particular. Era preciso passar por um processo de adaptação.

As dúvidas e descobertas de Tania eram sentidas ao mesmo tempo nas outras filiais da Stefanini. Na América Latina, nos Estados Unidos, na Ásia. Qual era exatamente a identidade da Stefanini e como integrar as diferentes culturas a ela? A versão em inglês de *O Filho da Crise* chegava a todos os países e ajudava nesse processo. No fim de 2013, foi publicada a versão em espanhol. O livro não trazia somente a história de como a empresa foi criada e cresceu, mas também era possível entender um pouco a razão pela qual era diferente das outras. Mesmo assim, não respondia a todas as questões. Após a aquisição, a história continuava.

O resultado dependeria muito do desempenho daqueles que estavam chegando; eles eram os novos personagens da narrativa que construiria a nova Stefanini. Por exemplo, uma questão era como eles reagiriam à cultura daquela empresa. Será que se levantariam e deixariam os brasileiros falando sozinhos, como fizeram os belgas, certa vez, com os executivos da Ambev?

De um lado, era importante que a Stefanini respeitasse a cultura local de cada país. Mas, ao mesmo tempo, era fundamental ter pessoas que tivessem afinidade com o jeito da Stefanini. Nesse aspecto, a vice-presidente Graça Sajovic – que acompanhava de perto o processo de integração – acreditava na eficácia de considerar determinados atributos pessoais na hora de selecionar e contratar. Mais tarde, um grupo de profissionais de diferentes áreas e países resumiria essas características em "sete atitudes". Eram elas:

1. Inovar com o cliente.
2. Fazer a diferença.
3. Liderar pelo exemplo.
4. Agir como empreendedor.
5. Ser ético e agir de acordo com o que fala.
6. Acreditar nas pessoas e respeitá-las.
7. Ter humildade para aprender.

Na visão de Graça, boa parte dessas atitudes tinha relação com um atributo essencial para trabalhar na Stefanini: gostar de gente. O que é fácil de entender, quando se lembra que a empresa sempre teve um foco forte em serviços. E não há serviço de qualidade sem gostar de gente. As aquisições que estavam acontecendo não podiam mudar fundamentalmente esse traço.

No processo de integração de culturas, esse foco acabaria sendo essencial. Não somente da maneira mais evidente, como no item 5, que trata de ética, ou do 6, que fala em acreditar nas pessoas e respeitá-las, mas nos pequenos detalhes. Três anos depois da aquisição, ainda era comum encontrar placas com o nome de TechTeam na filial americana do Michigan, antiga matriz da empresa adquirida. Integrar culturas também não era fácil, principalmente porque Marco tinha decidido andar devagar, com receio de cometer os erros de outras empresas. Nem todas as salas tinham sido eliminadas, e a proximidade entre funcionários ainda avançava devagar.

No caso da matriz americana que Marco tinha visitado, a decisão foi não impor nenhuma mudança drástica. Ele tinha a percepção de que deveria prosseguir com tato e não chegar – como tinha ocorrido em casos famosos, como o da empresa em Ohio adquirida pelos chineses, por exemplo – dando ordens de como as coisas tinham que ser feitas nos Estados Unidos.

Mas os escritórios europeus já estavam acostumados a receber a orientação que vinha dos Estados Unidos. Por isso, era natural que a mudança não fosse tão difícil. Além disso, os executivos da Stefanini observaram que os europeus tinham uma tendência a planejar muito bem antes de executar. Esse perfil os tornava bem receptivos a receber uma função, executar e seguir as regras.

Porém, a cultura da Stefanini era diferente. Não se tratava mais de somente receber a ordem do que deveria ser feito. Em vez disso, o que se buscava era o que chamam de espírito empreendedor. Nesse sentido, conceitos como autonomia e sentido de urgência se tornavam mais importantes. No jargão do mercado, expressões em inglês como *entrepreneur, mindset* e *ownership* se tornam mais importantes.

Cada executivo que chegava à Stefanini, vindo de diversas culturas e países, sentia a diferença. Como o argentino Damian Mendez, que assumiu como *country manager* na Argentina, em 2014. Tendo trabalhado vinte anos no Citibank, Mendez conhecera a elite do mercado corporativo latino-americano. Como costuma dizer, havia aprendido a "nadar entre tubarões". Apesar de admirar a qualidade dos processos que conhecera com clientes e parceiros, tinha passado a achar que as empresas internacionais eram sinônimo de lentidão.

Na Stefanini, Mendez conheceu um modo diferente de atuar. Toda vez que uma decisão difícil tinha que ser tomada, ligava para Marco e tudo se resolvia em um minuto. Percebeu que o fundador da Stefanini ajustava seu tempo de acordo com o cliente. Nas conversas com ele, falava-se menos de estratégia, de lucro ou tecnologia, e mais do cliente A, B ou C. Em contraste, toda vez que falava com Graça, o foco estava nas pessoas. Nas conversas com ela, o que ouvia era sobre o comentário feito pelo estagiário, o analista ou o gerente. Desse binômio – cliente e pessoas – era possível definir com clareza o foco da Stefanini. Mendez se adaptaria bem a essa cultura e acabaria assumindo o cargo de CEO da Stefanini América Latina em 2019, cinco anos depois de chegar à empresa.

Outro executivo, brasileiro, que sentiu bem a diferença foi o gaúcho Farlei Kothe, que chega à filial europeia em 2017. Ali, ele se tornaria um personagem importante na história da Stefanini. Logo que chegou, Kothe percebeu a alta qualificação dos profissionais locais. Estudavam muito, tinham bastante cultura e falavam três ou mais idiomas com total fluência. Eles planejam e preparam, e o resultado é sempre muito bom. Apesar disso, Kothe percebeu que mudanças precisariam ser feitas.

Não que ele não gostasse de planejar. Ao contrário, seus colegas sempre o viram como alguém obcecado por planejar muito. Mesmo assim, não era o suficiente. Pouco tempo depois de se estabelecer em Bucareste, capital da Romênia, onde a Stefanini tinha sua principal base de entrega, um cliente lhe pediu uma apresentação. Prazo: dois dias.

Quando Kothe comunicou isso à equipe, ouviu:

– Vamos ter de recusar, né?

– Como assim? – perguntou o gaúcho.

– Ora, não tem como montar em dois dias. Uma apresentação costuma levar pelo menos duas, três semanas para ser feita.

Kothe achou que era uma brincadeira; a diferença de tempo era muito grande.

– Não, não tem como fazer – insistiram.

Encerrada a reunião, Kothe voltou para sua mesa e começou a juntar material. Montou rapidamente uma apresentação básica e, no dia seguinte, pediu à equipe que o ajudasse a revisar o inglês.

Assim, na data solicitada, a apresentação foi feita. O cliente agradeceu, feliz por ter a solicitação atendida no tempo que precisava.

Kothe não se segurou e contou vantagem.

– Taí, vocês falaram que não dava pra fazer? Tá feito.

Mas teve o cuidado de dizer isso com tranquilidade, porque sabia que aquela diferença de pontos de vista era uma questão cultural. E que a divergência estava longe de resolvida.

De fato, alguns meses depois, Kothe notou que não estava conseguindo fazer chegar a informação aos clientes com a velocidade necessária. Uma das formas de fazer isso eram os *workshops*, mas o processo era lento, pois o comum era fazer um por cliente. Foi então que ele reuniu a equipe e anunciou:

– Nós vamos começar a fazer *workshops* para clientes...

Os funcionários assentiram, parecendo gostar da ideia.

– ...mas, em vez de atendermos um por um, vamos marcar um *workshop* aqui.

Nesse momento, a surpresa foi maior. Não seria fácil organizar e atrair os executivos até ali. Quase todos os clientes teriam de vir de outros países. Para complicar, Kothe ainda explicou que gostaria de convidar trinta clientes. Ficaram debatendo os detalhes, quantas horas duraria, alguns temas essenciais. A empolgação começou a aumentar; todos entendiam que poderia dar certo. Foi quando um dos funcionários disse:

– Pode ser bacana mesmo. Se corrermos um pouco, poderemos conseguir fazer no começo do segundo semestre.

– Como? – agora a surpresa era de Kothe. Estavam em março, o que significava que demorariam três meses para fazer. Nesse caso, qualquer resultado do *workshop* em termos de projetos só começaria a ser sentido em novembro. Na prática, nenhum projeto, de fato, seria realizado naquele ano.

– Dou três semanas – disse o gaúcho.

A sala foi abaixo.

– Você é louco – disse um.

– Kothe, vai ser um fracasso.

Para eles, estaria sendo sacrificada a qualidade, mas ele não via dessa maneira. Seu cálculo era de que uma ação boa e realizada hoje produz resultados, enquanto uma excelente no futuro equivale a perda de espaço. Três semanas depois da reunião, o *workshop* aconteceu. Recebeu o nome de Digital Transformation Everywhere, transformação digital em qualquer lugar. E foi capaz de atrair 70 pessoas, dos mais diversos setores – bancos, varejo, setor automotivo –, com algumas das maiores empresas globais.

Os clientes aprovaram, e a equipe ficou orgulhosa do que havia conseguido realizar. Kothe concluiu que estavam chegando a um meio-termo, conseguindo conjugar qualidade e execução em tempo hábil. Depois do primeiro, outros *workshops* foram feitos seguindo o mesmo modelo. Primeiro na Espanha, depois na Bélgica, na Alemanha, passando a ser uma ferramenta de marketing da Stefanini.

A atitude de Kothe se encaixava no que Graça qualificava de "agir como empreendedor" (atitude 4). Era isso que a Stefanini esperava levar como cultura empresarial. Deviam decidir por si mesmos o melhor curso de ação e, uma vez definido, usar todo o seu conhecimento e experiência para a realização. Era um desafio. E exigiu um período de adaptação. Alguns se adaptaram bem e adoraram a nova forma de trabalhar. Outros decidiram que não era sua preferência e resolveram partir.

No primeiro semestre de 2013, Marco chegou para mais uma de suas muitas visitas à Europa. Depois dos primeiros contatos a distância, Tania notou que a fluência e o domínio do inglês de Marco haviam melhorado.

– *How are you?*

– Olá, tudo bem? – a belga respondeu, com forte sotaque francês.

A Stefanini tinha fornecido aos executivos um aplicativo para ajudar no aprendizado da língua portuguesa. Àquela altura, Tania já estava no início de um processo de encantamento pelo Brasil. Sua admiração pela Stefanini, por sua história e identidade, começava a se transformar em um amor pela própria cultura brasileira.

A comunicação sempre foi fundamental, por diversas razões, como ficou claro nas crises, quando Marco se dirigia diretamente à empresa inteira para explicar como reagiriam em um período difícil. Ele considerava a comunicação com clientes e funcionários seu ponto alto. Porém, como Ciasca havia aprendido no México, não basta falar um segundo idioma. O domínio precisa ser completo. Não se pode errar. Não se pode correr o risco de o cliente dizer uma coisa e Marco entender outra. E vice-versa.

Começou a romaria. Logo nas primeiras conversas, Tania percebeu que Marco era direto, pragmático, ia logo ao ponto que interessava. "Quantas pessoas tem aqui para te atender?". "Qual é o seu maior problema hoje?". "Qual é seu maior receio quanto ao futuro?".

As perguntas diretas quebravam o clima formal que normalmente envolve esses encontros. Marco falava a língua universal: a busca pela solução do problema. Se observassem o que ele fazia, os funcionários poderiam perceber que o comportamento estava alinhado com a atitude 3, "liderar pelo exemplo".

Depois daquele primeiro encontro, Tania percebeu que tinha um CEO "acessível", de uma maneira que ela nunca tinha vivenciado antes. Talvez por isso a recepção era sempre muito boa. Mesmo quando o domínio do inglês não era tão bom, Marco encontrava um ambiente de respeito e atenção.

Sempre que ela pedia, Marco a acompanhava aos eventos e falava com os clientes. Fazia um esforço para se encontrar com o CEO do cliente – o que não era simples, pois muitas vezes eram empresas muito maiores do que a Stefanini – e, olhando no olho, dizia no melhor inglês que conseguia:

– Vou me certificar de que minha equipe aqui vai lhe entregar o melhor.

Parece discurso de marketing, mas havia algo realmente diferente ali. Um calor e uma franqueza que os brasileiros, pelo menos em seus melhores momentos, conseguem mostrar. Em termos técnicos, Marco criou a relação que costumam chamar de humano para humano (normalmente dita na forma em inglês, "human to human approach").

Havia uma proximidade desse comportamento com o que Graça entendia que era o resumo das atitudes, o "gostar de gente". Com o tempo, os funcionários de cada operação começaram a entender como a Stefanini funcionava. Um deles era a diretora de vendas globais, que ficava nos Estados Unidos, a americana Kelly Gotha. Certo dia, a Chief Information Officer (CIO) de um cliente importante – grande multinacional do setor químico – convidou a equipe da Stefanini para uma festa beneficente. Era um leilão, cujo valor arrecadado seria doado para uma instituição de caridade.

No evento, os convidados começaram a dar lances. A disputa era por um jantar especial, com entrada, prato principal e vinho. Tudo selecionado e preparado por um *chef* de primeira linha, que iria até a casa do vencedor do leilão. Diante de um prêmio tão atraente, uma rivalidade acirrada se instalou entre os convidados, e lances consecutivos foram disparados entre as mesas. Por um breve momento, parecia que a mesa da CIO levaria o prêmio. O leiloeiro estava prestes a concluir, com o célebre "dou-lhe uma, dou-lhe duas e..."

Foi quando Kelly levantou a mão, deu um sorriso e disse:

– Peraí, espera um pouquinho – disse, fazendo o leiloeiro se calar e todos os olhares do salão se voltarem para ela.

– Antes de você finalizar, eu posso cobrir o último lance...

Kelly apontou para a mesa da CIO.

– ...se ela aceitar que o jantar seja na casa dela.

O gesto era ousado. Em uma cultura que valoriza o espaço pessoal, Kelly propunha embaralhar a separação entre a vida privada e o trabalho. Mas o sorriso contagiante da americana venceu qualquer resistência possível. A cliente topou. O dia do jantar acabou sendo em uma semana em que Graça e Marco estavam nos Estados Unidos, e os dois, junto com Kelly e mais dois executivos, foram para a casa da cliente aproveitar o jantar preparado pelo *chef*.

Esses pequenos detalhes – quase impossíveis de mensurar – formavam a identidade da Stefanini. Era a capacidade de reagir a uma crise, mas também a abordagem humana e direta que Marco e os brasileiros que chegavam às novas filiais estrangeiras desempenhavam tão bem. Era o conjunto de atitudes que Graça valorizava na hora de contratar, mas também a autonomia dada aos funcionários.

Em geral, as grandes corporações sofrem para disseminar seus valores em locais com culturas muito distintas. Conseguem impor procedimentos, mas criar um ambiente comum é muito mais complicado. Ao ser capaz de consolidar essas características, a Stefanini criou condições para fazer as mudanças que sabia serem necessárias.

Primeiro, as mudanças foram percebidas nos detalhes. Três ou quatro anos depois da aquisição, já não se viam mais placas com o nome da TechTeam nas filiais, e funcionários e cliente já sabiam como era trabalhar com aquela empresa brasileira tão diferente. Quando Graça enviava um e-mail para uma colega de uma cultura não tão "brasileira", recebia de volta como resposta "kisses". A alegria brasileira parecia contagiar a todos.

Apesar disso, as mudanças ainda estavam longe de estar completas. Não bastava ser ágil e estar pronto para crises. Anos depois, Marco refletiu que talvez devesse ter sido mais rápido nas mudanças, inclusive porque o jogo global no segmento de TI também estava mudando rápido. Ser uma empresa de serviços resiliente passou a ser insuficiente para ser considerada competitiva. A Stefanini precisaria do foco comercial que havia acompanhado a empresa desde o início. Caso contrário, estagnaria. E seria engolida pelo mercado.

CAPÍTULO 15

CAIPIRAS

– Você não sabe quem eu sou, meu nome é Alex...
Marco olhou para aquele rapaz que se apresentava no meio do jantar do CIAB de 2012. Demorou uma fração de segundo, mas o reconheceu. Era o jovem que tinha feito a palestra sobre gamificação. Marco não sabia, mas Alex não entendia nada do assunto.

– Eu sei quem você é, é o cara que fez a palestra engraçada sobre videogame. Me fala um pouco sobre o que você faz.

O sul-mato-grossense Alex Winetzki falou durante três minutos.

– Que interessante, acho que vou comprar sua empresa – respondeu o fundador da Stefanini.

Pouco depois da frase surpreendente, os dois se despediram. Winetzki sentiu imediatamente que sua vida poderia mudar completamente a partir daquela curta conversa. Tudo porque tinha se levantado para se apresentar a um executivo no meio de um jantar e feito um "pitch" instantâneo.

Voltando para casa, Winetzki pensou: "Se ele não me ligar em uma semana, eu mando um e-mail". Ansioso, ainda planejou o que faria se também não tivesse resposta para o e-mail. "Se ele não responder em uma semana, é porque tinha bebido muito naquele jantar."

Nascido e formado em economia no Mato Grosso do Sul, na capital Campo Grande, Winetzki decidiu que queria empreender e foi para Londres em 2000. Lá ficou sete anos trabalhando em *startups* de tecnologia. Quando voltou ao Brasil, não queria mais morar na terra da soja e do boi, por isso se instalou em Sorocaba, interior paulista, onde tinha família. Fez amizade com um professor de inteligência artificial da Faculdade de Engenharia de Sorocaba, o engenheiro Fábio Caversan.

Em 2009, ambos montaram uma empresa convencional de software, a Woopi, para onde levaram os melhores alunos de Caversan. De segunda a quinta-feira, faziam software convencional, destinando as sextas-feiras para atividades que Winetzki pomposamente chamou de "Centro de Pesquisa e Desenvolvimento". O adjetivo "pomposamente" é dele mesmo, porque na prática era uma equipe de meia dúzia de colegas que tiravam um dia para sonhar juntos. No fundo, o economista tentava recuperar a alegria que sentia ao inovar, que havia vivenciado em Londres. Pagava as contas fazendo software convencional, mas mantinha uma ambição: montar uma *startup* de inteligência artificial no Brasil.

Foi quando teve uma conversa animada com um amigo sobre uma tendência nova, o conceito de gamificação no mercado corporativo. O amigo gostou tanto que o convidou para falar sobre o tema no CIAB; ele só não sabia é que o economista não entendia muito mais do que o que tinha dito na conversa. Mesmo assim, Winetzki aceitou o convite, comprou dois livros na Amazon, leu e montou uma palestra. No meio de algumas dezenas de engravatados com expressões muito sérias apontando números com *laser point*, Winetzki chegou com uma apresentação cheia de humor e comentários leves. A organização gostou tanto que o convidou para o jantar, no qual ele conheceu o fundador da Stefanini.

Dois dias depois da ousadia no jantar do CIAB, uma secretária ligou.

– O senhor poderia vir para uma reunião com Marco Stefanini quinta-feira, às 8 horas da manhã?

– Se eu não podia antes, agora eu posso – Winetzki respondeu, um pouco nervoso.

No dia e hora combinados, Winetzki e Caversan foram se encontrar com Marco. Estavam em 2012, e boa parte dos empreendedores de TI brasileiros sonhava montar uma *startup* para ficar milionários após transações vultosas por alguma multinacional.

Após o *pitch*, o fundador da Stefanini disse:

– Posso ser sincero?

– ...

– Essas coisas eu faço.

– ...

– Mas eu quero trazer vocês para a Stefanini.

E fez uma proposta modesta para comprar a pequena empresa com sua equipe de seis funcionários. Winetzki e Caversan voltaram para Sorocaba um pouco decepcionados, ao descobrir que o sonho de riqueza instantânea não aconteceria.

Toparam.

Foi assim que, em outubro de 2012, a Woopi se tornou a nona aquisição da Stefanini em três anos. Era mais um movimento de um processo que estava em curso na Stefanini: a busca por agregar valor ao portfólio da empresa. Porque estava claro para Marco que não bastava ampliar o acesso aos mercados. Como marca global, só conseguiria se manter no jogo se criasse um ecossistema próprio de inovação.

Cada uma das aquisições tinha um perfil muito específico. A mais importante seguia sendo a TechTeam, que quase dobrou o porte da empresa e consolidou a internacionalização que vinha ocorrendo. Mas, antes mesmo da TechTeam, outros produtos chegaram ao portfólio, com aquisições como as das empresas brasileiras Vanguard e Sunrising. Embora tivessem sido transações pequenas, elas traziam um valor estratégico, que passou a ser explorado na carteira de clientes que crescia.

No início de 2011, logo depois do primeiro *kick off* com dezenas de estrangeiros chegando a São Paulo, a estratégia prosseguiu com mais duas empresas: a americana CXI, provedora de serviços de tecnologia na região da Virgínia e Washington DC, e a colombiana Informática & Tecnología, especializada em desenvolvimento em TI. Marco tinha pressa e tinha caixa, por isso pôde gastar US$ 100 milhões nas duas empresas. E avisou ao mercado que ainda pretendia investir mais R$ 300 milhões nos anos seguintes.

Mais um ano e outra compra foi realizada, dessa vez diferente de todas as anteriores: a Orbitall. Em vez de produzir, implementar ou dar manutenção a sistemas, a nova aquisição fazia processamento de cartão de crédito e débito para bancos e varejistas, incluindo os do seu proprietário, o Itaú Unibanco. Para quem vendia, era um movimento importante, pois a Orbitall já ocupara no passado a liderança do segmento no Brasil. Porém, sentia a necessidade de se reinventar; os principais clientes tinham deixado a empresa ou se programado para sair.

Para o comprador, a Stefanini, era uma oportunidade. Poderia transformar a processadora tradicional em uma empresa provedora de soluções completas de meios de pagamento. E a Orbitall era um "peixe grande", como diziam no mercado. Tanto pela receita líquida, que em 2009 tinha sido de R$ 529,7 milhões, como pelo número de funcionários que trazia, mais de duas mil pessoas – todas alocadas em São Paulo –, que agora passavam a fazer parte da Stefanini. Desta vez, seria uma absorção diferente também no aspecto cultural, pois trazia um grande contingente de funcionários que não faziam parte dos setores tradicionalmente atendidos pela Stefanini. Pensavam e atuavam de maneira diferente, em velocidade diferente, e tinham uma expectativa de estabilidade muito maior, quase como uma empresa pública.

Poucos meses depois, outra aquisição de uma empresa com cultura bem diferente, a uruguaia Top Systems. Desta vez, era uma empresa que atuava no segmento extremamente tradicional e fechado de sistemas destinados a bancos e financeiras. Com isso, a Stefanini adicionava ao portfólio um produto para um setor muito especial e de difícil penetração: o software para "core banking", assim chamado porque era considerado o coração dessas empresas, ficando responsável pelo processamento das transações.

Foi um mês depois da aquisição da Top Systems ser concluída que Winetzki ouviu aquela frase inusitada, proferida durante o jantar no CIAB: "Acho que vou comprar a empresa de vocês". Marco estava em um ritmo frenético. "Estou plantando o futuro", dizia.

Havia algo que aproximava aquelas duas aquisições, Woopi e Top

Systems. Vender sistemas para bancos era uma aposta extremamente difícil, talvez o tipo de software mais regulado e importante do mundo, por ser responsável por movimentar trilhões de divisas – em dólares, reais ou outra moeda. No caso da Woopi, a ideia de "plantar o futuro" era ainda mais explícita, embora ninguém – nem mesmo Marco – tivesse ainda noção de como isso iria ocorrer.

Foi dessa maneira, por meio de uma aposta em algo que ninguém sabia o que era, que Winetzki e Caversan entraram na história. Ficaram com 49% da Woopi e venderam o restante, passando a fazer parte do Grupo Stefanini. Na época, o discurso oficial dizia que a pequena empresa de Sorocaba era especializada em "aplicativos de internet, portais e softwares para o mercado digital". Mas, como Marco disse na conversa franca quando negociavam, tudo que eles faziam a Stefanini já tinha condições de fazer. Em outubro de 2012, quando a compra foi concluída, três meses depois do primeiro encontro no CIAB, o valor não foi revelado, porque não era relevante. O verdadeiro investimento viria a seguir.

Na realidade, a intenção de Marco era criar um polo de pesquisa e desenvolvimento. Tratava-se menos da aquisição de uma empresa e mais de atrair executivos com o perfil adequado para inovar. Uma seleção que contou com a habilidade de reconhecer talentos a partir de uma conversa rápida. Embora decepcionados inicialmente, os "caipiras do interior", como Winetzki dizia, perceberam ali a oportunidade de fazer o que sonhavam. Deixar para trás a confecção de produtos convencionais e produzir algo realmente de vanguarda. "O que a gente faz agora?", pensou Winetzki. O primeiro passo foi entender o que a Stefanini fazia.

Na época, o executivo Ailtom Nascimento, nascido no Rio de Janeiro e criado e educado em São Paulo, tinha retornado para a Stefanini, depois de dois anos afastado. Voltou como vice-presidente de contas globais, atuando em diversas frentes, mas com uma aguda visão das tendências do mundo corporativo e do que a Stefanini precisava fazer para se manter competitiva. Ele havia observado o que percebia como ondas. Viu o avanço da digitalização nas empresas, primeiro disseminando informação internamente, depois externamente, por fim chegando ao cliente. Testemunhou o avanço da mobilidade, da automação e as novas tecnologias, sempre prometendo transformar por completo o mundo corporativo e a relação com os clientes. Seu desafio era posicionar a Stefanini para estar na dianteira desses movimentos, e não ser atropelada por eles, como tantas empresas foram no passado.

Diante de todas essas tendências e desafios, os sócios da Woopi – Winetzki e Caversan – decidiram se concentrar na área de atendimento ao cliente, o setor de "service desk". Para os empreendedores "caipiras", o ideal seria tentar unir o conhecimento que eles tinham de inteligência artificial com o serviço mais comum dentro da Stefanini.

– Uma assistente virtual podia encurtar o processo – Winetzki sugeriu para a equipe no primeiro semestre de 2013.

A reação inicial foi de intenso ceticismo. Inclusive no próprio time da Woopi.

– Eu não acredito que isso vai funcionar – disse um, olhando para baixo, mas resumindo o que todos pensavam. Acharam que era uma besteira, que não fazia sentido.

Dali em diante, Winetzki e Caversan iniciaram um longo período de convencimento constante, dentro e fora da Woopi. Na maior parte do tempo, tiveram que se comportar como missionários pregando uma palavra de fé.

No primeiro ano, não conseguiram avançar muito. A Stefanini investia, a equipe pesquisava, enquanto a Woopi dava prejuízo. O receio também aumentava, como se encenassem a luta de um Davi muito pequeno contra um gigantesco Golias. Naquela primeira metade da década de 2010, a única empresa em condições de investir e unir inteligência artificial e atendimento era a IBM, com sua plataforma Watson. Em termos simples, a Woopi pretendia enfrentar a Big Blue, como era chamada a IBM, com uma equipe de meia dúzia de funcionários.

A equipe ainda tentou estudar o próprio Watson como alternativa, mas a conclusão era de que – para os objetivos que se propunham naquele momento – o software era complexo, caro e pesado demais para ser utilizado em atendimento. Assim, os sócios da Woopi resolveram prosseguir com a decisão, "um tanto quanto estúpida", como classificou Winetzki, de construir uma plataforma do zero.

Cheio de dúvidas, o executivo decidiu ligar para Marco.

– Marco, isso não vai dar certo – disse Winetzki, explicando as dificuldades presentes e futuras do projeto.

Naquele momento, tanto ele como Caversan ainda estavam incertos quanto ao movimento que tinham feito. Não se sentiam "executivos de uma multinacional", mas pessoas que entraram em um clube para o qual não tinham o menor perfil.

– Talvez você tenha comprado os caras errados – disse ele, de repente.

E, depois de alguns segundos, tomou coragem e perguntou:

– Não vale a pena cada um seguir seu rumo?

Na prática, isso significava não só abandonar o projeto de atendimento por meio de inteligência artificial, mas desfazer por completo a sociedade. A pergunta dava a medida do nível de frustração dos sócios da Woopi.

Cada executivo reage de maneira diferente diante de uma situação de dúvida, crise ou nervosismo. Dependendo da situação, Marco apresentava níveis diversos de entusiasmo. O mais comum era que a resposta viesse em um tom relaxado, diferente do que se espera de alguém que está apostando o futuro de sua empresa e de sua própria vida. E foi nesse tom surpreendentemente tranquilo que ele respondeu a Winetzki.

– Caaalma, meu amigo, vai dar certo.

Em seguida, uma palavra de incentivo, que mostrava que Marco entendia aquele momento de transição para Winetzki.

– Logo, logo você se acostuma com a velocidade do jogo.

E continuou investindo na empresa.

No segundo ano, o número de funcionários praticamente não se alterou; agora eram sete funcionários tentando realizar o impossível. Não tinham contratado nenhum grande figurão do segmento de inteligência artificial. Principalmente porque não havia quem contratar. Os principais polos de desenvolvimento do setor não ficavam no Brasil, e os poucos brasileiros da área já estavam confortavelmente alocados nas grandes corporações. O que havia era o economista Winetzki, autodidata, o professor e doutorando em inteligência artificial Caversan e seus alunos mais talentosos.

Marco mais uma vez insistiu:

– Vai dar certo. Não vamos desistir.

Ainda hoje é possível perceber que Winetzki, além de uma forte admiração por Marco, não entende muito bem por que o fundador da Stefanini foi tão determinado com relação àquele projeto.

Finalmente, um grande salto no projeto ocorreu quando a equipe da Woopi decidiu seguir um caminho radicalmente diferente do que a maioria das plataformas usava. Na época, o Watson da IBM e os primeiros concorrentes que apareciam – quase sempre de corporações com muitos bilhões de dólares de faturamento – usavam a chamada técnica de rede neural. Era a aposta mais promissora para quem sonhava em desenvolver um dia uma inteligência artificial totalmente independente. A grande dificuldade: a rede neural exigia uma quantidade de dados enorme para funcionar.

A exigência era incompatível com as necessidades dos clientes de *service desk*. Winetzki concluiu que precisavam de um *chatbot* que funcionasse com menos dados. A solução foi adotar uma abordagem inteiramente diferente, a rede semântica, que podia trabalhar com menos dados e era mais específica para a linguagem humana. Diante de um mercado quase que inteiramente tomado pela rede neural, a decisão dos sócios da Woopi poderia ser mais um passo arriscado de quem não tinha real conhecimento do setor, indo na contramão do que todos preferiam fazer.

A decisão de insistir, agora em um caminho não explorado, foi mantida. No terceiro ano, resolveram fazer algumas contratações, e a equipe cresceu um pouco. Foi mais ou menos nessa época que uma conversa fundamental ocorreu. Carla Ferber, que na época era gerente de marketing da Stefanini nos Estados Unidos, reclamou:

– Gente, essa ideia de código que faz o atendimento...

– Qual o problema?

– O problema é que ninguém entende nada disso. Que tal a gente criar um personagem para tangibilizar essa visão?

Com o tempo, o personagem ganhou o nome de Sophie.

Nessa época, a Stefanini havia interrompido as aquisições grandes. Depois da compra da Woopi, do interior paulista, no fim de 2012, o conselho de executivos da Stefanini resolveu desacelerar. As oportunidades interessantes tinham se tornado raras e a empresa já estava presente no mundo inteiro. O desafio passou a ser oferecer os produtos novos para os clientes atuais ou futuros.

Enquanto isso, a disputa global esquentava no setor de TI. Em especial no maior mercado de todos, o americano, em que a concorrência é mais acirrada. É ali que concorrentes asiáticos, europeus e latino-americanos se enfrentam e se esforçam ao máximo para conquistar os contratos mais cobiçados do mundo. Uns são extremamente agressivos comercialmente, mas entregam pouco. Outros têm qualidade, mas se movimentam lentamente. Outros ainda são pequenos e sofrem para ser reconhecidos como concorrentes à altura.

Entre as grandes ameaças estavam os indianos, que abocanharam uma parte do mercado de aplicações, até que começaram a ganhar contratos em infraestrutura. A essa altura, a Stefanini – que tinha feito uma excelente integração após a aquisição da TechTeam – começou a perder clientes importantes. O mesmo ocorria com as gigantes do setor. Por exemplo, depois de um bom desempenho em 2010 e 2011, a americana IBM começou a ter uma queda constante de receita.

No caso da Stefanini, a cultura da empresa permitiu que escapasse da crise que atingia o mercado. Enquanto as gigantes encolhiam, a multinacional brasileira cresceu 11% em 2013, de R$ 1,9 bilhão para R$ 2,11 bilhões. No ano seguinte, mesmo sem aquisições, provou que a razão da diferença no desempenho era mesmo a cultura diferente: repetiu os 11%, passando para R$ 2,35 bilhões de faturamento. No ano seguinte, em 2015, conseguiu 18% de crescimento.

O choque veio em 2016. Embora a Stefanini não tivesse encolhido como as concorrentes grandes, não conseguiu repetir o desempenho dos anos anteriores. A taxa de crescimento acelerado – uma característica histórica da Stefanini – havia sido perdida. E não só nas operações novas, mas o Brasil também sofria. Os mais otimistas preferiram lembrar que seu desempenho ainda estava acima do desempenho do mercado e que a desvalorização do real era responsável por uma parte da perda. Ao mesmo tempo, algumas apostas tinham se mostrado mais difíceis de dar resultado. Por exemplo, a expectativa de avançar com projetos de transformação digital se arrastava em algumas empresas, por questões internas, resistências políticas e culturais.

A Stefanini ainda conseguiu minimizar as perdas dando ênfase à agilidade; perdeu grandes clientes, mas conseguiu repor faturamento conquistando outros, inclusive no competitivo mercado americano. Mesmo assim, o choque existiu, acendendo um alerta; a Stefanini não podia se dar ao luxo de parar de crescer. Era preciso reagir e fazer isso em todas as frentes: com cultura, sendo ágil, oferecendo inovação e diferenciais. E começou a reagir. Investiu em automação, eliminou "gordura" onde foi possível e se concentrou no que tinha de melhor: sua cultura de flexibilidade, agilidade e qualidade.

Foi quando Marco percebeu que havia demorado para fazer a transição de cultura nas operações internacionais. Conseguia reagir, mas não da maneira que acreditava ser possível. Em retrospecto, concluiu que a cautela inicial tinha dado bons resultados, mas, quando o ambiente se tornou mais competitivo, notou que tinha sido excessiva. "Devia ter agido antes", pensou. Parecia que a energia de gestão da Stefanini tinha se exaurido, que tinham perdido um pouco do espírito empreendedor. Precisava reativar os conceitos iniciais responsáveis pelo sucesso. Era hora de uma segunda carga daquele DNA empresarial que tinha dado certo tantas vezes antes.

Enquanto Marco e os CEOs corrigiam o rumo do transatlântico global, em Sorocaba a equipe da Woopi tinha crescido, contando com algumas dezenas de pessoas. Ao mesmo tempo, a aposta na rede semântica parecia dar resultados, e Winetzki recebeu a notícia de que os concorrentes grandes tinham optado por desenvolver plataformas que usavam redes neurais e semânticas simultaneamente, o que a Woopi também acabaria fazendo. A empresa tinha passado do estágio de projeto desatinado e agora dava a impressão de que era uma empresa com possibilidades.

Ainda faltavam dois elementos fundamentais na empreitada da Woopi: clientes rentáveis e, consequentemente, lucro. O primeiro "piloto" aconteceu em 2015, mesmo ano em que anunciaram o nome Sophie ao mercado. No ano seguinte, conseguiram colocar projetos em funcionamento em três clientes. Era um alívio finalmente ver o produto sendo aceito no mercado. Ainda assim, o ano fechou com prejuízo.

A grande virada viria na forma de um processo de seleção para atender a maior marca esportiva mundial, a Nike. A Stefanini tinha sido colocada no famoso "quadrante mágico" da consultoria Gartner, como um dos principais fornecedores de serviços. O reconhecimento garantiu à empresa brasileira o convite para apresentar uma proposta. Quando a oportunidade apareceu, tinha acabado de chegar a Michigan, antiga matriz da TechTeam e nova base da Stefanini nos Estados Unidos, a paulista Gladis Orsi. Desde 2005 na empresa, ela esbarrou com Marco nos corredores. Tinha acabado de completar doze anos de casa, e o fundador a chamou para conversar, dizendo:

– Gladis, o que você quer, o que você espera de você mesma na empresa?

Ao notar a surpresa da funcionária, Marco pediu a ela que refletisse um pouco, dividindo seus objetivos em ações de curto, médio e longo prazo.

No dia seguinte, depois de ouvir o que ela tinha planejado, respondeu:

– Tudo isso que você colocou de curto prazo a gente vai lá e faz, pronto.

– Ok – ela respondeu.

No médio prazo, Gladis almejava ser diretora em São Paulo, então disse a Marco que – para se preparar – queria primeiro assumir uma região diferente no Brasil, para depois voltar para São Paulo. No longo prazo, sonhava com uma experiência internacional.

Marco fez uma careta, como quem vai dizer algo desagradável.

– Gladis, essas ideias para o médio prazo são mais do mesmo, não vão te agregar nada.

Antes que ela pudesse ficar decepcionada, completou:

– Experiência internacional é onde você tem que focar.

Vinda do interior de São Paulo – do município de Tatuí, a 55 quilômetros da Sorocaba dos sócios da Woopi –, Gladis se imaginava tendo uma passagem por algum país da América Latina.

Rapidamente, Marco pesou os prós e os contras de cada região, de acordo com o que ele entendia que era o perfil dela. Em especial, alertou que na América Latina ela teria que viajar muito durante o ano inteiro, visitando cada país da região. Em contraponto, ele tinha uma sugestão.

– Uma região que é superlegal são os Estados Unidos...

– Marco, você sabe que meu inglês não é dos melhores.

– Ah, você corre atrás – ele respondeu, engatando com a real razão de escolhê-la para o cargo. – Eu preciso do DNA da Stefanini lá, preciso de mais gente que tenha cultura para ajudar a criar nosso ecossistema global.

Na época, a sede regional tinha sido transferida da Flórida para o Michigan, antiga sede da TechTeam. No segundo semestre de 2015, depois de seis meses alternando Brasil e Estados Unidos, Gladis se instalou definitivamente na região metropolitana de Detroit, que justamente naquele ano tinha alcançado a temperatura de 25 graus negativos.

Chegou com os mesmos desafios de tantos outros brasileiros a um mercado estrangeiro em que, sem dominar bem o inglês, tinham que enfrentar uma cultura diferente. E ela ainda teria que lidar com a complicação adicional de ser uma jovem mulher em um mercado ainda predominantemente masculino. Mesmo assim, assumiu como um dos três vice-presidentes comerciais na região, ficando responsável pela região do Meio-Oeste americano, com estados como Illinois, Missouri, Iowa, o próprio Michigan, onde estava, além do Canadá. Respondia para o novo CEO da Stefanini América do Norte e Ásia Pacífico, Spencer Gracias, e em pouco tempo já estava buscando oportunidades para colocar em prática o DNA da Stefanini.

A possibilidade de atender a Nike surge como a ocasião ideal de mostrar o que ela e toda a equipe da Stefanini poderiam fazer. O escopo do projeto não assustou a equipe, pois já havia diversos outros semelhantes em atendimento, mas a abrangência geográfica e o volume tornavam aquela a grande oportunidade do ano. Ao mesmo tempo, sabiam que iam concorrer com os grandes, pois todos queriam aquela conta.

É aqui que a cultura da Stefanini fez a diferença, pois, apesar de os concorrentes estarem extremamente interessados, a capacidade de responder adequadamente pode ser ampliada ou limitada, de acordo com a cultura de cada um. Lento ou ágil, agressivo ou cauteloso, cada participante da disputa dependeria de seu próprio DNA. No caso da Stefanini, as equipes reagiram com enorme entusiasmo, pois perceberam que era a chance que todos esperavam. Todas as áreas de suporte – marketing, finanças, jurídico, recursos humanos, infraestrutura – se mobilizaram. Cada uma delas enxergando seu próprio papel como essencial, encarnando a ideia de que cada departamento, cada célula e cada funcionário tinha autonomia para tomar as decisões e fazer o necessário para alcançar o objetivo.

Além do DNA, também os diferenciais que estavam sendo produzidos dentro daquela mesma cultura de inovação e ousadia. Como, por exemplo, a plataforma Sophie. Todas as outras empresas levaram produtos que, no papel, prometiam fazer a mesma coisa. Nas apresentações de PowerPoint, todos afirmaram que seria possível customizar e integrar, exatamente da maneira que o cliente queria. Mas, se isso era prometido na teoria, quase todas as empresas enfrentavam enorme dificuldade na hora de executar essa promessa.

Não a Stefanini. Principalmente porque o código-fonte era dela mesma, desenvolvido em casa, desde o princípio com o objetivo de ser leve e pronto para ser customizado, aumentando a liberdade de fazer o que o cliente pedisse. Enquanto isso, os concorrentes usavam produtos bem mais pesados. Para cada pedido específico, a alteração levava mais tempo e ficava mais cara. Isso quando o fornecedor simplesmente não se recusava a fazer o que o cliente, no caso a Nike, estava pedindo.

Quando Spencer e Gladis ligavam para Caversan e perguntavam:

– Dá pra fazer?

– Tudo dá pra fazer, só precisa ver o custo e o tempo – respondiam os sócios da Woopi.

Ao que Gladis respondia para o cliente:

– Dá pra fazer.

Enquanto isso, outros clientes muitas vezes ouviam do fornecedor:

– Isso não dá para fazer.

Ou pior ainda:

– Vocês estão fazendo errado – o que significava que não só não poderia ser feito, mas o cliente seria obrigado a mudar o próprio processo interno.

Durante muito tempo, o mercado aceitou imposições como essas, entendendo que era a chance de absorver melhores práticas. Só que essa ideia, muitas vezes positiva, acabou transferindo para o cliente o custo de sempre se adaptar. Foi uma das formas em que a flexibilidade da Stefanini se transformou em um importante diferencial. Ao mesmo tempo, o esforço de atender o cliente exigiu da própria Stefanini um avanço tecnológico e de gestão global, forçando o amadurecimento de Sophie. Em outra cultura, a necessidade do cliente provavelmente seria respondida com uma resposta negativa: "Não é possível". No caso da Stefanini, a flexibilidade fez com que desse certo.

À medida que o número de fornecedores ia diminuindo na disputa, a Nike começou a visitar as instalações que teriam a responsabilidade de prestar o serviço ao redor do mundo. Todo o processo durou mais de um ano. Finalmente, em 2017, foi divulgado o vencedor. A Stefanini tinha conquistado o contrato com a maior marca esportiva do mundo e seria o provedor global da Nike no atendimento para suporte técnico.

A empresa brasileira havia derrotado as gigantes mundiais. Não só isso: quando o contrato venceu, cinco anos depois, ele foi renovado. Prova definitiva da qualidade do serviço e dos produtos, incluindo a Sophie. Depois da Nike, outros grandes contratos se seguiram, principalmente nos segmentos de indústria e serviços.

Em grande parte, essa virada foi devido à segunda carga de cultura da Stefanini. Mas também ao oferecimento de produtos competitivos, como a Sophie. Tanto que Caversan acabou se mudando para o Michigan, em 2018, assumindo o cargo de diretor de pesquisa e desenvolvimento da Stefanini. Três anos depois, em 2021, foi nomeado vice-presidente de inovação digital e inovação. Nas palavras de Gladis, a plataforma da Woopi havia se tornado um produto que "incomodava" a concorrência, a diferença em cada contrato, a "cerejinha do bolo".

O sucesso da Sophie, com o produto atingindo plena maturidade em 2018, finalmente trouxe o lucro para a Woopi, com mais de 60% do faturamento vindo de fora do Brasil, com quatro clientes na Europa e 33 na região da América do Norte e Ásia Pacífico, onde mais de 90% da carteira já usava a plataforma. No Brasil, 64 empresas já estavam usando. Os projetos começaram no *service desk* da área de TI, mas outras áreas do cliente, como recursos humanos ou atendimento ao consumidor, ficavam interessadas e acabavam implementando a plataforma. Era a consagração para a equipe de Sorocaba, que provou que seu projeto aparentemente inviável era possível.

O grupo Stefanini conseguiu ser a primeira empresa, na faixa de faturamento de 1 bilhão de dólares, a desenvolver um atendimento baseado em inteligência artificial. Atualmente, a equipe da Woopi, que começou com meia dúzia de funcionários, já tem mais de cem pessoas, incluindo matemáticos, engenheiros, linguistas, reunindo um perfil completamente diferente daquele do restante da Stefanini. Parte do time está em Michigan, junto com Caversan. Seus alunos, que entraram bem no começo, com 18 ou 19 anos, hoje têm pouco mais de 30 anos. Apesar da juventude, estão entre os profissionais mais respeitados do mercado na elitizada área de inteligência artificial. Em 2022, a Woopi fechou uma parceria com a Microsoft, para oferecer uma aplicação de tradução automática universal, trabalhando inicialmente com 16 idiomas. O usuário fala e o software traduz em tempo real para uma audiência, que pode ser uma reunião ou uma palestra.

Enquanto isso, a operação americana seguia crescendo. Enfrentaria ainda um grande desafio, em uma das maiores crises globais do nosso tempo. Mas, antes disso acontecer, as atenções do Grupo Stefanini se voltariam para uma aquisição que tinha passado os primeiros anos em grande dificuldade, a da Top Systems, no aparentemente inacessível segmento de *core banking*.

CAPÍTULO 16

CORAÇÃO

"Para quem quiser ficar, eu prometo que a situação vai melhorar."

Quem falava era o gaúcho Jorge Iglesias. Diante dele, uma plateia com algumas dezenas de uruguaios, todos funcionários da Top Systems, uma desenvolvedora de software para empresas do setor financeiro que a Stefanini havia adquirido quatro anos antes. O clima era hostil.

Havia bons motivos para eles não acreditarem na promessa de Iglesias, naquele mês de julho de 2016. Quando a Top Systems foi adquirida, quatro anos antes, em 2012, uma parte dos sócios permaneceu. Com eles, foi firmado um acordo: mudanças seriam feitas na gestão, visando o crescimento. Entretanto, cada uma das partes enxergou de maneira diferente o que aquilo significava. A Top Systems era uma empresa posicionada em um setor sem tradição para a venda agressiva, com clientes de longo prazo que valorizavam a estabilidade em detrimento da inovação. Era uma abordagem razoável, quando se considerava que era o que os bancos buscavam até ali. Porém, o mundo estava mudando.

Ao apostar no segmento de software para instituições financeiras,

Marco e os outros executivos da Stefanini sabiam que a mudança viria. Para o investimento dar certo, seria preciso ir atrás de novos clientes. Até aquele momento, quando foi adquirida, em 2012, a Top Systems tinha uma carteira sólida e fiel de 30 empresas que usavam seus produtos. Só que as transformações do mercado não foram boas para quem apostava no passado. Naquele julho em que chegou, Iglesias descobriu que no mês anterior a Top Systems já havia atrasado o salário dos funcionários. Era provável que acontecesse de novo. E a plateia diante dele não tinha muita esperança de que ele pudesse fazer algo a respeito.

Do lado de fora da Top Systems, ninguém entendia como a empresa podia ter chegado àquela situação. Seu produto era o Topaz, destinado ao coração dos sistemas financeiros, razão pela qual esse tipo de software é chamado de "core banking". Lançado em 1988, desde o início foi pensado para ser levado para outros países. Dois anos depois, já colocava o pé fora do Uruguai, entrando na Colômbia, no Panamá e nos Estados Unidos. Nos anos seguintes, espalhara-se por mais oito países. No fim da década, aportara no mercado europeu.

Os anos 2000 viram a empresa desacelerar um pouco, mas tudo indicava que o desejo de desbravar o mundo permanecia. Na época em que foi adquirida pela Stefanini, outros dois países – Honduras e Nicarágua – passaram a fazer parte da carteira de clientes. No total, a Top Systems já havia conseguido levar o produto mais difícil do setor de TI para 15 países. Foi observando essa trajetória que Marco fez a compra e estabeleceu a meta: ser a maior empresa de tecnologia especializada em soluções financeiras digitais, adicionando mais produtos para o mercado financeiro e seguir expandindo para outras regiões.

Entretanto, o que se observava quatro anos depois era uma empresa estagnada. Depois da Nicarágua, a Top Systems não entrou em nenhum outro país. Pior que isso, havia problemas de fluxo de caixa e os salários estavam atrasados. No princípio, a situação até poderia ser comparada com a da Woopi, que operava em um segmento novo para a Stefanini e em que a transferência de cultura era mais difícil do que quando adquiriram empresas de serviços. Mas, naquele caso, os sócios Caversan e Winetzki estavam imbuídos do desejo de crescer. Na Top Systems, a vontade de expansão parecia ter sumido.

Foi essa situação que Iglesias encontrou para mudar. Gaúcho de Porto Alegre, tinha a energia da juventude, prestes a completar 40 anos. Tinha passado toda a carreira focado em tecnologia e gestão no segmento bancário. Trabalhando em uma *joint venture* entre a Getnet e o Santander, testemunhou a transição de um mercado fragmentado – em que cada estabelecimento era obrigado a ter diversas máquinas de cartão, uma para cada bandeira – para um cenário em que uma única máquina aceitava todas as marcas. Essa experiência de disrupção de mercado mostrou a Iglesias que era possível modificar o *status quo*. Aprendeu que a mudança radical, mesmo quando improvável, era possível.

Iglesias entrou na Stefanini para trabalhar em uma integração estratégica de SAP Banking e ficou. Até que Marco o chamou para falar da Top Systems. Informou que tinha aumentado a participação da Stefanini, que agora detinha 80% da empresa. E fez o convite para que ele a dirigisse.

O gaúcho ficou fascinado. Já tinha informação sobre a empresa e acreditava que muito poderia ser feito ali.

– É uma pedra preciosa, esperando para ser lapidada.

Pouco tempo depois, Iglesias desembarcou com toda a família em Montevidéu. E mais ninguém. Não levou equipe, nem mesmo um único funcionário. Era ele sozinho diante da equipe da Topaz.

Depois da apresentação para os funcionários, Iglesias foi atrás dos clientes. O Ebitda da empresa era negativo, ou seja, depois de pagar os juros, os impostos e descontar a depreciação dos ativos e a amortização de empréstimos, simplesmente faltava dinheiro. A Top Systems dava prejuízo. Iglesias precisava mudar isso urgentemente, se pretendia cumprir sua promessa de que as coisas iam melhorar. Até porque havia se comprometido com quem decidiu ficar.

Isso significava, antes de mais nada, regularizar o caixa. Passou os meses seguintes ligando para os clientes e pedindo que antecipassem os pagamentos. Ao mesmo tempo, precisava fazer com que uma profunda transformação acontecesse.

Em uma reunião no primeiro ano, ouviu frases que desencorajariam qualquer um.

– Esse cliente eu não quero atender – disse um.

– Vai dar muito trabalho – previu outro.

Muitas vezes porque se tratava de uma prospecção de um projeto em um país ainda não atendido, outras, porque o ambiente do cliente era muito diferente do que aquele em que trabalhavam. Ou seja, situações comuns, que não costumam assustar profissionais que buscam novos territórios. Frases como aquelas deixavam claro que uma parte da equipe estava confortável somente com a carteira que já tinham. Iglesias teve que iniciar uma verdadeira "pregação" para imbuir a equipe da energia necessária e levar a eles a cultura e a garra da Stefanini. "Vamos fazer uma nova empresa", dizia.

Toda aquela pressão teve um efeito em Iglesias. O estresse o fez engordar, e por um período ele até adoeceu. Tinha o apoio constante de Marco e Graça, sempre a uma ligação de distância, mas era só. Sem ter levado ninguém do Brasil, era dele e de mais ninguém a responsabilidade de transformar a cultura da equipe. Precisava doutrinar, estabelecer uma relação de confiança, identificar as pessoas certas e – enquanto fazia isso – manter a empresa de pé. Mais do que a barreira do idioma, como Ciasca havia enfrentado no México, Iglesias notou que havia um formalismo na maneira como o uruguaio se comunicava, bem diferente da informalidade brasileira.

Ao mesmo tempo, Iglesias se deu conta do que tinha a favor e contra ele na empreitada. De maneira semelhante à que os executivos da Stefanini perceberam na Europa, os uruguaios também se sentiam mais confortáveis com um plano de ação mais estruturado. Tinham que ter domínio das variáveis a enfrentar e tempo hábil para isso. Foi preciso conciliar esse perfil com o sentido de urgência, necessário tanto pela situação difícil como pela cultura da Stefanini.

Em contraponto, a oferta de profissionais era excelente. Apesar de ser um país pequeno, com pouco menos de 3,5 milhões de habitantes, o Uruguai está sempre entre os líderes no ranking de melhor educação da América Latina. Foi o primeiro a instituir educação primária universal e gratuita, ainda no século XIX. O Brasil só faria o mesmo mais de cem anos depois. A escola pública é de qualidade e foi digitalizada já no fim dos anos 2000. Quando pensava nas dificuldades, Iglesias se forçava a lembrar das enormes vantagens que era estar no Uruguai. Muitas empresas buscam locais com grande quantidade de mão de obra, mas ele sabia que ali era o melhor país das Américas para obter qualidade.

Foi com essa força de trabalho altamente qualificada, porém confortável com o que havia conquistado, que Iglesias precisou dialogar para fazer as mudanças necessárias. Inclusive no produto, que, com suas três décadas estava consolidado, mas precisava ser atualizado. Tanto o *core* bancário, produto principal, como o produto de prevenção a lavagem de dinheiro.

Uma das causas da mudança era que, até aquele momento, substituir um *core* bancário era um processo proibitivo para uma instituição financeira. O custo era tão alto e o risco tão significativo, que a maioria dos grandes bancos ficava eternamente "casada" com seus fornecedores. Ou, então, optava por manter o desenvolvimento interno, com todos os custos e desvantagens competitivas que isso acarretava. Diversas mudanças tecnológicas e no comportamento do cliente fizeram com que as empresas mudassem de posicionamento, passando a buscar novas e mais modernas soluções tecnológicas.

Sabendo de tudo isso, Iglesias precisava se preparar, aperfeiçoando o produto e o ajustando à cultura da equipe para atender mais rapidamente às necessidades do cliente. No caso do primeiro, precisava que fosse transacional, eficiente e escalável. E não se tratava somente de uma abordagem tecnológica. Para o executivo, também era preciso redirecionar o foco. Antes, a única preocupação era fazer o que o cliente queria, o que em tese estava alinhado com a cultura da Stefanini. Mas a transformação do mercado indicava a Iglesias que era ainda mais importante pensar no que o usuário final, como o correntista do banco, precisava. Da mesma maneira que o Topaz ficava no coração dos sistemas bancários, Iglesias passou a colocar o usuário no centro, no coração da própria Topaz.

Em resumo, o desafio era transformar dois produtos individuais em algo diferente: uma plataforma pronta para ser integrada em um conjunto maior de soluções, focada na transformação digital com "o desejo de trabalhar em conjunto para produzir resultados extraordinários para os clientes", nas palavras de Iglesias. É o que passariam a chamar de Plataforma Full Banking. Quando ficasse pronto, o plano era abandonar o nome Top Systems, substituindo-o pelo nome do produto: Topaz. E, em vez de um ou dois sistemas ou módulos, um ecossistema inteiro, uma "plataforma especializada em soluções digitais para instituições financeiras". Não seria rápido; a meta ainda levaria alguns anos para ser atingida.

No ano seguinte, em 2017, a leva inicial de modernização havia sido feita, o que ajudou na primeira grande conquista: a entrada na Argentina. Depois de trinta anos de existência, o produto Topaz finalmente chegava ao país vizinho a oeste. Poucos meses depois, outra venda fundamental: o primeiro produto vendido a uma empresa brasileira, o vizinho ao norte. Incrível imaginar que levou três décadas para o produto uruguaio chegar a quem estava bem ali ao lado, os dois maiores mercados da América do Sul. Em pouco mais de um ano, a equipe havia conseguido customizar o produto para os dois países, reorientar a oferta para o conceito de plataforma e conquistar os novos territórios.

– Realmente, temos aqui a "joia da coroa" – disse Iglesias a Marco, em uma das conversas telefônicas, comemorando a entrada nos dois novos mercados.

Porém, a celebração ocorria com a consciência de que aquelas vitórias iniciais eram somente a primeira etapa de um plano ainda em curso. E essa visão mais ampla abrangia igualmente produto e expansão geográfica.

Para que esse objetivo fosse atingido, a Stefanini teria que novamente sair às compras. Ou, para ser mais preciso, a Topaz – após ter colocado o caixa em ordem, depois da crise em 2016 – sairia em busca de aquisições. Iglesias pretendia fazer os investimentos com o caixa da própria empresa, sem empréstimos, nem mesmo ajuda da Stefanini. Por isso, enquanto a plataforma Topaz passava por modificações, ele e a equipe vasculharam o mercado em busca de soluções tecnológicas maduras e com qualidade, na percepção do cliente. Queriam empresas que internamente tivessem capital intelectual e que isso estivesse provado externamente, com seu produto sendo usado na América Latina, com potencial para que fosse "escalado". Ou seja, que pudessem levar aquela oferta a outros países e clientes.

A plataforma Topaz foi, afinal, anunciada ao mercado em 2019. A escalada internacional foi acelerada. Nos anos seguintes, conquistariam um total de dez clientes de *core* bancário somente no Brasil, sem falar no restante da América Latina. Em um mercado em que esse tipo de venda era raríssimo, o número e a velocidade impressionavam. Havia uma nova potência em gestação.

Ao mesmo tempo, depois de dois anos de procura incessante, os primeiros alvos para aquisições foram identificados no início de 2020. Eram duas unidades de negócio da centenária empresa americana Diebold Nixdorf. Uma delas era a OFD (Online Fraud Detection), para segurança de canais e transações digitais, que, com 18 anos de existência, era utilizada por 40 clientes, entre bancos, corretores e empresas do setor financeiro, e por onde passavam mais de 200 milhões de transações por mês, com 70 milhões de usuários finais. Somente dois anos depois, o número chegaria a 120 milhões de usuários.

A outra unidade adquirida da empresa americana era a Servcore, com soluções usadas por 30 empresas, como integração de funcionários (*onboarding*), canais digitais e automatização do atendimento de clientes. Durante quase um ano as duas empresas negociaram, uma etapa em que Marco aumentou seu envolvimento, acertando os detalhes da transação. Uma conversa difícil, de uma empresa brasileira de três décadas buscando tirar duas unidades estratégicas de uma corporação com 160 anos de existência; ambas com faturamento bilionário e presença em várias dezenas de países. Aqui, o crucial não eram somente os códigos-fonte, mas a junção daqueles produtos com os 200 funcionários das unidades, que somados representavam um capital intelectual de enorme importância estratégica. Finalmente, no início de dezembro de 2020, quando Marco comemorava 60 anos, a notícia chegou ao mercado.

Aquele ano havia sido sem igual, tanto para o mundo como para a Stefanini. A pandemia forçou cada pessoa do planeta a viver e trabalhar de uma maneira diferente. Apesar desses eventos, as aquisições não pararam. Ao contrário, sendo que o caso da Diebold era somente um exemplo. No mesmo ano, Iglesias também veria chegar ao portfólio da Topaz a carioca BankPro, para controle e gerenciamento de operações no Open Market. Nesse caso, a Stefanini já tinha uma participação, e Marco adquiriu o que restava, passando a ter 100% da empresa.

Não era só Iglesias que testemunhava a chegada de novos produtos e funcionários. O Grupo Stefanini inteiro havia voltado intensamente às compras nos últimos anos. Naquele mesmo mês, Marco havia concluído a aquisição das consultorias N1 IT, do setor de TI, e Senior Engenharia, da área de engenharia elétrica e automação industrial. Antes disso, também em 2020, tinham sido adquiridas a Logbank, de pagamentos digitais, a startup Mozaiko, especializada em análise de dados para o varejo, e o grupo de marketing digital Haus. Com toda essa agressividade, o grupo agora somava 20 empresas, atuando em 41 países.

Parte dessas aquisições se deu na área de soluções digitais e foram agrupadas em uma aceleradora do grupo, que recebeu o nome de Stefanini Ventures. Iniciada na mesma época em que a totalidade da Top Systems foi adquirida e em que Iglesias chegou a Montevidéu, em 2016, a equipe da Stefanini Ventures chegou a receber, nos anos seguintes, entre 30 e 40 propostas para serem analisadas por mês. Quase todas eram rejeitadas. As que passaram pela peneira extremamente rígida mostraram seu resultado em números. Desde a criação do grupo até 2021, a receita das empresas adquiridas aumentou seis vezes, e o Ebitda, 15 vezes. Entre os responsáveis pelo desempenho, além de Jorge, com a Topaz, estava o jovem Guilherme Stefanini, filho mais velho de Marco.

Entre as novas aquisições do fim de 2020, o grupo Haus teria um impacto especial para a Stefanini e uma importância específica para Guilherme. Depois de provar sua capacidade na Ventures, o executivo recebeu a missão de fortalecer o ecossistema de marketing digital do grupo, o qual Marco acreditava ter enorme potencial de crescimento para os próximos anos. Foi assim que Guilherme assumiu a Gauge, consultoria de produtos digitais, como a Inspiring (plataforma de engajamento), HUIA (comércio digital), Brooke (produtora de conteúdo digital), entre outras que foram chegando. Quando o grupo Haus foi adquirido, no fim de 2020, Guilherme colocou todas elas debaixo desse guarda-chuva, integrando todas as ofertas em uma única plataforma.

Da mesma maneira, o sucesso da Ventures deu impulso a um novo projeto para o futuro: a área de captação e aceleração de oportunidades sairia de dentro da Stefanini "mãe" para um fundo de *venture capital* com R$ 300 milhões para investir em *startups* e novas empresas.

Os casos da Haus e da Topaz mostravam que a Stefanini deixava de ser uma grande corporação com um único direcionamento para se tornar um verdadeiro grupo, com divisões capazes de olhar simultaneamente para diferentes tendências do mercado. O que Winetzki havia feito com a Woopi, construindo uma equipe com perfil totalmente diferente do restante da Stefanini, assumia um sentido totalmente diverso. A Stefanini não era mais uma só, eram muitas. O que as unia era o DNA de flexibilidade, agilidade, autonomia, empreendedorismo e a possibilidade de sinergias.

Era nesse sentido que a Topaz – ao agregar dentro de si as soluções financeiras – se tornava uma empresa com vida própria. E que olhava as possibilidades de aquisições com autonomia de caixa, tempo e objetivos estratégicos. Não uma unidade de negócio, mas uma empresa que, no futuro, poderia ela mesma fazer seu IPO e chegar ao mercado. Provavelmente até antes da própria Stefanini.

Para que isso ocorresse, Iglesias precisava completar sua plataforma. Em 2021, Marco concluiu outra negociação longa, dessa vez enfrentando a concorrência agressiva de uma multinacional que desejava a mesma empresa. A disputa estava quase perdida, quando a empresa-alvo percebeu que a multinacional só usaria a empresa como uma ponte para entrar no mercado brasileiro. Era como se quisessem resolver uma dificuldade comercial, sem ter muita preocupação com os objetivos estratégicos de médio e longo prazo.

Ao fazer isso, a concorrente incorria em um dos erros mais comuns do mercado. Afinal, comprar uma empresa é relativamente fácil; difícil é comprar com direcionamento estratégico. Uma compra sem visão de longo prazo está fadada a provocar a perda do capital intelectual, a partida dos sócios e do talento, que busca outras oportunidades, enquanto o produto acaba se degradando. Todo o investimento é perdido. O mercado está repleto de histórias de grandes corporações que desperdiçaram bilhões de dólares dessa maneira.

A empresa disputada era a CRK, da região do Grande ABC paulista, especializada em sistemas integrados para gestão financeira de tesourarias de bancos e pagamentos instantâneos e pioneira no mercado com a solução de integração com o Sistema de Pagamentos Brasileiro (SPB). Ao apoiar Iglesias na negociação com os quatro sócios, Marco usou a experiência adquirida desde que absorveu as operações da TechTeam. Era preciso respeitar a cultura local, sob o risco de perder talentos, relacionamentos e o dinheiro investido. Como o próprio Iglesias havia feito no caso das unidades da Diebold Nixdorf, uma aquisição feita com o objetivo de valorizar a inovação, o capital intelectual e o resultado para os clientes. No caso da CRK, ficou acertado que a estrutura seria preservada, os profissionais talentosos mantidos, e os produtos receberiam fortes investimentos. Foi assim que a disputa com a multinacional concorrente foi vencida.

Após essa aquisição, a Topaz passou a somar 650 colaboradores e 190 clientes. A consultoria mais importante do mercado de TI, o Gartner, já a reconhecia como a mais completa e aderente plataforma tecnológica de *core* bancário para a América Latina. Mas é no ano seguinte, em 2022, que acontece o grande salto. É quando a Topaz adquire a Cobiscorp, com quase 70 anos de existência e porte um pouco maior do que a própria empresa uruguaia. Fundada no Equador e com sede nos Estados Unidos, a Cobiscorp tinha mais de 70 bancos utilizando seu *core* bancário, localizados nos principais países da América Latina. Pela primeira vez o recurso não seria inteiramente da Topaz, e a Stefanini contribuiria na transação. No total, seria o segundo maior investimento da história do Grupo Stefanini, desde a TechTeam. De certa forma, era como se a Cobiscorp fosse a TechTeam da Topaz. De um mês para o outro, tudo dobrou. A Topaz passou a ter 1.300 funcionários e 250 clientes, com presença em 25 países, um salto ainda maior quando se pensava nos 70 funcionários e 30 clientes existentes quando Iglesias chegou a Montevidéu em 2016.

Após a Cobiscorp, a Topaz passou a ser a única do continente a ter *cores* bancários em funcionamento tanto na América Latina hispana quanto no Brasil. Todos os outros concorrentes estavam ou no Brasil ou no restante da América Latina. Ainda passou a ser a única empresa do mercado, de acordo com o Gartner, com dois *cores* bancários, sendo um deles de terceira geração e totalmente nativo na nuvem.

Todas essas aquisições criaram um desafio gigantesco para Iglesias. Não se tratava de compra de mercado, em que é preciso integrar principalmente a cultura. Além de levar o DNA da Stefanini para as equipes que chegavam, o gaúcho precisava integrar produtos altamente complexos, que teriam que interagir de maneira perfeita no ambiente corporativo mais exigente de todo o mercado, o setor bancário. Só nos últimos dois anos eram quatro empresas. Precisava integrar todas sem deixar a bola cair e perder oportunidades, enquanto alinhava todas na direção dos mesmos objetivos. A quem encontrava, Iglesias – em 2022 com 46 anos – dizia que estava "perdendo os cabelos".

Por outro lado, havia grandes vantagens. Ao vender um produto dentro de uma plataforma, o valor agregado pela Topaz dobrava. Se o cliente opta por comprar uma aplicação às pressas de um fornecedor individual somente para atender a uma demanda, acaba comprando um risco futuro. Vai acabar gastando para integrar ou, muitas vezes, até jogar tudo fora e comprar novamente de outro fornecedor. Na Topaz, agora Iglesias poderia garantir que sua implementação já deixava tudo pronto para a chegada dos módulos no futuro. A oferta integrada chegou no momento certo, em que o mercado evoluía, deixando de comprar caixinhas e funcionalidades para dar preferência para a plataforma, o produto mais completo, que abrange a necessidade de uma ponta até a outra.

A Topaz estava pronta para o mercado que se transformava. Os grandes bancos queriam se tornar bancos digitais. As fintechs queriam se transformar em bancos. E novatos com grande poder de fogo, como varejo e operadores de telefonia, também chegavam, vindo por fora para disputar os consumidores de serviços financeiros, consumidores esses que poderiam abrir mão de ir a um banco convencional e ser atendidos em outros lugares. De acordo com o Gartner, uma parte dos consumidores deve optar por economizar tempo e eliminar a interação com os bancos comuns. Enquanto usa o aplicativo de transporte, de pagamento de serviços ou faz uma compra no comércio eletrônico, o cliente vai poder acessar ali mesmo a sua conta bancária e saber se tem saldo ou linha de crédito.

Essas possibilidades, além da perspectiva de incluir as várias dezenas de milhões de não bancarizados na América Latina, abriram uma avenida de novos clientes para sistemas financeiros, e a Topaz havia se tornado a mais bem posicionada para atender essas empresas. Como em 2021, quando finalizaram um projeto com uma das maiores redes do varejo brasileiro, levando a experiência financeira para dentro de suas lojas. Em somente três meses, o cliente bateu o recorde do mercado, abrindo mais de 1 milhão de contas-correntes. Enquanto esse varejo apresentava seu serviço financeiro ao mercado, a Topaz já tinha em andamento outro projeto similar, com outra gigante global do varejo. Conquistas semelhantes ocorreram também em outras áreas, como telefonia, mídia, fintechs e cooperativas de crédito. Além, é claro, dos bancos tradicionais. Um dos maiores bancos brasileiros, extremamente rigoroso na avaliação de tecnologia, avaliou o *core* bancário da Topaz durante três longos anos e, em 2022, finalmente a escolheu para usá-la em seu braço digital.

Uma cooperativa de crédito centenária percebeu que seu público estava envelhecendo e que os clientes jovens os abandonavam ou não se interessavam pela marca. Mudaram o posicionamento, digitalizaram o serviço e implementaram o *core* bancário da Topaz. Em 2022, já eram mais de 5 milhões de clientes usando o serviço.

Os grandes números de transações e clientes impressionam. Somente com uma empresa brasileira do setor de pagamentos, relativamente nova, a plataforma Topaz processa dez milhões de transações diárias. Depois que implementou o produto, o cliente multiplicou por dez seu volume; de dois milhões de clientes, passou para vinte milhões de consumidores de serviços financeiros.

Naquele período, mesmo com a crise econômica provocada pela pandemia e a situação geopolítica internacional, a Topaz seguia seu crescimento orgânico anual médio dos últimos três anos, entre 30% e 40%, além do crescimento feito com as aquisições. Em 2022, a previsão era atingir um faturamento anual acima de R$ 600 milhões. Com exceção da América Central, onde ainda faltavam alguns poucos países, estavam presentes em todo o continente americano.

Enquanto avançava sobre o mercado, Iglesias se questionava sobre quais seriam as tendências que se confirmariam nos anos seguintes. Poderiam ser criptomoedas, *blockchain*, inteligência artificial, *open finance*, cibersegurança, novos canais digitais ou outra grande mudança. Porém, independentemente do futuro distante, os executivos da Topaz e da Stefanini já tinham uma certeza. O mundo já estava passando por intensas transformações. E grande parte delas havia sido causada pela pandemia, que transformava a maneira de trabalhar do Grupo Stefanini.

CAPÍTULO 17

PANDEMIA

A conversa se repetiu mais de uma vez durante o kick off global da Stefanini de janeiro de 2020.
– Vocês estão loucos, a partir de agora a tendência é trabalhar de casa – dizia Farlei Kothe, CEO da Stefanini nas regiões da Europa, Oriente Médio e África.
– Mas não adianta, os clientes não vão aceitar – invariavelmente respondia o interlocutor. Entre os céticos, o próprio Marco Stefanini.

A proposta não era nova; havia alguns anos a questão era discutida entre os executivos, que tinham consciência de suas diversas vantagens. Ao trabalhar de casa, o funcionário não precisava se deslocar e ganhava em qualidade de vida. Era bom também para a Stefanini, que, além de ter um funcionário feliz, podia ampliar as opções de contratação. Se o deslocamento até o escritório é eliminado, as vagas passam a ser interessantes para um número muito maior de pessoas. E a Stefanini não ficava mais restrita a grandes concentrações urbanas, com a possibilidade de contratar gente virtualmente de qualquer lugar do mundo. O talento passa a ser predominante, em vez do bairro ou da cidade em que o profissional mora.

Apesar das vantagens, na prática a ideia ainda encontrava resistência no mercado, dentro e fora da Stefanini. Havia ainda dúvidas se o funcionário teria disciplina para trabalhar em casa e se a produtividade seguiria constante. As distrações vão desde dar atenção ao filho pequeno até desentupir a pia. Sem contar as questões de infraestrutura. No caso de Kothe, a cultura europeia trazia outros tipos de desafios. Os europeus eram disciplinados, sim, mas seus clientes também eram conservadores, com preferência pelo serviço presencial, planejado e bastante pontual. Como diziam os executivos, o expediente devia "começar às 8 horas, não às 8h01".

Por isso, em vez de mandar gente para trabalhar remotamente, o gaúcho Kothe acabava de receber uma orientação para alugar mais um andar no escritório que ocupava na Romênia. O executivo gaúcho tinha suas razões para resistir. Na Europa, os custos de infraestrutura e aluguel eram altíssimos, dos mais caros entre as regiões de atuação da Stefanini. E ele tinha o que chamam de "problema bom". Os negócios cresciam, era preciso expandir, mas não havia mais espaço nos escritórios. Ampliar ou alugar locais novos era proibitivo, considerando os custos que trariam. A operação certamente perderia em rentabilidade.

Kothe voltou para a Romênia, pensando em como resolver o dilema. Havia chegado ao país três anos antes, no início de 2017, quando a entrada do país na União Europeia completava dez anos. Ao desembarcar na capital, Bucareste, pela primeira vez, ficou encantado com aquela cidade de pouco menos de dois milhões de habitantes. Ao explorar o sul romeno, próximo ao famoso rio Danúbio, lembrou de sua cidade natal, Santa Cruz do Sul. Ao visitar as montanhas dos Cárpatos romenas, sentiu-se passeando pelas cidades gaúchas de Gramado ou Canela.

A Romênia havia sido escolhida pela Stefanini por sua característica única no continente: um país de custos mais baixos, porém com uma impressionante força de trabalho, bem-educada e poliglota, um país estável geopoliticamente. Diferente dos países vizinhos, dos eslavos ou da Hungria, a Romênia é um enclave latino. Seus habitantes têm facilidade em aprender o espanhol, o italiano e o francês – por isso é comum encontrar gente que fale esses idiomas, além do inglês e do alemão. Como a Stefanini, que se tornava uma empresa multicultural, a Romênia era uma encruzilhada geográfica e cultural, rica em sua incrível diversidade – o lugar ideal para a Stefanini estabelecer seu centro de entrega para a região.

Desde que chegou a Bucareste, Kothe ficou conhecido por nunca desistir das ideias em que acreditava. Como quando quis montar a apresentação em dois dias, em um ambiente que preferia estudar o cliente metodicamente e fazer a apresentação em três semanas. Ou quando decidiu convidar dezenas de clientes para um *workshop*, dando à equipe três semanas para que ele fosse organizado. Kothe insistiu em trocar o ótimo pelo bom, porque este trazia resultados, e, aos poucos, mostrou para a equipe europeia que seu modo de pensar podia funcionar.

Seu perfil combativo funcionou porque tinha facilidade para se comunicar, mas também porque ao mesmo tempo era extremamente racional, o típico nerd da tecnologia. Em parte, por ter feito toda a carreira na área de TI. Do estágio como programador, passando pela análise de sistemas, arquitetura e negócios, até a gerência de projetos. Em dado momento, tomou a decisão de mudar sua carreira, no famoso movimento de "carreira em Y", decidindo migrar para a área de negócios. O "nerd" fez um MBA e acabou caindo na Stefanini. Cuidou da fábrica de software no Rio Grande do Sul, passou pelo Paraná, Brasília e Rio de Janeiro, até assumir a vice-presidência em Bucareste. Embora tivesse passado muitos anos colado no time de vendas, como diz, não tinha a trajetória de alguém de vendas.

Depois de voltar do *kick off* no Brasil, já em fevereiro, organizou seu *kick off* regional. Levou todo o time de gestão da Stefanini alocado na Europa, no Oriente Médio e na África (bloco conhecido pela sigla EMEA) para três dias de evento em Bucareste. Na época, 5% dos funcionários faziam trabalho remoto, uma média superior à do restante da empresa.

Diante dos 130 funcionários presentes, o gaúcho declarou sua meta:

– Quero 20% das equipes europeias trabalhando de casa – afirmou e se preparou para a reação. Uns ficaram de queixo caído, enquanto outros arregalaram os olhos.

Dizer que teve resistência é pouco. Os funcionários demonstraram estar tão céticos com o plano de Kothe quanto o *board* de brasileiros em São Paulo. Naquele momento, entre os milhares de funcionários na Europa, os 5% trabalhando de casa representavam apenas 150 pessoas. O tema da pandemia estava presente, mas os países onde a Stefanini tinha mais gente – Romênia, Polônia e Moldávia – ainda não tinham sido muito afetados.

– Kothe, muitos clientes não vão aceitar – resumiu um homem na primeira fila, expressando o que todos estavam pensando. Era simples assim. Não importava muito a opinião ou a vontade de cada um. Se os clientes se opusessem de maneira firme, o plano de Kothe seria abortado antes mesmo de começar.

Com estrutura diferente da brasileira, a operação europeia era composta em boa parte pelo atendimento às necessidades de TI dos clientes, o chamado "service desk". São corporações globais, frequentemente com diversos idiomas diferentes em uma mesma empresa. Mas a Stefanini faz o atendimento sempre na língua do cliente, mesmo partindo da Polônia, Romênia e Moldávia. Outra porção dos serviços é de desenvolvimento, marketing, vendas e gerenciamento. Eram esses os clientes que precisariam ser convencidos a ser atendidos por funcionários trabalhando em casa.

Ao mesmo tempo que esse debate ocorria na Stefanini, chegavam notícias de um novo vírus: o coronavírus da síndrome respiratória aguda grave, o SARS-CoV-2. Ele causava uma doença que recebeu o nome de covid-19. A primeira infecção foi registrada perto da cidade chinesa de Wuhan, em novembro de 2019, e a primeira morte ocorreu em janeiro. Porém, nas Américas e mesmo na Europa, o vírus ainda não era visto como uma ameaça global. O tema havia sido discutido no *kick off* de janeiro no Brasil e era assunto de conversas, mas não como algo que pudesse ter impacto significativo nos negócios.

No entanto, essa situação estava prestes a mudar. Enquanto Kothe realizava o *kick off* na primeira quinzena de fevereiro, a covid-19 já havia provocado centenas de mortes na Ásia, com registros de infecção em todo o mundo. Nesse contexto, os mais céticos na Stefanini Europa passaram a acreditar que a ideia de Kothe vinha em boa hora. Em Bruxelas, Tania também começava a ficar preocupada. Embora existisse só um caso confirmado no país, de um belga que voltava de Wuhan – não havia transmissão doméstica de casos –, a executiva seguia com atenção as notícias no continente. Principalmente da Itália, primeiro país a suspender voos vindos da China. Mas ela sabia que pouca gente no mundo empresarial – em especial no Brasil – acreditava que aquele vírus teria o poder de parar o mundo.

Enquanto isso, Kothe avançava com seu plano, considerado ousado. Depois do *kick off* em Bucareste, começou a rotação, colocando 20% dos funcionários em home office. A cada dois dias, ele mandava um pequeno grupo para casa. Em cada rotação, fazia os ajustes na infraestrutura e ficava atento ao nível de serviço junto aos clientes. No fim de fevereiro, a tragédia que abalaria a Itália começou a ser traduzida em números, com várias mortes registradas no país e diversas cidades no norte declarando *lockdown*. Kothe não tinha mais dúvida: "Vamos ter que acelerar".

Os times passaram a mapear quais seriam os contratos e equipes que poderiam migrar para home office, sem impacto nos contratos ou ser alvo de multas. Também passaram a avaliar possíveis riscos, para permitir o acesso remoto a sistemas com segurança.

No fim do mês, Farlei já tinha conseguido mandar em torno de 30% de seus funcionários para casa. Na hora certa, pois toda a Europa começou a entrar em pânico. Isso porque as notícias vindas da Itália pioraram ainda mais na primeira quinzena de março. Eram dezenas de milhares de casos, com as mortes já ultrapassando a casa do milhar. Nos dias seguintes, morreriam centenas de italianos por dia em decorrência do vírus. Entretanto, os líderes políticos e empresariais no Brasil – e em todo o continente americano – ainda não acreditavam que a região seria afetada da mesma forma. Por isso, Kothe fazia suas mudanças na Romênia sem fazer alvoroço.

No Brasil, os executivos avaliaram a situação global e concluíram que era gerenciável. A catástrofe italiana impressionava, mas a Stefanini não tinha equipes grandes no país. Os *delivery centers*, que atendiam os clientes, inclusive os italianos, ficavam na Romênia, na Moldávia e na Polônia.

Para Tania, a sensação era outra. Ela temia pela própria vida. Do ponto de vista da belga, a Itália estava logo ali, como quem vai do Rio de Janeiro a São Paulo. Ao conversar com executivos fora da Europa, ela não deixava explícita a dimensão de seu medo, mas sempre questionava sobre a possibilidade de acionar o home office. A resposta era a esperada: era só uma gripe. Quem falava de *lockdown* certamente estava exagerando. Preocupada, Tania alertou Marco e Graça por WhatsApp, avisando que a covid-19 era muito mais grave que uma gripe.

O alerta foi compreendido, mas naquele momento ainda não se acreditava que o que ocorria na Europa e na Ásia pudesse se repetir nos países latino-americanos. Entre os executivos que procuravam avaliar o problema estava Marcelo Ciasca, que em 2019 tinha voltado ao Brasil, de onde comandava a operação latino-americana. Naquela primeira semana de março, ele conferiu mais uma vez os números e confirmou que nenhuma morte havia sido registrada em toda a região. Nove países confirmaram casos, mas a soma não chegava a mais do que algumas dezenas de infectados.

– Precisa mesmo todo mundo ir pra casa? – era a pergunta que Ciasca e outros se faziam quase todos os dias naquele mês.

– Não precisa – respondeu Marco, depois de consultar os outros executivos.

A exceção nas Américas era Gladis Orsi, vice-presidente de desenvolvimento de negócios, que ficava nos Estados Unidos. Afinal, diferente do restante do continente, havia mortes registradas no país – o número chegava a 18 pessoas em 6 de março. Nas semanas seguintes, Gladis ficaria impressionada com a evolução da pandemia, não só ali, mas também nas Filipinas, que abrigava o centro de *delivery* da Stefanini que atendia os clientes americanos.

Finalmente, em 11 de março, a Organização Mundial da Saúde (OMS) classificou o surto como pandemia. No dia seguinte, Kothe soube que o governo da Romênia havia declarado estado de emergência. Era provável que medidas mais rígidas fossem implementadas em breve, mesmo sem nenhuma morte ainda registrada – as primeiras no país aconteceriam somente em 23 de março. A razão para medidas drásticas – mesmo sem casos fatais – era o fato de a Romênia ser um dos países mais pobres da Europa. O governo tinha receio de não ser capaz de lidar com uma demanda muito grande no setor de saúde.

Naquele mesmo dia, Marco chegava com Graça ao México, ainda acreditando que a vida prosseguiria normalmente. Dali, planejavam seguir viagem para os Estados Unidos, prevendo só retornar ao Brasil no fim do mês.

Nos dias seguintes, o vírus se espalhou pelo mundo com uma velocidade assustadora. Dezenas de países na Ásia, África e América Latina – até aquele momento sem casos – registraram suas primeiras infecções. Em meados de março, começava a ficar difícil apontar um país no mapa que ainda não tivesse sido tocado pelo SARS-CoV-2.

Naquela semana, com Marco e Graça ainda no México, o *board* da Stefanini fez uma reunião virtual. "Vamos precisar ir para casa", disse o fundador da Stefanini. O desafio era gigantesco: 25 mil funcionários no mundo inteiro teriam que trabalhar remotamente. Para complicar, uma pequena parte ainda estava *in company*, alocada dentro do cliente. E todos, dentro ou fora do cliente, poderiam enfrentar o problema da falta de infraestrutura adequada em casa, fosse uma conexão estável de internet ou um computador com configuração suficiente para rodar os sistemas e aplicativos necessários.

Internamente, a Stefanini precisaria fazer ajustes nos equipamentos e sistemas, o que ainda poderia atrasar o processo de fechamento dos escritórios. A experiência das 150 pessoas trabalhando de casa até 2021 não ajudava muito para enfrentar os desafios que vinham pela frente. Nem todo mundo tinha laptop, alguns ainda usavam desktops. Não havia material suficiente para suprir todos os funcionários, e o trabalho não podia parar.

Apesar dos desafios, a decisão estava tomada. Um comitê de emergência foi criado, reunindo virtualmente os líderes de cada região. Naquela semana, a Stefanini teria que ser virada de cabeça para baixo. De imediato, decidiram mandar para casa todos que eram considerados do grupo de risco. Era segunda-feira, 16 de março de 2020, e no dia seguinte os funcionários desse grupo deveriam ficar em casa.

Naquele momento de incerteza e pânico, Marco reagiu como sempre fazia durante crises: reforçou ao máximo a comunicação com os funcionários. Em um momento de insegurança, sentia que era fundamental oferecer informação. Era uma repetição do que havia feito em outras crises, como a de 2008-2009, quando escreveu e-mails se dirigindo a todos os funcionários para lembrar que, para a Stefanini, "crise é sinônimo de oportunidade".

Dessa vez a mensagem não seria essa, sua ênfase seria outra. Principalmente porque o medo era maior. Todos compreendiam bem o que constituía a cultura da Stefanini. Naquela crise, Marco também falou de controle de custos e de ficar atento às oportunidades. Muitas empresas sofriam por serem obrigadas a interromper seu funcionamento e mesmo fechar as portas. Entre os temores, além da vida colocada em risco pelo vírus, o de perder o emprego. Porém, sobre isso, a Stefanini poderia dizer algo importante.

Agora, em vez de escrever um e-mail, Marco mandou divulgar que faria uma teleconferência. Todos os funcionários da Stefanini foram convidados. O bate-papo foi marcado para a terça-feira, 17 de março. A iniciativa ficou conhecida como "Town Hall". Nessa primeira conversa, ainda em meio à confusão e ao caos no mundo, Marco se concentrou em segurança e estabilidade. Não havia nenhuma previsão de demissões, e a Stefanini seria mais necessária do que nunca para os clientes, que precisavam manter suas operações mesmo naquele período difícil. Ao optar por uma política de comunicação e transparência, o objetivo era transmitir segurança, para que os colaboradores passassem para as fases seguintes em meio à pandemia.

No dia seguinte, Marco convocou os CEOs para avaliar a situação em cada região. Na Europa, onde se concentrava o pior da crise – com a catástrofe italiana ameaçando se espalhar pelos outros países –, estava o maior risco imediato para a Stefanini. Depois do estado de emergência, já decretado, viriam medidas mais drásticas, e a população já se movimentava para estocar alimentos. Naquele mesmo dia, a Bélgica, onde Tania estava, decretou *lockdown*. Nas semanas seguintes, ela seria parada três vezes na rua por policiais, ao sair para comprar comida. Cada cidadão tinha duas horas para sair e voltar para casa.

Marco sabia que as operações europeias dependiam de três países: Romênia, Polônia e Moldávia. Era onde estavam localizados os centros de *delivery* da Stefanini para a região. Se um *lockdown* absoluto fosse decretado nesses lugares, o acesso aos escritórios ficaria difícil, até para transportar equipamentos, e os clientes ficariam sem atendimento.

– Como vocês estão, Farlei? – Marco perguntou ao gaúcho sobre a situação na EMEA, com medo de ouvir a resposta.

– Bah, já tô com metade das pessoas em casa! – respondeu Kothe, triunfante.

Na realidade, ele estava sendo modesto. Cerca de 65% dos funcionários já trabalhavam de casa. A cada semana, ele vinha testando mais 20%. Naquele fim de semana, o total chegaria a 85% de toda a equipe. No sábado, 21, o governo romeno apertaria o cerco, com toque de recolher a partir das 10 da noite, *shopping centers* fechados e a proibição de grupos de mais de três pessoas nas ruas. Mas a operação europeia estava salva. Todo o *delivery* migrou para o home office, sem nenhuma interrupção ou mudança na qualidade, graças ao processo gradual e planejado que Kothe vinha fazendo havia meses. Enquanto toda a Europa estava sendo atingida pela primeira onda de covid-19, a Stefanini já estava com sua estrutura montada, funcionários em casa e prontos para atender os clientes.

Como a região da EMEA fazia a transição de maneira tranquila, as atenções se voltaram para o restante das filiais, com os escritórios sendo esvaziados de uma hora para a outra. Além das questões técnicas, havia detalhes inesperados, como a ergonomia. Em muitos lugares, era necessário ir ao escritório para retirar cadeiras adequadas para o trabalho remoto. Eram questões como essas que a transição planejada na Europa foi capaz de antecipar. O desafio agora era replicar esse processo no resto do mundo.

CAPÍTULO 18

EVERYWHERE

"Então os funcionários decidiram dormir no escritório..." Quem contava a história era Spencer Gracias, CEO da Stefanini nas regiões América do Norte e Ásia Pacífico. Seu interlocutor, do outro lado da tela na teleconferência, era Marco, ainda no México. Spencer explicava que os funcionários da operação da Stefanini nas Filipinas tinham transformado um andar inteiro do prédio em alojamento. E dormiram ali mesmo.

A filial era importante para Stefanini. O inglês é um dos idiomas oficiais das Filipinas, o que transformou o país em uma base comum de atendimento a empresas no mundo inteiro, em especial nos Estados Unidos. Se a operação fosse interrompida, dezenas de clientes em diversos países poderiam ficar sem os serviços.

A razão é que o governo filipino havia declarado estado de calamidade pública. Entre as consequências, o transporte público foi interrompido na região da capital, Manila. Diante da notícia, os funcionários enfrentavam um dilema: se voltassem para casa, não conseguiriam retornar ao trabalho. Depois de uma breve reunião, a equipe filipina decidiu dormir no local. No dia seguinte, sem nenhuma orientação da direção, alguns funcionários que moravam perto correram para casa, fizeram comida e levaram para aqueles que não puderam ir para seus lares.

A história surpreendeu a direção da Stefanini, que não esperava que os funcionários se comportassem dessa maneira. Enquanto isso, o avanço da pandemia fez com que o vice-presidente global de Gente e Cultura da Stefanini, Rodrigo Pádua, ligasse para Graça. Ele estava preocupado com dois outros funcionários da Stefanini que poderiam ficar presos longe de casa:

– Graça, pega o Marco, coloca num avião e volta para o Brasil.

O casal tinha programado sair do México e ir para os Estados Unidos, mas, se eles não se mexessem logo – do jeito que a pandemia avançava –, poderiam ficar isolados, sem voo para voltar. Marco ainda insistia que era importante manter o plano e seguir para os Estados Unidos, pois pretendia lidar com a crise de lá. Graça percebeu o risco e exigiu: precisavam voltar imediatamente para o Brasil. Ela estava certa. No dia seguinte, os Estados Unidos suspenderiam os voos tanto para o México como para o Brasil.

Chegando ao Brasil, em 16 de março, Marco e Graça ficaram quatro dias em São Paulo e depois foram para a casa que tinham em Jaguariúna. Foi de lá que ele ficou coordenando o pessoal de tecnologia para garantir que todos conseguissem trabalhar de casa. Superada essa "primeira fase do jogo", o segundo obstáculo: muitos colaboradores não tinham uma internet muito boa. Os problemas do dia a dia não eram tão diferentes dos enfrentados pela equipe na Europa.

A experiência na Stefanini Europa foi útil e serviu como referência. Durante o processo de migração do escritório para casa, a Stefanini tinha informação dos potenciais problemas e de como resolvê-los. Procedimentos foram desenvolvidos para rapidamente implementar VPNs e ajustar as conexões de internet e o ambiente de trabalho – do computador aos móveis de escritório –, para que o funcionário tivesse as mesmas ferramentas e o conforto de um escritório tradicional. Assim, em alguns dias e de maneira metódica, a transição foi feita sem interrupção dos serviços. Em 22 de março, a maioria dos funcionários da Stefanini no mundo – 25 mil pessoas em 41 países – já estava trabalhando em casa.

O último dos executivos a deixar a Stefanini em São Paulo foi o vice-presidente, Rodrigo Pádua. Quando ele se despediu do escritório, 90% da empresa já estava em casa. Os 10% que restaram eram aqueles que davam suporte a serviços essenciais, como os funcionários de *call centers* que atendiam hospitais, Samu e outros serviços que não podiam parar, além de alguns clientes que não aceitaram o atendimento a partir de home office. Quando outros países começaram a fazer *lockdowns*, as equipes da Stefanini conseguiram usar a experiência adquirida e se transformaram em forças-tarefa para ajudar os clientes a fazer o mesmo movimento.

Para muitos funcionários, a experiência os separava dos amigos e vizinhos. Enquanto alguns aproveitavam para tirar férias ou descansar, presos em casa sentindo tédio, equipes da Stefanini no mundo inteiro trabalhavam sem parar. Era como fazer parte de um esforço de guerra, contribuindo para que o mundo não parasse, mesmo diante daquela catástrofe. Era, por exemplo, a experiência de Tania em Bruxelas. O marido trabalhava como agente imobiliário e não podia visitar apartamentos ou casas, sendo obrigado a permanecer em sua moradia, sem ter o que fazer. Enquanto isso, Tania se comunicava freneticamente com clientes e funcionários em diversos países.

Naquele momento, a expectativa era de que o confinamento durasse somente algumas semanas. Como se sabe, não foi assim. Embora o *lockdown* mais severo, realizado em alguns países, fosse atenuado de acordo com as ondas do vírus, a situação não voltaria ao normal tão cedo. O distanciamento social duraria muito mais do que poderiam prever, e a nova forma de trabalhar tinha chegado para ficar.

Mas a reação era diferente em cada país. No dia seguinte após a Stefanini colocar todos trabalhando remotamente, muitos ainda menosprezavam a gravidade da covid-19. No Brasil, o *lockdown* completo jamais seria realizado, e a pandemia nunca chegou a ser colocada sob controle, o que permitiu que o vírus se disseminasse pela população quase livremente – ao contrário de diversos outros países, que tiveram muito mais sucesso em conter a covid-19. Na Stefanini, a postura adotada foi de total apoio às medidas sanitárias. O próprio Marco ficaria na maior parte do tempo trabalhando em Jaguariúna, até 2021. Só voltaria a fazer viagens internacionais depois de tomar a primeira dose da vacina.

Nas redes sociais, o fundador da Stefanini assumiu publicamente uma posição contra demissões em massa. Se os empresários reagissem com medo, fechando as portas e deixando os funcionários sem emprego, a crise econômica poderia tomar proporções catastróficas. Com o peso de uma multinacional brasileira, que em 2019 havia faturado R$ 3,3 bilhões, ele se tornaria nos meses seguintes uma das principais lideranças brasileiras do movimento #nãodemita.

Uma nova conversa com todos os funcionários, o "Town Hall", foi feita em 24 de março. O objetivo: mostrar que estavam prontos, que a transição estava dando certo, compartilhando casos incríveis, como o das Filipinas, destacando o valor daqueles funcionários. Marco os chamou de heróis anônimos. A Stefanini não tinha parado.

Todo dia, os CEOs iam descobrindo como os funcionários resolviam os problemas do cliente ou da própria Stefanini. As informações eram compartilhadas em reuniões diárias de Marco com os CEOs regionais, mostrando que as células não esperavam que a orientação viesse de cima para agir. Da ponta até os CEOs, os relatos então passavam a fazer parte do "Town Hall" com os funcionários, quando a história de cada "herói anônimo" era contada.

Esse foi o aspecto da crise mais ilustrativo da identidade da Stefanini. Não havia um líder único, que deu a receita do que deveria ser feito para que todos a seguissem sem questionar ou errar. Ao contrário, em vez de esperar uma ordem de algum comando central para tomar decisões, cada líder procurou se apoiar fortemente na sua iniciativa própria. E cada membro das equipes entendeu que o essencial era fazer o processo funcionar em suas regiões, com o mínimo de impacto. A partir desse espírito, fortemente enraizado na cultura da empresa, o trabalho individual garantiu que todo o conjunto da empresa continuasse operando normalmente pelo mundo, mesmo com todas aquelas mudanças.

O feito surpreendeu os clientes, que estavam assustados ao fazer uma transição tão radical e repentina. Nos dias que se seguiram, os CEOs começaram a receber e-mails de executivos impressionados com o fato de que seu atendimento não tinha sido interrompido. Uma executiva de uma indústria ítalo-americana sediada em Londres escreveu:

"Preciso dizer que seu comprometimento nessa situação extraordinária é excepcional".

Outra mensagem veio de uma das mais conhecidas marcas de consumo global:

"Seu trabalho duro, dedicação e entusiasmo não passaram despercebidos".

Um executivo de um banco britânico postou um agradecimento em sua rede social, dizendo que não teriam conseguido passar por aquele período, em que os funcionários não estavam habituados a trabalhar de casa, sem a ajuda da Stefanini. De uma indústria alemã veio o relato de que aquelas duas semanas de adaptação tinham sido "dolorosas", mas que o apoio tinha sido "excepcional" e tinham "conseguido superar juntos".

Na mesma linha, uma empresa de engenharia suíça registrava que naquele período tinha aumentado em 30% a demanda do serviço de atendimento de tecnologia. E, mesmo com esse crescimento e com as dificuldades da pandemia, a Stefanini conseguiu satisfazer os usuários. O executivo chegou a listar várias frases de agradecimento que havia recebido de seus funcionários.

A lista era infindável, em uma quantidade e calor que nenhum dos executivos tinha recebido antes. Agradecimentos não são raros, mas aqueles eram efusivos. Um dos clientes agradeceu "do fundo do coração". Em meados de abril, um novo Town Hall foi realizado, dessa vez contando aos funcionários o retorno que estavam recebendo dos clientes. A mensagem era que o esforço tinha sido percebido e reconhecido em seu valor.

Em retrospecto, é possível afirmar que havia uma única explicação para o sucesso em nível tão intenso, em um cenário extremamente adverso como aquele: a cultura que a Stefanini havia conseguido disseminar entre os funcionários. Se funcionassem debaixo de uma organização centralizada no Brasil, esperando que a ordem viesse de cima, é quase certo que não teria funcionado. Dias ou até semanas teriam se passado, com serviços interrompidos em vários pontos do mundo.

Em contraste, cada funcionário em cada célula usou de autonomia, empoderamento e confiança que tinham sido disseminados durante anos. Era também o resultado das sete atitudes que Graça defendia como fundamentais e que resumia com seu "gostar de gente". Graças a esse conjunto que definia a identidade da Stefanini, o serviço nunca foi interrompido e a qualidade foi mais do que nunca elogiada.

Porém, a Stefanini não poderia se contentar com os elogios dos clientes, entusiasmados por terem sido atendidos em um momento de crise. Se aquela situação ia perdurar – com os ganhos que o modelo remoto trazia –, então era preciso implementar métricas para garantir uma qualidade constante do serviço.

O homem para a tarefa era o mineiro Rodrigo Pádua, o vice-presidente global de Gente e Cultura da Stefanini. Ele havia chegado à empresa exatamente um ano antes, em abril de 2019. Vinha de experiências na Ambev, na Gafisa e na Danone, sendo que nesta última tinha justamente criado os indicadores de desempenho – os KPIs, da expressão em inglês Key Performance Indicators. Um projeto inovador, pois, embora os KPIs fossem muito comentados, sua implementação raramente era feita com sucesso. As empresas costumavam ter dificuldade para usar as informações colhidas de modo a ter um impacto real na sua cultura empresarial. Pádua chegou à Stefanini disposto a implementar e usar os indicadores de maneira efetiva, enquanto supervisionava e ajudava a consolidar o processo em curso de levar a cultura da empresa para todos os continentes.

Entre os desafios de Pádua estava justamente monitorar e ajustar a implementação do trabalho remoto, uma tarefa que se tornou crucial durante a pandemia. A expectativa era de que a construção da cultura naquele novo modelo deveria demorar pelo menos dois anos. Isso só para que ele fosse desenvolvido, com a criação de "pilotos", com as devidas avaliações e correções. A consolidação em todas as filiais, atingindo níveis ótimos nos indicadores, certamente demoraria muito mais. A situação era ainda pior no Brasil. Enquanto alguns projetos-piloto em outros países apresentavam bons indicadores, a operação brasileira ficava para trás no quesito trabalho remoto. Tudo indica que o processo demoraria muitos anos para ser corrigido.

Com a pandemia, todo o processo foi reduzido de maneira espetacular. Dois anos foram feitos em dois dias, fazendo com que de um dia para o outro os escritórios fossem fechados e as pessoas passassem a trabalhar de casa no dia seguinte. Uma consolidação que poderia demorar – mesmo alguns moderados diziam – entre três e cinco anos para ser implementada globalmente, teve que ser finalizada em quinze dias.

Agora era um momento crítico para Pádua, pois ele teria que testar a efetividade do novo modo de trabalhar da Stefanini. Com 90% de todos os colaboradores globais alocados remotamente e sem perspectiva segura de retorno, ele passou a ficar de olho nos três indicadores: produtividade, satisfação do cliente e engajamento do colaborador. No caso do engajamento, a medição era feita por meio de rápidas pesquisas diárias, disparadas para grupos de pessoas. Pádua se animou com os primeiros resultados. Esperava encontrar problemas graves a serem corrigidos, mas o resultado o surpreendeu. "Parece que esse modelo remoto não é ruim, não, parece até ser bom", pensou.

Mesmo assim, a cautela falou mais alto. Uma das preocupações era que os incentivos governamentais, dados para as empresas para poderem resistir à crise, podiam estar distorcendo o bom desempenho. Quando os incentivos acabaram, veio a surpresa: os indicadores ainda eram positivos. Inclusive no Brasil.

Um dos indicadores que mais surpreenderam Pádua foi o que chamam de "promoter score", que mede a satisfação do cliente. A pesquisa comprovava o que os elogios no período mais crítico tinham indicado: os clientes continuavam satisfeitos. Do lado dos colaboradores, o mesmo resultado. Em geral feita anualmente, Pádua resolveu dividir a pesquisa em questionários menores, para ser aplicada com maior constância durante a pandemia. Nova surpresa positiva: todas apontavam para cima, com uma melhora constante. Mais tarde, a volta à normalidade, já em 2022, não mudou os resultados.

Outra preocupação do executivo era que o comprometimento dos funcionários diminuísse quando a adrenalina da crise sumisse, e a novidade de trabalhar em casa se tornasse rotina. "Será que o desempenho e a disciplina vão se manter ou o entusiasmo inicial é que era o responsável por todo aquele sucesso?", pensava Pádua.

Novamente, as pesquisas que mediam o engajamento mostraram que a postura positiva se mantinha. Ao mesmo tempo, a produtividade aumentou 10%. Olhando o conjunto, Pádua chegou à conclusão de que as mudanças na Stefanini seriam permanentes. Não a empolgação do calor da crise, mas o resultado de uma evolução e tendências que já vinham acontecendo e que agora se consolidavam. Uma parte da força de trabalho até poderia voltar para o escritório, mas a possibilidade de trabalhar em casa vinha para ficar.

Tanto que em maio de 2020 foi anunciado no Brasil o projeto "Stefanini Everywhere". A proposta era identificar talentos em qualquer lugar do país, em um mundo em que era possível trabalhar de qualquer lugar. Além da experiência da própria Stefanini, a ideia se baseava em pesquisas, como a da Fundação Dom Cabral e da Talenses, que consultaram 375 empresas no Brasil. Mais de 70% confirmaram a intenção de adotar o home office parcial ou integral após a pandemia. Na indústria, o índice era até maior, com 80% apontando preferência pelo novo modelo. Na área de serviços, o home office dominaria completamente o cenário, com 89% das empresas seduzidas pelas vantagens do trabalho remoto. Somente o comércio, pela necessidade de contato direto com o cliente, ainda previa resistência à evolução.

Certo de que esse era o caminho, Pádua se preparava para garantir que o Everywhere desse certo. Porque não bastava contar com a aceitação momentânea dos funcionários e com uma boa infraestrutura tecnológica. Se a Stefanini não mantivesse os vínculos com os funcionários em suas casas, essa relação que garante a identidade corporativa da empresa, o modelo não seria sustentável e o bom desempenho poderia se deteriorar com o tempo. Era preciso ter atenção a esses aspectos socioculturais.

A solução era insistir, mesmo após o clímax da crise, no que Marco considerava fundamental: a comunicação constante. Mais do que nunca, os líderes e funcionários precisavam estar sempre conversando. Por isso, Marco e o comitê de CEOs tomaram a decisão de manter o Town Hall. Em setembro de 2020, fizeram o último inteiramente dedicado ao tema da pandemia, mas seguiram tendo periodicamente a conversa com os funcionários, abordando vários temas.

Além do Town Hall, Pádua intensificou a frequência das pesquisas com os funcionários. Ou seja, a comunicação devia ser de mão dupla; transmitir aos funcionários as novidades que recebiam da ponta, o que estavam planejando e o que desejavam deles, mas, ao mesmo tempo, ficar atentos em como eles se sentiam e o que queriam.

Rapidamente, Pádua constatou que os funcionários estavam satisfeitos trabalhando em casa. O medo de perder o emprego tinha sido substituído pelo desejo de que o modelo Eveywhere continuasse. Em parte, porque a pandemia continuava. Mas não só por isso. Eles estavam confortáveis, tinham mais tempo e a qualidade de vida tinha aumentado. Ficar em casa era melhor.

Não para todos e não necessariamente o tempo todo. Nas pesquisas, cerca de 40% das pessoas queriam trabalhar no escritório, ainda que estivessem confortáveis no home office. Alguns indicavam preferência por um modelo híbrido, parte escritório, parte home office.

Com base nas pesquisas, Pádua percebeu que muitas pessoas sentiam falta de encontrar os colegas, e que não ter a obrigação de seguir a agenda rígida de escritório de segunda a sexta funcionava bem para determinados perfis. Outros descobriram que não tinham condições ideais para trabalhar em casa, fosse pela presença de crianças ou animais de estimação, fosse por ter um parceiro que trabalha no mesmo ambiente, ou, ainda, pela falta de um espaço próprio para usar como escritório. Estes preferiam voltar para o espaço convencional.

Do ponto de vista de Pádua, todos os modelos poderiam ser utilizados. Depois que o pior período da pandemia passasse, não haveria mais necessidade de manter 100% das pessoas em casa. O Everywhere poderia funcionar se adotasse um formato inclusivo, flexível e híbrido. Durante o pior momento da pandemia, até call centers trabalharam em home office, apesar de esses casos serem minoria. O que importava era que fosse bom para o cliente, para o colaborador e para a Stefanini.

Aos poucos, foi sendo ajustado o percentual ideal de colaboradores em casa. No auge, em 2020, o trabalho remoto chegou a 95%. Com a queda dos casos da doença, no segundo semestre do ano seguinte, a proporção se tornou mais equilibrada. Uma parte passou a ir ao escritório uma ou duas vezes por semana.

Foi assim, por meio de experiências e pesquisas, que Pádua e os outros CEOs descobriram que não existe uma taxa ideal. Ela precisa ser flexível e ajustada de acordo com o momento, o perfil do funcionário e a necessidade do cliente. A Stefanini passou a oferecer diferentes possibilidades, como ficar 100% em casa ou alternar, com dois ou três dias em casa. Para aqueles que moram muito longe da base, foi ainda oferecido o trabalho por algumas semanas no escritório e o restante do ano em casa.

Com a flexibilidade se tornando política da empresa, Pádua passou a receber histórias de funcionários deixando as cidades onde trabalhavam presencialmente – trocaram-nas por lugares que lhes agradavam mais e onde pudessem gastar menos com moradia. A própria equipe do vice-presidente passou a ter colaboradores morando no Canadá, em Portugal, entre outros países.

Pádua lembrou como na juventude tivera de sair de Lavras, cidade mineira a 240 quilômetros de Belo Horizonte, em busca de uma oportunidade no mercado de trabalho. Hoje, um jovem da sua cidade natal pode competir em igualdade de condições com um jovem de São Paulo, de Nova York ou de Berlim. Antes da pandemia, a Stefanini tinha colaboradores em 1.600 cidades no mundo, mas o que se costumava divulgar era que a empresa tinha 77 escritórios. Em 2021, fecharia o ano com gente em 2.688 cidades. Foi um salto quantitativo, mas também uma maneira diferente de contabilizar.

Agora, não era mais necessário se restringir a pessoas que vivessem nas cidades em que a Stefanini já estivesse presente. Os contratados poderiam estar em qualquer lugar. As exigências deixaram de ser físicas e passaram a se concentrar no principal: dedicação, conhecimento e capacidade adequados. Antes uma utopia, o sonho do Stefanini Everywhere agora tinha se tornado realidade.

CAPÍTULO 19

A FILHA DA CRISE

Os e-mails não eram mais respondidos, os telefones tocavam e ninguém atendia. No fim de fevereiro de 2022, os quase 50 funcionários na Ucrânia que atendiam clientes da Stefanini desapareceram. Aflitos, Tania Herrezeel, em Bruxelas, e Farlei Kothe, na Romênia, trocaram mensagens, tentando imaginar o que poderia ter acontecido.

Parte do temor vinha do que liam na imprensa. Na madrugada de 24 de fevereiro, pouco depois da meia-noite, tropas russas vindas da fronteira com a Bielorrússia entraram na Ucrânia. Pouco depois, vieram os tanques. Nas horas seguintes, surgiram relatos de mísseis explodindo em diferentes pontos do território, incluindo a capital ucraniana, Kiev. As notícias chegaram rapidamente a Bruxelas e a Bucareste, onde estavam, respectivamente, Tania e Kothe. A falta de informações sobre o time baseado na Ucrânia deixava todos terrivelmente inquietos.

Pela primeira vez desde a Segunda Guerra Mundial, o continente europeu testemunhava a invasão de um território soberano por outro, gerando um conflito militar em grande escala entre dois países. Com base nas evidências de que o escritório ucraniano estava mesmo vazio, Kothe, Tania e os outros executivos ativaram todos os contatos de que dispunham. Os clientes eram atendidos pelo time local baseado em Kiev, por meio de uma empresa parceira ucraniana, mas, mesmo assim, Kothe e os colegas em Bucareste se sentiam responsáveis por eles. Precisavam entender o que estava acontecendo e onde estavam aqueles profissionais.

O pouco contato que conseguiram se limitou a mensagens de WhatsApp, pois as comunicações convencionais tinham deixado de funcionar. Ficaram sabendo que alguns profissionais, com medo, tentaram deixar a capital, mas as saídas estavam bloqueadas; tanto nas estradas quanto no espaço aéreo, que foi fechado. Os trens que deixavam a cidade ficaram lotados. Os que conseguiram chegar de carro perto de uma das fronteiras, como com a Romênia, Moldávia ou Polônia, tiveram que abandonar seus veículos em estradas lotadas e seguir a pé por dezenas de quilômetros, com todos os familiares, incluindo crianças. O governo ainda proibiu que homens entre 18 e 60 anos saíssem do país, pois tinham de se juntar à defesa contra o invasor.

Na Romênia, Kothe se sentia impotente. O parceiro local da Stefanini na Ucrânia tentava ajudar, mas ninguém sabia como reagir. Com as dificuldades para sair e a interdição governamental, muitos foram em busca de abrigo, tarefa que em alguns casos levaria dias. Descobriram que alguns integrantes do time tinham ido servir no Exército, combatendo na linha de frente. Outros buscaram se proteger de bombardeios e foram localizados em *bunkers*, tanto os oficiais, do governo, como os improvisados, nas estações subterrâneas de metrô. Preocupado, Kothe quis saber se eles podiam ser removidos do país. Alguns estavam impedidos, convocados pelo Exército, outros simplesmente optaram por ficar. Não havia o que fazer.

Em todo lugar, a sensação era de choque e perplexidade. O planeta nem sequer havia se recuperado do colapso anterior, a pandemia, e uma nova crise surgia para aterrorizar a humanidade. Naquele início de 2022, o setor de tecnologia podia ao menos se orgulhar de ter cumprido um papel fundamental para manter o mundo funcionando. Em vez de uma parada forçada, o segmento de TI – ao lado do de saúde – foi o que mais trabalhou. E, entre as grandes empresas, poucas foram tão ativas quanto a Stefanini. Apesar da crise, a avaliação geral era definitivamente positiva no período: entre 2017 e 2022, o Ebitda se multiplicou por quatro. A recuperação dos anos 2015-2016 – não encolheu, mas também não cresceu – foi consolidada. Depois de crescer 7% em 2017 e 2018, subiu para 10,5% em 2019 e em seguida – justamente durante a crise – disparou. Cresceu 20% em 2020 e incríveis 25% em 2021. Com previsão de seguir nesse ritmo.

Nada disso foi conquistado com cortes ou demissões. Enquanto o resto do mercado se desesperava e a concorrência demitia, na Stefanini o número subiu continuamente, de 24 mil funcionários em 2018 para 30 mil em 2022. Essa expansão foi feita de maneira totalmente remota, graças ao modelo Everywhere. Desde o processo de admissão, da seleção, passando pelos trâmites da contratação, até o treinamento e a mentoria, tudo feito de ponta a ponta, sem a necessidade da presença física do candidato nos escritórios.

Ao entrar na nova Stefanini, adaptada para funcionar em um mundo diferente, o funcionário encontrou uma realidade muito distinta da anterior a 2022. Em todo lugar – de Kiev a São Paulo, de Montevidéu a Manila –, o mercado havia se digitalizado. Os costumes se transformaram; até feiras de negócios, ao menos temporariamente, deixaram de existir. A reinvenção atingiu as formas de comunicação nos níveis corporativos e pessoais. O funcionário não podia mais frequentar o escritório, os eventos da empresa, o supermercado. As tendências, aceleradas pela pandemia, vieram para ficar, e a Stefanini estava na vanguarda dessa tendência.

Não sem muito trabalho, testes e medições. Foram dois anos de ajustes finos, buscando o melhor dos dois mundos – virtual e presencial –, unindo a flexibilidade de trabalhar de casa e os rituais presenciais que permitiam a integração e aprendizados entre os colaboradores. Nesse período, o número de escritórios foi inevitavelmente reduzido. Alguns foram fechados, outros migraram para o modelo de coworking. Em algumas cidades, andares inteiros foram devolvidos, mesmo com o aumento de milhares de funcionários entre o início e o fim da pandemia. Os que continuaram existindo mudaram de feição, com menos fotos de família e mais mesas "plug and play", onde o funcionário encontra uma mesa disponível, trabalha, interage, faz reuniões, e no dia seguinte está de volta em casa. Também as áreas físicas puderam ser reduzidas, com a diminuição de fluxo de colaboradores. Não era mais possível voltar atrás no modelo remoto: não cabia mais todo mundo.

Paradoxalmente, o número de locais com escritórios da empresa aumentou: agora eram 2,5 mil cidades, sendo 720 no Brasil. Afinal, o Everywhere permitia que o talento estivesse localizado em qualquer lugar, com flexibilidade, economia e garantindo a transformação digital da empresa. Ao mesmo tempo, foi reafirmada a posição da Stefanini no mundo. De acordo com estudo da Fundação Dom Cabral de 2021, a Stefanini era a quinta companhia mais internacionalizada do Brasil, considerando ativos, receitas e funcionários no exterior. Era a quarta em ativos, a sétima em receitas e a sexta em número de funcionários, na relação entre esses itens no exterior e o total da empresa. Com presença em 41 países, também é a que mais tem subsidiárias próprias espalhadas pelo mundo entre as nacionais.

Diante dos números surpreendentes em face de uma crise tão avassaladora, só havia uma conclusão possível: a cultura da Stefanini – baseada em responsabilidade pessoal e resiliência – tinha protegido a empresa. Mais ainda, ocorreu um salto de gestão, fazendo com que clientes e funcionários ficassem impressionados – em alguns casos até orgulhosos – com a maneira como haviam enfrentado a maior crise das últimas décadas.

Todo esse trabalho de transmitir e gerenciar esse DNA foi transferido, em grande parte para o virtual. A conferência semanal realizada com todos os funcionários durante a pandemia – cada CEO falando com sua região, com Marco ao lado – foi mantida, sendo transformada em um evento mensal. De início, o assunto específico era a covid-19 e as medidas que estavam sendo tomadas, e mais tarde passou a incluir outros temas relevantes, que eram transmitidos aos funcionários. Da mesma maneira, o primeiro comitê de crise, que reunia todos os CEOs do mundo, seguiu sendo realizado toda terça-feira.

Aos poucos, perceberam que a forma como as pessoas se relacionavam estava se transformando. "O modelo on-line aproxima os distantes e afasta os próximos", resumiu Rodrigo Pádua, o homem sempre de olho nas tendências. De certa maneira, a Stefanini, por ser geograficamente dispersa, teve o melhor resultado com a digitalização

– diferente do casal que não sai do WhatsApp enquanto está junto. As inúmeras conversas virtuais entre os CEOs, as chefias e os times aproximaram as pessoas. Os funcionários se acostumaram a ouvir seus CEOs falarem, cada um em sua região. Na América do Norte, Ásia-Pacífico, Spencer Gracias; na Europa, Oriente Médio e África, Farlei Kothe; na América Latina, Damian Mendez; no Brasil, Marcelo Ciasca. E os CEOs, por sua vez, conheceram muito mais gente do que antes, viram os filhos dessas pessoas, o cachorro delas e até um pouco de suas casas.

Foi nesse ambiente, ao mesmo tempo próximo e distante, que a ausência dos funcionários da Ucrânia foi sentida. Conectados a partir de outros países, os funcionários da Stefanini se viram forçados a imaginar que aquele rosto simpático, que dizia "hello" na tela do computador, tinha vestido uma farda e partido para o *front* de batalha. Ou estava em um *bunker*, com medo de que um míssil caísse a qualquer momento.

Uma semana após o início da invasão na Ucrânia, circulou na imprensa a informação de que outro país poderia ser alvo de uma agressão militar. Era a Moldávia, país de 2,6 milhões de habitantes, situado entre a Ucrânia e a Romênia. Como o país que sofria a invasão, a Moldávia também tinha uma região em disputa com a Rússia – a Transnístria –, criando, portanto, a possibilidade de que o conflito se estendesse a ela. Se isso acontecesse, uma grande parte do atendimento aos clientes de toda a região coberta por Farlei – Europa, Oriente Médio e África – poderia ser interrompida. A Stefanini tinha ali uma filial importante, com 250 funcionários, que ficavam na capital, Chisinau.

– Preciso tirar eles de lá – disse o gaúcho.

Kothe sabia que o custo seria alto e que sairia do seu orçamento, reduzindo seu Ebitda, critério pelo qual ele mesmo era remunerado. Pouco importava. O fundamental era tirar aquelas pessoas de lá. Chamou a equipe, e juntos definiram o que seria necessário fazer. Providenciaram transporte para quem quisesse deixar a Moldávia e ir à Romênia, e depois passaram a debater onde ficariam. A massa de refugiados que saíram da Ucrânia já havia reduzido a oferta de acomodações em Bucareste. Listaram locais onde pudessem ficar: além de hotéis e Airbnb, alguns funcionários romenos se ofereceram para alojar algumas pessoas.

Em poucas horas, o plano estava pronto. Com essa informação em mãos, Kothe ligou para o Brasil e conseguiu falar com Marco e Graça. Sem mencionar para eles a questão do custo, apresentou rapidamente a situação, ainda sem saber exatamente quantas pessoas viriam. Mesmo na Ucrânia, com os mísseis caindo e tanques avançando, muitos preferiram não deixar o país. Kothe estimou que poderia receber algo como 50 ou 60 pessoas a cada semana.

– O que você falar a gente apoia – Marco respondeu.

No dia seguinte, passaram a executar o plano. Para evitar rupturas nos serviços e também dar o tempo necessário às pessoas para se organizarem, o plano era realizar as transferências durante os fins de semana. Entraram em contato com a filial e avisaram: quem estivesse com a documentação em dia e assim desejasse, podia informar o nome e quem gostaria de levar. A resposta foi imediata. No domingo, 27 de fevereiro de 2022, chegava a Bucareste o primeiro grupo de moldavos, 27 funcionários e seus familiares, totalizando 52 pessoas.

No sábado seguinte, 6 de março, um novo grupo chegou a Bucareste, dessa vez com 66 pessoas. Então, Kothe sugeriu um Town Hall no escritório da empresa com todo o time da Moldávia. Era a reunião que o comitê executivo do time da Europa realizava diariamente, normalmente na primeira hora da manhã.

Três dias depois, todos se encontraram no escritório da Stefanini. Era uma quarta-feira, horário de almoço, mas mesmo assim o prédio estava quase todo vazio. Kothe subiu ao terceiro andar, que estava todo escuro, com exceção de uma sala, onde o esperavam a equipe local e os moldavos. A expectativa era que o encontro durasse trinta minutos, nos quais ele trataria de assuntos relativos aos dois times, Ucrânia e Moldávia, incluindo detalhes da transferência, comunicação interna e com clientes e definição das próximas ações. Também tinha pensado em uma mensagem positiva e de apoio para dizer diante deles, mas não estava preparado para a cena que encontrou.

Na sala, dezenas de famílias, boa parte com filhos pequenos, que tinham deixado para trás suas casas, pertences e mesmo pessoas amadas, que não puderam ou não quiseram partir. Kothe reconheceu alguns dos rostos, que, embora nunca tivessem se encontrado pessoalmente, estavam mais próximos agora do que pelo contato virtual. Apesar de o grupo ser grande, havia um relativo silêncio.

Ainda um pouco incerto, começou a falar sua mensagem preparada, quando repentinamente ficou sem voz. Uma menina, de quatro ou cinco anos, fazia um desenho na frente dele. Lembrou de sua filha, que tinha a mesma idade. Sentiu-se frágil. Podia acontecer o mesmo com ele e sua família.

Terminou sua mensagem, sabendo que jamais esqueceria aquela cena. Desejava também que ninguém que ele conhecesse, colegas ou familiares, tivesse que passar por aquilo.

No sábado seguinte, 13 de março, um terceiro grupo chegou a Bucareste. No total, somando os três, mais de 170 pessoas, entre funcionários, familiares e quem mais quisessem levar, saíram da Moldávia e foram levados para a Romênia pela Stefanini. Foi oferecido apoio psicológico para cada família e toda a documentação necessária foi providenciada para que pudessem ficar.

Depois de algum tempo, a situação se estabilizou. A Ucrânia resistia à invasão e ficou evidente que, ao menos no curto prazo, a Rússia não poderia criar outro foco de conflito. Sentindo-se mais seguros, alguns funcionários refugiados decidiram que podiam voltar para a Moldávia. Pouco tempo depois, para grande frustração de Kothe, o governo romeno também solicitou que eles partissem, pois seu país de origem não estava em guerra. Todos voltaram, agora sabendo que, em caso de urgência, a Stefanini sempre estaria a postos para ajudar.

Algum tempo depois de os funcionários serem acolhidos, Marco avisou a Kothe que aquele gasto não sairia da operação europeia. A matriz arcaria com tudo. A preocupação com os funcionários era um exemplo de como agora o mundo inteiro estava conectado. A Stefanini precisava enfrentar essas mudanças dentro e fora da empresa. Porque a conectividade não modificou somente as relações entre as pessoas dentro das empresas. Como apontou o vice-presidente executivo, Ailtom Nascimento, a pandemia acelerou a vinda da próxima onda em todo o mercado. A conectividade que transformou os costumes e o modo de trabalhar também mudou as outras interações – com o varejo, a educação, o governo e os serviços financeiros. "O consumidor foi o principal *driver* nas mudanças da transformação digital", observou Nascimento.

O resultado imediato foi um aumento na demanda por soluções digitais, como para o varejo. O que era tendência virou presente e as empresas passaram a se interessar mais por *cloud* (computação em nuvem), marketing digital e cibersegurança. Paralelamente, todo recurso que permitisse um ganho de produtividade também avançou, como o Agile Development, metodologia que desenvolve e testa novas soluções.

Agora, o que era futurologia ficou mais próximo, passou a fazer parte dos planos das empresas. Algumas já avaliam a compra instantânea, quando o consumidor compra um produto no meio de um jogo ou de uma série que está assistindo no *streaming*, dando pausa na cena e tocando no item que está sendo mostrado. Outras se preparam para receber o cliente fiel de maneira personalizada, com um sistema que alerta que ele entrou na loja, para lhe oferecer algo que tem o hábito de comprar.

Tudo isso vai exigir um alto nível de integração entre os sistemas, incluindo o uso de inteligência artificial para ajudar a gerenciar cada componente da logística, mantendo a sustentabilidade e os estoques em tempo real. É como um dominó, em que um recurso mais sofisticado exige o aperfeiçoamento do seguinte. Por isso, as empresas também investem cada vez mais no conceito de resiliência na cadeia de suprimentos, que permeia todo tipo de atividade: na saúde, na tecnologia, na educação, na indústria. Que, por sua vez, vai ser potencializada com a chegada do 5G e com máquinas conversando com máquinas, acelerando todo o serviço de entrega, de atendimento, de produção etc. Mais conectividade, e o processo que traz o futuro para o presente é mais uma vez reforçado.

Para atender a demanda presente e se organizar para o futuro, a Stefanini se preparou para prosseguir nas aquisições, agregando cada vez mais valor aos serviços. Logo no início da crise da pandemia, a busca por oportunidades havia sido suspensa diante da incerteza no mercado.

– Será que vai faltar dinheiro? – questionava um.

– Será que os clientes vão continuar pagando? – disse outro.

Mas, em maio de 2020, um executivo resolveu levantar novamente a questão das aquisições: o vice-presidente de Gente e Cultura, Rodrigo Pádua, recém-chegado, ainda sem nem um ano de casa. O questionamento ocorreu em uma das reuniões de emergência do conselho de CEOs, às terças-feiras. Ali, Pádua lembrou que os sinais eram positivos, sem problemas de caixa à vista, clientes pagando. Era a hora de meter o pé no acelerador, não no freio.

Se adquirir empresas em tempos normais já é um sinal de saúde, em tempos de crise há mais oportunidades de melhores compras. "Em uma crise você tem três tipos de empresas", analisa Pádua. "As que ficam pelo caminho; as que demoram para tomar as decisões, congelam e demoram para se recuperar; e aquelas que tomam uma decisão e aceleram". A Stefanini estava entre essas últimas.

No total, durante a pandemia, dez empresas foram adquiridas. A maior parte, como relatado antes, nas áreas financeira e digital, com a liderança de Jorge Iglesias, na Topaz, e Guilherme Stefanini, no grupo Haus. Mas outras também chegaram, como a peruana Sapia, de software como serviço e uma carteira de 180 clientes. Ou a Acsa, empresa de painéis elétricos e estrutura para eletrocentros, utilizados por indústrias de diversos setores.

De um modo geral, as aquisições foram 100% ligadas ao processo acelerado de transformação digital. Se a mudança fosse orgânica, levaria muito mais tempo. Na era digital, foi na velocidade da pandemia. Tanto que algumas delas foram administradas remotamente por mais de um ano, mesmo sendo empresas maiores do que o padrão anterior da Stefanini, trazendo 400 ou até 700 funcionários para o grupo. Apenas em 2022 foram visitadas presencialmente pela diretoria.

As aquisições mais uma vez confirmaram o perfil e o caminho da Stefanini: investindo em meio a crises, atuando por meio de diversas empresas, sendo digital e agregando valor na direção do futuro. Simultaneamente, falando com dois mundos, o da tecnologia e o dos negócios. Em uma vertente, explora o tradicional relacionamento com CIOs; na outra, conversa com o presidente do banco, o executivo de produtos, o vice-presidente de marketing. A multiplicidade de canais de diálogo é mais um dos aspectos que vieram para tornar a Stefanini flexível, diversa, resiliente.

Porém, essas características, presentes hoje na cultura da Stefanini, também precisam se perpetuar na próxima geração de executivos. Como, por exemplo, entre os filhos de Marco, os executivos Guilherme e Rodrigo Stefanini. O primeiro já olha para o futuro, à frente do Haus, plataforma de marketing digital do grupo. O segundo, Rodrigo, assumiu em 2021 o cargo de *country manager* do Chile. Antes disso, tinha iniciado a carreira com foco em estratégia e transformação digital. Passou pela Somos Educação, pela consultoria Bain & Company e pela gestora de investimentos XP Inc.

A partir da experiência, Rodrigo aprendeu a importância da flexibilidade, de aprender e de reagir rápido quando necessário. Por caminhos diferentes, chegou a conclusões bem semelhantes às do pai. Como não é possível prever o que vai ser o mercado no futuro, definiu sua identidade pessoal como alguém que está constantemente aprendendo. "Daqui a cinco anos, tudo deve mudar", imagina, com 27 anos completados em 2022. "Não sabemos o que, mas vai mudar".

O perfil da nova geração parece adequado quando se consideram os desafios que a Stefanini pode encontrar pela frente. Porque só há uma certeza: novas crises virão. O período recente de instabilidade, um dos mais difíceis da história do capitalismo global, não será o último. Outros vão ocorrer, seja por colapsos econômicos, seja na forma de grandes mudanças tecnológicas ou comportamentais. Com todas as incertezas, a única constante que a sociedade contemporânea oferece é a garantia de mudança.

Ainda assim, aquela empresa que começou do zero em uma pequena sala na Avenida Paulista vai estar em uma condição única – com sua cultura singular de autonomia e agilidade – para se adaptar, crescer e atender seus clientes. Porque é aquela que nasceu, desenvolveu-se e prosperou nos momentos mais difíceis. A Stefanini e sua cultura são filhas da crise.